Christine Swientek

Wer sagt mir, wessen Kind ich bin?

HERDER / SPEKTRUM

Band 4163

Das Buch

Irgendwann beginnt ein Kind zu fragen: Woher komme ich eigentlich? Das ist eine Zeit, die für Eltern, die ein Kind adoptiert haben, besonders schwer sein kann. Viele Kinder – inzwischen erwachsene Menschen – haben erst sehr spät erfahren, daß sie adoptiert sind. Gewußt, daß mit ihnen „etwas nicht stimmt", haben sie schon immer. Auf der anderen Seite stehen die Mütter, die „ihr" Kind einmal zur Adoption freigegeben haben: Irgendwann einmal wollen sie wissen, was aus ihm geworden ist. Sie können es nicht einfach aus ihrem Leben streichen. Eine schmerzhafte, ruhelose Suche beginnt. Für die Kinder ist klar: Es ist wichtig, die Wahrheit zu kennen, mit der Wirklichkeit konfrontiert zu werden. Der Abschied von der geträumten und phantasierten „richtigen Mutter" (oder dem „richtigen Vater") kann dann beginnen, wenn alle sich in Wirklichkeit gegenüberstehen. Christine Swientek erzählt die Geschichten von Suchenden, geht den Motiven und Sehnsüchten nach, die zur Suche führen und gibt zahlreiche praktische und pädagogische Hinweise, wie ein solcher Prozeß für alle Beteiligten fruchtbar werden kann – auch und besonders für die Eltern, die ein Kind einmal als „das ihre" angenommen haben.

Die Autorin

Christine Swientek hat jahrelang zum Thema Adoption gearbeitet und publiziert. Dies ist ihr erstes Buch, das sich dem Thema der Suchenden widmet. Sie ist Erziehungswissenschaftlerin und Professorin an der Universität Hannover. Zahlreiche Publikationen. Bei Herder/Spektrum: Mit 40 depressiv, mit 70 um die Welt, wie Frauen älter werden (4010), Nachwort zu Marianne Arlt: Pubertät ist, wenn die Eltern schwierig werden. Tagebuch einer betroffenen Mutter (4100).

Christine Swientek

Wer sagt mir, wessen Kind ich bin?

Von der Adoption Betroffene auf der Suche

Herder
Freiburg · Basel · Wien

Originalausgabe

Satz: Fotosetzerei G. Scheydecker, Freiburg im Breisgau
Druck und Einband: Freiburger Graphische Betriebe 1993
Umschlaggestaltung: Joseph Pölzelbauer
Umschlagmotiv: Edvard Munch, Young Woman on the Beach

ISBN 3-451-04163-4

Inhalt

„Einer, der nicht weiß, woher er kommt, ist immer auf der Suche, ohne sagen zu können, woran er gebunden ist, ohne sagen zu können, was er sucht."

(Marianne Herzog, „suchende" Mutter)

Als Einleitung ein Märchen

Die Bernsteinprinzessin

Auf einer großen Insel lebte einst ein junger Bauer, Eilert war sein Name. Gestern war Eilert Vater geworden. Seine Frau hatte ihm einen Jungen geboren, der hieß Wolbert.

An diesem Morgen wanderte Eilert durch die Dünen der Insel auf der Suche nach Möweneiern für ein Festmahl.

Da sah er an einer einsamen Stelle des Strandes etwas aus dem Sand ragen, das wie Gold schimmerte.

Neugierig ging Eilert näher.

Halb vom Sand bedeckt fand er einen gewaltigen Bernstein. Der war so groß, wie ein Kopf.

„Mein Gott", sagte Eilert, „das kann ja nicht wahr sein."

Er grub den Bernstein aus und wusch ihn im Wasser sauber.

Dann hielt er ihn hoch, um seine Farbe zu prüfen. Da entdeckte er, daß in dem Bernstein ein kleines Kind eingeschlossen war, ein Baby fast schon.

Es war ein Mädchen mit blonden Locken. Um den Hals trug es ein kleines, goldenes Kettchen.

Er packte den riesigen Bernstein in seinen Rucksack und nahm ihn mit nach Hause. Er hatte schwer zu tragen an dem Stein, der vor Jahrtausenden aus dem Harz der Fichte geronnen und im Meer versteinert war.

Er brachte den Stein heim und sagte zu seiner Frau: „Schau, was ich gefunden habe. Daraus will ich dir einen Schmuck machen lassen. Und im Innern ist ein kleines Kind eingeschlossen. Das ist fast so groß wie unser Sohn."

Die Bäuerin sah sich das eingeschlossene Kind an und sagte: „Wenn ich nur wüßte, wie man sie aus diesem Stein befreien könnte, ich würde sie gern als unser zweites Kind aufziehen."

Die Hebamme, die noch im Hause war und als weise Frau galt, sagte: „Man kann das Kind aus dem Bernstein befreien. Man muß den Stein nur abwechselnd in heiße und in kalte Milch tauchen. Dann zerspringt der Stein."

Eilert war damit einverstanden. Er setzte einen großen Topf Milch aufs Feuer und einen ebenso großen Topf kalte Milch daneben. Als die Milch kochte, tauchte er den Bernstein abwechselnd in den einen, dann in den anderen Topf.

Nach einer halben Stunde hatte Eilert Erfolg. Der Stein sprang in der kalten Milch. Vorsichtig nahm der das kleine Mädchen heraus, das sich die blauen Augen rieb.

Da herrschte große Freude. Das Mädchen erhielt den Namen Berntje. Sie und Wolbert wuchsen gemeinsam auf.

Mit Berntje war das Glück eingekehrt, das merkte die Mutter bald. Wann immer sie aus dem Sparstrumpf ein Goldstück nahm, war doch am nächsten Tag alles wieder vollständig vorhanden. Wenn sie Berntje zum Meer schickte, um Fische zu holen, so kam das Kind bald mit einem Korb von Edelfischen zurück – sie ließen sich von ihr einfach mit der Hand fangen.

Die Eltern von Berntje und Wolbert hatten übrigens beschlossen, daß die Kinder nicht erfahren sollten, woher Berntje kam und daß sie nicht Geschwister seien. Aus dem Bernstein, aus dem Berntje gekommen war, hatte die Mutter eine Kette machen lassen und für Berntje zurückgelegt.

Berntje war schon siebzehn, da hörte die Mutter, wie sie ein fremdes Lied in einer fremden Sprache sang. „Woher kennst du das Lied, Berntje?", fragte sie.

„Ich weiß nicht Mutter. Es war einfach in mir. Das Lied ist von einem fernen Land mit großen Bäumen, stolzen Menschen und reichen Dörfern, das eines Tages vom Meer verschlungen wurde. Es ist merkwürdig, aber das Lied hat in mir eine große schmerzhafte Sehnsucht geweckt."

„Wenn es dich traurig macht, vergiß es wieder", sagte die Mutter. Ein paar Tage später wachte Berntje auf und erzählte Wolbert von einem merkwürdigen Traum: „Ich träumte von einer furchtbaren Flut. Meine Mutter, sie muß Königin gewesen sein, nahm mich auf den Arm und rannte mit mir aus einem Schloß. Sie lief durch Sturm und Regen zu einem Hügel, auf dem eine riesige Fichte stand. Erschöpft legte sie mich an den Fuß der Fichte, zwischen die Wurzeln. Da fühlte ich, wie mich ein warmer, goldener Strom umfloß und ich einschlief. Was kann das nur bedeuten, Wolbert?"

Wolbert wußte nicht, was er dazu sagen sollte. Aber er empfand so viel Liebe und so viel Zuneigung zu Berntje, daß er sagte: „Weißt du, Berntje, ich liebe dich so sehr, daß ich das Gefühl habe, wir sind gar nicht Bruder und Schwester."

„Unsinn, Kinder", sagte die Mutter, die das hörte.

Der Tag kam, an dem Berntje achtzehn Jahre alt wurde. Die Hebamme war zu Besuch und die Mutter schenkte Berntje die Kette aus dem Bernstein, aus dem sie gekommen war. Kaum hatte sie Berntje die Kette umgelegt – ging eine merkwürdige Veränderung mit ihr vor.

Sie faßte mit der Hand nach der Kette am Hals, dann lauschte sie, als hörte sie Stimmen. Sie erwachte, wie aus einem Traum und sagte: „Ich muß heimkehren. Die Sehnsucht, die ich all die Jahre in mir hatte, obwohl doch dieses mein Zuhause ist, hat mich plötzlich gepackt. Ich muß zum Strand. Man erwartet mich dort."

„Um Gottes willen, was ist", sagte die Mutter und Eilert rief: „Tu das nicht." – „Doch, ich muß, der Bernstein ruft mich heim", sagte sie. „Aber der Abschied von euch fällt mir schwer. Bitte versteht mich."

Wolbert, der das alles fassungslos gehört hatte, sagte jetzt: „Wenn du gehen mußt, Berntje, dann komme ich mit dir. Ich werde nicht ohne dich sein. Komme was da mag."

Wie unter einem unsichtbaren Zwang begab sie sich zum Meer. Die Eltern, Wolbert und die Hebamme folgten ihr.

Am Meer angekommen, sahen sie aus weiter Ferne eine schimmernde Brücke, die vom Horizont her leuchtete wie strahlendes Gold. Auf dieser Brücke bewegte sich in rasender Fahrt eine goldene Kutsche, gezogen von sieben weißen Pferden und sieben schwarzen. Die Brücke mit der Kutsche kam immer näher.

Berntje liefen die Tränen herunter.

„Hört", sagte Eilert. „Wir müssen euch etwas sagen: Ihr seid nicht Bruder und Schwester. Ich habe Berntje einst am Meer gefunden in einem großen Bernstein, aus dem wir die Kette machen ließen."

Da hielt die Kutsche mit den schnaubenden Rossen vor ihnen. Es war niemand darin und niemand lenkte die Pferde.

Berntje öffnete die Tür zur Kutsche, um einzusteigen. „Ich muß heim", sagte sie, „aber es zerreißt mein Herz."

„Ich komme mit", sagte Wolbert, aber Berntje sagte: „Das geht nicht, die Kutsche würde brechen und du müßtest ertrinken."

„Ich weiß einen Rat", sagte da die Hebamme. „Lege die Kette auf den Sitz der Kutsche. Tu es. Berntje. Tu es."

Zögernd legte Berntje die Kette ab und legte sie ins Innere. Da schnaubten die Pferde und die Kutsche raste auf der Brücke übers Meer davon. Sie wurde immer kleiner. Auf einmal war sie am Horizont verschwunden.

Berntje und Wolbert aber heirateten bald darauf und wurden glücklich bis an ihr Lebensende.

(Aus: Norddeutsche Märchen)

In diesem norddeutschen Märchen sind alle Elemente der Adoption und ihrer Problematik eingeschlossen.

Ein kleines Mädchen wird „gefunden", heimgebracht und von den Eltern eines kleinen Jungen liebevoll aufgenommen. Die Eltern beschließen, die Kinder in dem Glauben aufwachsen zu lassen, sie seien Geschwister.

Mit siebzehn – also auf dem Höhepunkt der Pubertät – der Zeit der Ich-Findung – hört die Mutter ihre Tochter ein fremdes Lied in einer fremden Sprache singen, von dem es sagt, es wecke große Sehnsucht in ihm. Bald darauf träumt das Mädchen ganz offenbar seinen Ursprung, und zur gleichen Zeit offenbart ihr der „Bruder" seine ganz und gar nicht brüderliche Zuneigung. „Wir sind gar nicht Bruder und Schwester ..."

„Unsinn", sagt die Mutter und: „Vergiß es wieder" – und nicht einmal bei diesen deutlichen Anfragen: „Woher komme ich? Was ist da in mir, daß ich nicht kenne?" schaffte sie es, dem Mädchen Erleichterung und sich selber Schmerzen zu bereiten durch wahrheitsgemäße Erzählung, die das Geheimnisvolle deuten.

Der achtzehnte Geburtstag – die Volljährigkeitsgrenze – entdeckt dann alles: „Ich muß heimkehren. Die Sehnsucht, die ich all die Jahre in mir hatte, obwohl doch dieses mein Zuhause ist (!), hat mich plötzlich gepackt."

Der „Bruder" will mit. Als die Gefahr des Abschieds unmittelbar bevorsteht, findet der Vater – buchstäblich in letzter Minute – endlich die erlösenden Worte der Wahrheit: Er klärt Bruder und Schwester über die Vergangenheit auf. Die Hebamme aber, die schon bei der Bernstein-Geburt des kleinen Mädchen den entscheidenden Hinweis gab, weiß auch jetzt, was zu tun ist. Sie leitet durch ihren Rat die zweite Geburt des Mädchens ein: Das Geborenwerden in ihre eigentliche Identität, die gleichzeitig die Sehnsüchte, Lieder und Träume in der Vergangenheit zu erklären in der Lage ist!

Adoption gibt es in zahlreichen Märchen und Sagen. Viele Mythen gehen von fremder Herkunft aus, die den Helden noch geheimnisvoller, noch mystischer wirken läßt, weil alle Phantasien in die Vergangenheit hin offenbleiben können. Aber nicht alle Geschichten dieser Art lösen am Ende das Rätsel, führen zum Ursprung zurück, klären das Geheimnis, lassen zueinander finden – wie auch in der Realität der Adoptierten heute noch immer!

Die Idee zu diesem Buch ...

... entsprang meiner jahrelangen Arbeit mit abgebenden Müttern und einer sich daraus ergebenden ausführlichen Forschungsarbeit (siehe Swientek 1986).

Seinerzeit hatte ich mit 75 Frauen unterschiedlich intensive Kontakte: telefonisch, brieflich, persönlich, die zu irgendeinem früheren Zeitpunkt ihr Kind zur Adoption freigegeben hatten. Diese Freigabe lag zum Zeitpunkt unseres ersten Kontaktes zwischen 11 Tagen und ca. 40 Jahren zurück. Keine dieser Mütter hatte ihr Kind vergessen können – und mit Ausnahme von zwei Müttern wollten alle ihr Kind wiedersehen oder zumindest erfahren, welches Schicksal ihm nach der (meist unfreiwilligen) Freigabe beschieden war.

Der Anteil an Aktivität oder Passivität in bezug auf das baldige oder spätere Kennenlernen war sehr unterschiedlich: Von der Mutter, die sich mit Auto und Fotos auf den Weg gemacht hatte und alle Kneipen, Dorfbäckereien und Schulen eines bestimmten Landkreises „abklapperte" (und die Kinder fand!), über diejenige, die für später präzise plante bis hin zu der, die inständig darauf hoffte, von ihrem Kind dereinst gefunden zu werden, war alles an Verhaltensweisen anzutreffen.

Die Grundstimmung bei fast allen abgebenden Müttern war traurig, wenn es um das verlorene Kind ging. Sie hatten Schuldgefühle, hatten Sehnsucht nach dem Kind, wollten wissen, wie es ihm ergangen ist, wollten sich und ihre Entscheidungen erklären und rechtfertigen. Und das alles wünschten sie sich auf dem Hintergrund ihrer Rechtlosigkeit: Die Unterschrift unter die Abtretungsurkunde war seinerzeit *endgültig*. Sie gaben sämtliche Rechte (und Pflichten) an dem Kind *für alle Zeiten* ab und verloren mit dieser Unterschrift auch das Recht, das Kind je noch einmal wiederzusehen. Diese Rechtlosigkeit führte bei vielen Frauen zur Hilflosigkeit (bei einigen wenigen auch zum: „nun gerade!"), und Hilflosigkeit führt bekanntlich in die Depression.

Manche Frauen hatten schon zaghafte Schritte unternommen, waren aber immer sehr schnell an Grenzen gestoßen bzw. auf diese mehr oder weniger freundlich hingewiesen worden. Sie lernten: Für sie gibt es keine Perspektiven mehr, was einen Kontakt zu ihrem Kind anbelangt. Die Verbindung war ein für alle Mal zerschnitten. Sie konnten nur noch hoffen, daß eines Tages das Telefon klingeln würde und jemand fragt: „Sind sie Frau M.? – Ich bin ihre Tochter."

Im Laufe der Jahre, in denen ich zur Adoptionsthematik in Theorie und Praxis arbeitete, gesellten sich auch mehr und mehr die anderen am Adoptionsgeschehen Beteiligten hinzu:

- Adoptionsbewerber, für die ich Vorbereitungslehrgänge abhielt;
- Adoptiveltern, die sich hilfesuchend in Fragen der Aufklärung des Kindes über seinen Status oder der Sucheproblematik nach den leiblichen Eltern an mich wandten. Es waren aber auch gelegentlich Adoptiveltern, die mich beschimpften, weil ich ihnen ihre scheinbar schöne heile Familienwelt zerstörte, wenn ich darauf hinwies, daß es noch eine weitere Familie gibt für das Kind, die über kurz oder lang eine bedeutsame Rolle einnehmen wird.
- Mit Adoptivvermittlern kam ich ins Gespräch auf Tagungen und bei Fortbildungen. Und zunächst zögernd „entdeckten" mich auch
- Adoptierte im Erwachsenenalter, die mit ihrem Status ganz spezifische Probleme hatten. Auch für sie war – wie für die abgebenden Mütter – das Thema Suche zentral. Auch hier fand ich „Suchende" in allen Stadien: im zögerlichen Überlegen „soll ich oder soll ich nicht?", in aktiver Betätigung über Ämter, Anwälte und Privatdedektive bis hin zum Adoptierten, der „gesucht und gefunden" hatte und feststellen mußte, daß nun durchaus nicht alles in Ordnung ist, sondern sehr vieles erst am Anfang steht!

Bei beiden suchenden Gruppen fielen mir bestimmte Gesetzmäßigkeiten auf. So sehr unterschiedlich jeder Fall, jeder Adoptionsgeschichte, jede Biographie war, so sehr zeigten sich dennoch allen gemeinsame Erfahrungen, Erlebnisse und Beeinträchtigungen.

Sowohl im organisatorischen Ablauf der Suche als auch im Erleben der gelungenen oder mißlungen Begegnungen zeigten sich zahlreiche Parallelen. Vielen Müttern und Kindern hätte es geholfen (und wird es helfen), wenn sie erfahren, wie es andere machen, welche Hürden es zu überwinden gilt, welche Rückschläge einen erwarten, welche Erfahrungen man machen kann mit Behörden, Helfern und zuguterletzt mit dem/der Gesuchten selbst.

Materialsammlung und Fallgeschichten

Sehr gezielt habe ich dann begonnen, Material zu sammeln, das sich mit der Suche zwischen den durch Adoption Getrennten befaßt. Viele Betroffene haben mir vertrauensvoll geschrieben und für manche Suchenden konnte ich Hilfe anbieten in Form von Ratschlägen, Briefen, Auskünften ...

Gemeinsam mit der amerikanischen Organisation „Operation Identity" mit Leonie Boehmer in New Mexico und William Gage in New York, beide von Adoption Betroffene, habe ich mich an aktiver Suche beteiligt.

William kam später auf die Idee, parallel zu seiner amerikanischen Ausgabe von „Geborener Deutscher" ein Info-Blatt für den deutschsprachigen Raum herauszugeben (das „Adoptionsdreieck"), in dem wir drei gemeinsam seit 1989 zur Adoption schreiben. Hier berichten Suchende über ihre Erfahrungen und können sich austauschen. Es sind vor allem Berichte über Adoptionen, die sich zwischen der alten BRD und den USA abspielten. Insbesondere handelt es sich um Nachkriegsadoptionen und sogenannte Besatzungskinder und ihre Mütter, die im jeweils anderen Land nacheinander suchen. Durch den kostenlosen Versand dieser Infos wurden die Jugendämter auf unsere Arbeit aufmerksam und wiesen ihre Klienten auf uns hin, so daß auch zahlreiche innerdeutsche Adoptierte mit der Sucheproblematik zu uns kamen.

Viele Betroffene haben sich damit einverstanden erklärt, daß ich über ihre Erfahrungen berichte. Manche haben eigens für diese Arbeit über ihre Erfahrungen geschrieben. Die Eigen- und Ortsnamen sind alle verändert, ebenso persönliche Eigenheiten, die zu einer Identifizierung der handelnden Personen führen könnten. Diese Thematik fällt inzwischen jedoch wesentlich weniger unter das große Tabu als noch vor 12 Jahren, als ich mein erstes Buch zu „Abgebenden Müttern" schrieb. Die Adoptionsszene ist offener geworden. Man kann eher darüber sprechen und Adoption wird mehr und mehr als persönliches Schicksal betrachtet und immer weniger unter dem Aspekt von Schuld und Versagen.

Die Fallgeschichten sind unterschiedlich gezeichnet: Steht ein vollständiger Name unter dem Text, dann handelt es sich um Zitate aus Veröffentlichungen, die allgemein zugänglich sind. Diese Publikationen können in der Literaturliste nachgeschlagen werden.

Ist ein Fall mit einem abgekürzten Namen gezeichnet, dann handelt es sich um einen „Fall", der an mich herangetragen wurde, an dem ich in irgendeiner Weise mitgewirkt habe. Die Vornamen und der Anfangsbuchstaben des Nachnamens sind in der Regel verändert worden, um jeden einzelnen dahinterstehenden Menschen vor Indiskretionen zu schützen.

Auf diesem Wege danke ich allen, die mir ihr Vertrauen geschenkt, ihr Material und ihre Erfahrungen überlassen, ihre Träume, Wünsche und Ängste anvertraut haben.

Träume und Phantasien

„Phantasien bilden für den Adoptierten eine schützende Schranke vor den innersten Kern seiner geheimsten Sehnsüchte oder Ängste." (Betty Lifton)

Jeder Mensch hat Vorstellungen davon, wie er gerne aufgewachsen wäre (manche haben das Glück, daß die Vorstellungen sich auch mit der Realität decken!). Fast jeder Jugendliche hat Träume von einer Familie, von „seiner" Familie, wie sie im Idealfall sein sollte. Aber beim Pubertierenden gibt es keinen Idealfall. Er kann sich aus seiner Familie nur *lösen*, wenn er sie zeitweise verneint, ablehnt – sie dann eben auch ablegt! Er muß „raus", sich Neues, Eigenes aufbauen – und das kann erst einmal nicht das Gleiche sein, wie das, was seine Eltern ihm vorgelebt haben.

Das Verhältnis zu den Eltern ist häufig so schlecht, daß Jugendliche zu wissen glauben: Das können gar nicht meine richtigen Eltern sein! Richtige Eltern wären nicht so garstig, so zickig, so geizig, so versagend, so einengend ... Wahrscheinlich bin ich fremd hier und deshalb liebt man mich nicht so, wie es sein sollte. Wahrscheinlich – sicherlich! – habe ich woanders meine „richtigen" Eltern, die mich nur nicht aufziehen konnten ... Aber irgendwann holen sie mich wieder und dann wird es mir gut gehen!

Dieser „Familienroman" *(Freud)*, den sich das Kind, der Jugendliche zusammenträumt, dient auch der Entfernung, der Lösung aus der Mutter-Kind-Dyade, der Ablösung aus dem Elternhaus. Es ist ein Modell, sich von den Eltern weg-zudenken, neue, andere Beziehungen gedanklich durchzuspielen.

Irgendwann weichen diese Träume der Realität – in der Regel dann, wenn erkannt und erfahren wurde, daß Konflikte zum menschlichen Dasein gehören, daß sie Beziehungen zu festigen in der Lage sind und keine endgültigen Brüche bedeuten (müssen).

Die versagenden Eltern brauchen nicht mehr weg-geträumt und durch vermeintlich „echtere" ersetzt zu werden. Man kann sich mit ihnen emotional und intellektuell auseinandersetzen, ohne damit ihre Liebe zu verlieren!

Bei Adoptierten ist dieser Vorgang weitaus problematischer. Weiß er über seine Herkunft Bescheid, dann hat er ganz reale Probleme mit den Adoptiveltern, von denen er (wie der Nichtadoptierte!) zu wissen meint, daß sie ihn gar nicht lieben *können*! (leider trifft dieses Gefühl durchaus auch in manchen Adoptivfamilien zu!). Die Sehnsucht nach den „richtigen", den „guten" Eltern, die alles gestatten und nichts verbieten, ist zielgerichtet auf existierende Personen, von denen es meist wenig zu wissen und viel zu vermuten gibt. Der Schritt der Entwicklung, sich nach abgeflauten Stürmen mit den vorhandenen Eltern zu arrangieren, wird nicht oder nur unter Schwierigkeiten vollzogen, weil es eben tatsächlich noch „die Richtigen" gibt – nicht als Märchen, nicht als Wunschtraum, sondern von Fleisch und Blut.

Am problematischsten aber ist die Situation für Adoptierte, die von ihrer Adoption nicht wissen, sondern nur ahnen. Das Gefühl, daß „irgendetwas nicht stimmt", ist sehr viel konkreter als beim „normalen" Jugendlichen, der sich nur im pubertären Clinch mit seinen Eltern befindet. Er hat (meistens) Hinweise, konkrete Vermutungen, er erlebt Ausflüchte, plötzliches Schweigen, Ungereimtheiten.

„Leute mit Geheimnissen hinterlassen immer Spuren", schreibt die Adoptierte Betty Lifton. „Sie verraten sich unwissentlich, vielleicht weil sie sich schuldig fühlen und ertappt werden wollen."

Für den „ahnenden" Adoptierten werden alle Gespräche zu einem Eiertanz. Der „normale" Familienroman bekommt einen Hintergrund mit Riß – es gibt zuviele geheime Hinweise, daß mit der Vergangenheit etwas nicht stimmt. Andeutungen, Anfragen, Provokationen werden mit Unsicherheit oder mit Aggressivität der Eltern beantwortet. Das erträumte (Abstammungs-)Märchen wird nicht (zeitgleich mit dem Phantasieren) letztlich als doch unreal erklärt („Aber eigentlich weiß ich doch, daß sie meine Eltern sind!"), sondern bleibt als Gemisch von Träumen, Wünschen, Ahnungen, Vermutungen, realen Informationen, minimalen Hinweisen usw. erhalten.

Aus dieser Verwirrung gibt es weder den Ausgang des „normalen" Jugendlichen, der sich irgendwann ablösend mit den Eltern arrangiert; auch nicht den des aufgeklärten adoptierten Jugendlichen, der planen kann, seine „Traumfamilie" einst zu suchen (und sie an der Realität zu messen!). Der ahnende bleibt gefangen in seinem Unwissen und seinen Vermutungen.

Möglicherweise ist das der Grund dafür, daß er nur schwer in der Lage ist, zu einer vollständigen Lösung von den Adoptiveltern (und allgemein: erwachsenen Autoritäten!) zu kommen. Viele bleiben seltsam infantil, wirken auch mit 24 und 28 Jahren noch „pubertierend", haben die Entwicklungsphase von Loslösung und neuer Bindung nie altersentsprechend vollzogen (siehe dazu auch: Kap. Resumé!). Betty Lifton sagt von ihren adoptierten Schicksalgenossen denn auch, daß sie nie richtig erwachsen werden könnten!

Es muß nicht immer die Geschichte der königlichen Familie sein, der man als Prinzessin entsprang (wie es noch die kleinen Mädchen träumen) – wenngleich sie immer noch aktuell ist und sich manchmal wahnhaft bis ins Erwachsenenleben fortsetzt (siehe dazu das Kapitel: „Kurioses ...").

So schreibt die adoptierte Judy von sich:

> „Es gab da verschiedene Versionen. Ich besaß da ein Photo des Bruders meiner Adoptivmutter, und auf die Rückseite schrieb ich: ‚Mein Papa!' Natürlich wußte ich, daß das nicht stimmte. Dann hatte ich eine Tante Hetty, die kinderlos war, und ich dachte, vielleicht bin ich ihr Kind. Auch da wußte ich genau, daß das nicht stimmte ...
> Ungefähr zu dieser Zeit las ich über die vielbeachtete Liebesaffäre zwischen Prinzessin Margaret und Captain Peter Townsend.
> ‚Natürlich, das erklärt alles. Jetzt wußte ich, wessen Kind ich bin. Da sie mich geheimhalten mußten, hatten sie mich heimlich ins Heim geschmuggelt. Eines Tages würde sie in ihrem Rolls-Royce vorfahren und mich abholen." (aus: Toynbee, S. 91).

Es gibt in der Adoptionsszene aber noch ein anderes „Märchen", den Mythos der „anderen Seite": den Mythos, Eltern zu sein, wie alle anderen auch!

„Ich hatte noch immer das Gefühl, meiner Adoptivmutter niemals sagen zu können, was ich getan hatte (die leibliche Mutter zu suchen – Sw.): Indem ich ihren Mythos zerstörte, würde ich das zerstören, was in ihrem Leben am meisten Bedeutung hatte" (Betty Lifton).

Die „meiste Bedeutung" hat für viele Adoptivmütter eben die Tatsache, daß nun auch sie ein „eigenes" Kind haben – nachdem sie viele Jahre zutiefst leiden mußten, weil die Biologie oder die Psyche ihnen diese Wunscherfüllung verweigerte. Endlich sind sie nun auch „normal", „gehören dazu" – und um diese Illusion nicht zu zerstören, erklären sie (für sich und für andere) ihr Kind als ihr „eigenes". Der Mythos von biologischer Kindschaft ist geboren! Selbst wenn später über die Adoption gesprochen wird, kann dieser Mythos durch Selbsttäuschung und Tabuisierung erhalten bleiben – allerdings nur so lange, bis die leibliche Mutter verbal oder tatsächlich „auf den Plan" tritt und die Realitäten nicht länger zu leugnen sind!

Träume und Phantasien – entwicklungsbedingt und entwicklungsverzögernd – bestimmen die Adoptionsszene, sind manchmal hilfreich, letztlich aber dann zerstörend, wenn sie nicht der Realität weichen.

„Mein Vater, der König", „meine Mutter, eine Prinzessin in weißen Gewande, die mich eines Tages holen kommt" und „mein Kind, das mich für alle Zeit aus dem Elend der Kinderlosigkeit befreit" sind Mythen, mit denen niemand auf die Dauer gefahrlos leben kann!

„Wer bin ich eigentlich?" – Die Frage nach der Identität

> „Es ist wie in einem Sturm. Das Ich wälzt sich hin und her ... auf der Suche nach sich! Auf der Suche nach seiner eigenen Identität." (Katharina, in: Schärer 1991, S. 95)

> „Meine Vergangenheit ist noch nicht aufgearbeitet, und so kehrt sie immer wieder zu mir zurück. Momentan bin ich in I., um zu erforschen, wohin ich gehöre. Ich könnte nicht behaupten, daß es mir nach 4 Monaten schon klarer ist. Der nächste Schritt auf meiner Identitätssuche wird sein, daß ich in meinen Heimatort fahre ..." (Marisa, a. a. O. S. 201)

Adoptierte, die sich auf die Suche nach ihren leiblichen Eltern und somit nach ihrer Vergangenheit machen, sprechen immer wieder davon, daß sie ihr „richtiges Ich", ihre „wahre Identität", ihr „eigentliches Sein" finden wollen. „Wer sind meine Eltern, also wer bin ich," ist die Formel.

Adoptierte, die ihre Eltern oder auch nur die Mutter gefunden haben, sagen: „Jetzt weiß ich, wer ich bin und wohin ich gehöre." „Ich ruhe endlich in mir selber, ich habe mich gefunden ..." „Ich habe meine Identität gefunden."

Die Psychologin Beate Ebertz hat in ihrem Buch: „Adoption als Identitätsproblem" anhand von Interviews und Fallbeispielen aufgezeigt, wie entwurzelt sich manche Adoptierte erleben und wie sie das Gefühl von „Dissonanz" durch die Trennung von „biologischer Herkunft und sozialer Zugehörigkeit" haben. „Irgendwie" erleben sich Adoptierte „anders" – und es hängt sehr von der Einstellung und dem Verhalten der Adoptiveltern ab, *wie sehr* „anders" sie sich empfinden, wie stark sie integriert sind, wie selbstverständlich ihre Adoptionen betrachtet, wie sehr sie als Individuum geachtet wurden.

Adoption und Identität

Was ist Identität? Wie entsteht sie? Alle psychologischen Schulen treffen sich in der Aussage, daß *Identität das Konzept ist, das ein Mensch von sich selbst hat.* Dieser Entwurf von sich selber entsteht in Prozessen sozialer Interaktion und individueller Reflexion.

Der Mensch hat die Fähigkeit, sich durch Nachdenken und Über-sich-selber-Sprechen sich selber gegenüberzutreten. Diese Fähigkeit wird erworben, indem das Individuum lernt, sich mit den Augen anderer zu sehen und dementsprechend einen Standpunkt zur eigenen Person einzunehmen, seinen eigenen Standort zu finden. Wir sprechen hier von *persönlicher* und von *sozialer Identität*:

Wer bin ich? Wo bin ich angesiedelt? Wie ordne ich mich selber zu? Welcher Gruppierung gehöre ich an? Diese Standortbestimmungen sind laufend Veränderungen unterworfen – nie jedoch zu trennen von verbaler und nonverbaler Kommunikation. Das Gegenüber – der einzelne, die Gruppe, Familie, Kollegenkreis, Schulklasse usw. hat in diesem Prozeß die Funktion eines Spiegels, der das eigene Verhalten zurückwirft und durch den die Person erfährt, wer sie ist, oder auch, wer sie nicht ist.

Identität entsteht also in einem ständig variierenden Geflecht von Beziehungen, Zuschreibungen, Mitteilungen, Deutungen, Fragen und Antworten. Der Mensch bekommt ein Bild von seinem So-Sein in der Welt. Die Beziehungen bedeuten aber auch ein hohes Maß an normativen Erwartungen, die z.T. unbewußt als Forderung gestellt werden. Nach Goffman werden diese Forderungen erst dann bewußt, wenn die akute Frage auftaucht, ob sie erfüllt werden oder nicht (Goffman 1975, S. 10).

Nun gibt es Forderungen, die aufgrund von Handicaps, Körperfehlern oder Unzulänglichkeiten nicht erfüllt werden können. Hier spricht die Soziologie von einem „Stigma" im Sinne „körperlicher Zeichen physischer Unstimmigkeit" und der „Unehre", die damit verbunden sein kann (Goffman 1975, S. 9).

Das Problem Stigma stellt sich allerdings nur dort, wo gesellschaftliche Erwartungen bestehen, die vom Individuum nicht realisiert werden können. Ist das Stigma offensichtlich und bekannt (wie z.B. eine schwere Körperbehinderung), spricht Goffman von dem „diskreditierten" Menschen. Kann das Stigma jedoch total oder teilweise geheimgehalten werden, ist es nur manchen bekannt und soll anderen nicht offenbar werden, ist der stigmatisierte Mensch ein „diskreditierbarer":

- *Adoptiveltern*, die ihre biologisch oder psychisch bedingte Kinderlosigkeit geheimhalten und durch eine Adoption kaschieren wollen;
- *Adoptiveltern*, die aus dem gleichen oder anderen Gründen ihr Adoptivkind nicht „aufklären";
- *Adoptierte*, die sich ihrer vermeintlich „minderen" Herkunft schämen und sich nach außen als leibliche Kinder der Adoptiveltern ausgeben;
- *„abgebende Mütter"*, die ihr Leben lang die „Schande" eines nichtehelichen Kindes und seine spätere Fortgabe geheimhalten usw. Sie alle leben unter dem permanenten Druck, der Entdeckung, die sie dann nicht nur zu diskreditierten Menschen macht, sondern sie u.U. auch noch zusätzlich als „Lügner" entlarvt.

Zur Bewältigung dieser Stigmata stehen den Menschen vielfältige Formen des Verhaltens zur Verfügung, über die in diesem Buch immer wieder (manchmal nur zwischen den Zeilen) berichtet wird. Ein Stigma nur zu „managen", damit der Anschein von „Normalität" bleibt, löst immer weitere Probleme aus. Auch davon wird in vielen „Fällen" die Rede sein! Es sind Probleme, die manche Beteiligten ein Leben lang festhalten und deren Lösung unendlich Mühe kosten kann, ebenso viel Mühe wie zuvor die Wahrung des „Geheimnisses".

Zur Identität des Adoptivkindes

Wenn in der Literatur von der Identität des Adoptivkindes die Rede ist, dann grundsätzlich im Zusammenhang mit der Suche nach seinen biologischen Eltern: Wer sind sie – also wer bin ich, woher komme ich, wo stehe ich in der Ahnenreihe, der Geschwisterfolge? Warum wurde so und nicht anders über mich entschieden? Die Suche nach den leiblichen Eltern ist die Suche nach der pesönlichen Identität.

Dieser Aspekt ist nicht neu – wenngleich er jeden einzelnen Adoptierten in irgendeiner Phase seines Lebens beschäftigt, irritiert, nicht mehr losläßt.

Aus der Sicht der Identitätsentwicklung greift dieser Aspekt jedoch zu kurz. Die Frage nach der persönlichen und sozialen Identität stellt sich zwar bewußt und konkret in der Auseinandersetzung mit der Herkunft. Die eigentliche Identitätsfindung geschieht jedoch nicht primär bei der Erforschung der genealogischen Linie, sondern in der *Beziehung zu den Adoptiveltern*. Lange bevor es um die Suche nach den biologischen Wurzeln geht, erhebt sich die Frage:

- *Wer* teilt dem Kind *wie* mit, *wer* es ist?
- *Auf welche Weise* erfährt das Kind von seinen Funktionen innerhalb der Adoptivfamilie?
- Welche *Rollenerwartungen* soll es erfüllen?
- Wie wird seine physische Herkunft *bewertet* – und somit auch sein physisch-psychisches Da-Sein?
- Oder: bleibt seine Herkunft *das große Geheimnis*, das über der Familie schwebt: unausgesprochen – aber immer präsent?

Betrachten wir die Situation der ungewollt Kinderlosen, die sich über viele erfolglose Jahre teuren und schmerzhaften Behandlungen unterziehen bis zum Rande ihrer individuellen Belastungsfähigkeit und nicht selten mit dem Preis einer harmonischen Partnerschaft „bezahlen“, dann ist eine Adoption hoch belastet mit Erwartungen an sich selbst und an das Kind. Das Kind wird mit Erlöserqualitäten ausgestattet: Es soll erlösen aus Einsamkeit, Depression, Sinnlosigkeit des Lebens, aus gesellschaftlicher Isolation, und es soll die langwierigen Auseinandersetzungen mit sich selbst und dem Partner über einen neu zu überdenkenden Lebensentwurf beenden.

Der Psychiater Herzka weist auf weitere Funktionen des adoptierten Kindes hin, das nicht um seiner selbst willen angenommen wurde, sondern eine ganz bestimmte Aufgabe zu erfüllen hat:

- Die Rolle als Ersatzkind, wenn Kinderlosigkeit unverarbeitet blieb oder ein leibliches Kind verstorben ist.
- Die Rolle des Familienstifters, auf daß aus einer Ehe eine „richtige Familie" mit „richtiger Familienatmosphäre" wird.
- Das Kind als Spiel- und Lebensgefährte des leiblichen Einzelkindes.
- Das Kind, das die altersgemäße notwendige Umstrukturierung in der Familie aufhalten soll, wenn die leiblichen Kinder flügge werden und vor allem die Mutter nicht in der Lage ist, die Probleme des Alterns und der zweiten Lebenshälfte zu bewältigen.

Die Kinder- und Jugendpsychiatrie sieht in der wechselseitigen Beziehung zwischen Adoptiveltern und Adoptivkindern ganz spezifische Gefährdungen:

- Adoptiveltern stehen unter dem Druck, ein besonders gelungenes Erziehungsprodukt vorweisen zu müssen.
- Das Kind steht somit unter einem besonders hohen sozialen, emotionalen und intellektuellen Leistungsdruck, der zunächst leicht in eine Überanpassung münden kann – aus Angst, wieder fortgeschickt zu werden und aus Schuldgefühlen den Menschen gegenüber, die es „errettet" haben.

Am interessantesten – da es um ihr Wohl gehen soll – müßten die Ergebnisse der Adoptierten-Befragungen sein! Hierzu einige Daten aus der Studie von Priska Keller-Thoma (Schweiz):

61 Prozent der Adoptieren bezichnen ihre Adoption als „eher positiv",
29 Prozent als ambivalent,
10 Prozent lehnen die Adoption ab,
25 Prozent haben sich „nicht angenommen" gefühlt,
50 Prozent wollen mehr über ihre Herkunft wissen,
60 Prozent wollen ein schriftlich fixiertes Recht zum Kennenlernen der biologischen Eltern.

Betty Lifton und andere Adoptierte, die über ihre Biographien berichten, weisen immer wieder auf die Besonderheit des Kindes hin, wenn die Eltern vor sich und anderen den Begriff des auserwählten, ausgesuchtenKindes verwenden. Sie wollen dem Kind gegenüber betonen, welche Bedeutung es für sie hat – stellen es damit aber aus der Reihe normal erlebter Familienbande.

„Besonderheit", „Besonderssein" hat viel auch zu tun mit „Aussonderung". Die Grenzen sind verwischt, der Grad nur sehr schmal, das „besondere" Kind kann schnell zu einem „sonderbaren", einem ausgesonderten werden. Ein Kind, das angenommen wurde, um bestimmte Funktionen innerhalb eines Familien-Systems zu erfüllen, wird nicht zu einer persönlichen Identität finden. Es wird zwischen Erwartungshaltungen von außen, der Zweideutigkeit der Beziehung und dem eigenen Ich-Ideal hin und her gerissen werden. Und es scheinen gerade diejenigen Adoptierten zu sein, die ihre Identität im Finden der leiblichen Eltern suchen. So sagt eine 35jährige Adoptierte, die eine Selbsthilfegruppe Adoptierter leitet: „Suchen tun nur wir Unglücklichen und Entwurzelten!"

Zu mir ist einmal das große Nein gesagt worden

In einer Rundfunksendung hörte ich vor kurzem ein jiddisches Lied ins Deutsche übersetzt. Es war ein Lied der Freude und des Dankes. Im Refrain kam immer wieder der Satz vor: „Zu mir ist einmal ein großes Ja gesagt worden."

Das Lied hat mich durch diese Aussage sehr berührt: Es konnte „eigentlich" nichts Schlimmes mehr im Leben geschehen, es konnte sich „eigentlich alles nur zum Guten wenden, denn ich bin einmal (von meinem Gott) angenommen worden, zu mir wurde ein großes Ja gesagt."

Im Nachdenken über diese grundlegende Bejahung fiel mir auf, was viele Adoptierte als Kinder unausgesprochen belastet hat und was sie oft erst als Erwachsene in Worte fassen können: Zu mir ist einmal das große NEIN gesagt worden. Irgendwann in meinem Leben war ich nicht gewollt – so wenig, daß man / meine Mutter / mein Vater ... mich fortgegeben haben.

Adoptiveltern betonen immer wieder gerne die *Sonderrolle* ihres Kindes – sowohl dem Kind gegenüber als auch in Publikationen. „Dich haben wir uns ausgesucht ... leibliche Eltern müssen nehmen, was sie kriegen, Adoptiveltern können sich ihr Kind wählen ..."

Zum einen stimmt diese Aussage schon lange nicht mehr. Adoptiveltern haben keine Auswahl. Sie gehen schon seit mindestens 20 Jahren nicht mehr in einem Säuglingsheim von Bettchen zu Bettchen und nehmen das Kind, bei dem der „Funken überspringt". Sie suchen nicht aus. Sie können, wenn ihnen ein Kind angeboten wird, einmal ablehnen, auch noch ein zweites Mal, aber spätestens dann sind ihre Chancen auf nochmalige Berücksichtigung gleich Null.

Adoptivkinder, die größer werden, wissen das. Sie wissen, daß sie letztlich keine Auserwählten sind. „Ich bin ihnen zugeteilt worden, was soll das ganze Gerede vom Aussuchen", schreibt eine Adoptierte. Ein Kind – dem Kindergartenalter entwachsen – hat auch nicht mehr das Bedürfnis, etwas Besonderes, Herausragendes zu sein. Es will so sein wie alle! Es will durch nichts anders gemacht werden und je älter es wird (Pubertät!), um so mehr gehen seine Wünsche in Richtung Zugehörigkeit, Identischsein mit Gleichaltrigen, durch nichts aus der Masse herausfallen, bis die ersten Individuierungstendenzen einsetzen.

Ein Kind, das als ein besonderes deklariert wird, ist auch sehr schnell ein ausgesondertes. Diese Besonderung kann bei fortschreitendem Bewußtseinsstand immer stärker ins Negative umschlagen. Selbst Adoptiveltern, die ihren Kindern erklären, daß die Mütter sie aus materiellen Gründen nicht behalten konnten, können nicht vermeiden, daß die Kinder darüber grübeln, warum sie nicht *dennoch* daheim bleiben konnten. Ihr Wissen über psychosoziale und sozioökonomische Lebensbedingungen ist größer geworden.

Bei einem in der Pubertät ohnehin labilen Selbstwertgefühl kommen viele zu dem Schluß, daß es neben aller materieller Not auch an ihnen selbst gelegen haben müsse. Die Frage, ob sie vielleicht zu schwierig waren, ob sie nicht genügt haben, taucht vor allem dann auf, wenn Kinder erst nach der Säuglingsphase freigegeben wurden.

Bei den anderen bleibt das Gefühl (und das Bewußtsein): Wenn sie mich *wirklich* geliebt hätte, hätte sie alle Not auf sich genommen, denn eine Mutter muß jegliches Opfer für das eigene Kind bringen. (Von den Vätern ist in diesem Zusammenhang übrigens *nie* die Rede!)

Mit einer ganz besonderen Selbstwertproblematik haben Adoptierte zu kämpfen, die wissen, daß Geschwister behalten, sie jedoch freigegeben wurden. Die Fragen: „Warum gerade ich? Was war an mir schlechter als an meinen Geschwistern?" prägen ihr Leben und ihre Gedanken. Die Unsicherheit über die Abgabegründe und die Annahme durch fremde Menschen wird durch diese Tatsache bei sehr vielen Adoptierten ganz erheblich vertieft.

Der Schluß ist in jedem Fall: Ich war nicht so gewollt, wie es eigentlich sein soll! Ich war nicht geliebt. Ich bin fortgegeben worden. *Zu mir ist einmal im Leben das große Nein gesagt worden.*

Was Adoptiveltern nicht wahrhaben wollen: Dieses große Nein hat im Leben von Adoptierten eine ungleich größere Wirkung als das Ja, das sie bei der Annahme des Kindes zu ihm gesagt haben. Je schwieriger die Eltern-Kind-Beziehung ist oder gewesen ist, um so stärker ist das Gefühl, verlassen worden zu sein, ohne je einen vollwertigen Ersatz dafür bekommen zu haben. Das große Nein überwiegt das große Ja dann bei weitem. Das große Nein steht für Adoptierte am Lebensbeginn und prägt für viele ihr ganzes Dasein wie eine Wunde, die nicht verheilen kann. Die Suche nach der Mutter ist unbewußt auch oft der Versuch, diese Wunde sich schließen zu lassen. Neben dem großen Nein steht das große Warum, und das verlangt nach Klärung um (vermeintliches) Abgelehntsein wenigstens vom Verstand her verarbeiten zu können.

Welcher Adoptierte sucht?

Es gibt keine gesicherten empirischen Daten größeren Umfangs – aber zahlreiche Berichte und Erfahrungen von allen an der Suche beteiligten „Außenstehenden", die einen deutlichen Trend bestätigen:

- Je *harmonischer* ein Adoptionsverhältnis verlief, um so weniger hektisch verläuft die Suche nach der Mutter. Wenn sie überhaupt angestrebt wird, dann mit Gelassenheit, oft mit langen zeitlichen Pausen, in denen andere Themen das Leben bestimmen. Die Motivation liegt eher in einer gewissen Neugierde, in einem Informiert-sein-Wollen, in einer Vervollständigung der eigenen Biographie – nie jedoch in der Hoffnung, endlich, endlich die Mutter zu finden, die Eine, die Einzige!
- Je *problematischer* die Adoption verlaufen zu sein scheint, um so intensiver, zeit- und geldaufwendiger, fanatischer suchen die Adoptierten nach den leiblichen Eltern. Die Suche wird zum wichtigsten Lebensinhalt, sie bestimmt den Lebensrhythmus, sie dominiert Partnerschaften, sie läßt „keinen Stein auf dem anderen". Im Zentrum steht der Wunsch, endlich „die Mutter" zu finden – *die* Mutter schlechthin. „Da habe ich nun zwei Mütter und in Wirklichkeit habe ich keine" ist ein Satz, den ich in diesem Zusammenhang öfter gehört habe.
- Diese Beobachtungen lassen ohne große Bedenken den Umkehrschluß zu, daß z.B. eine Adoptierte, die seit 15 Jahren über Behörden und Dedekteien gesucht und dabei schon fast 50 000 DM ausgegeben hat, eine unbefriedigende Adoption durchlaufen hat.

Die Schweizer Psychologin Priska *Keller-Thoma* hat Mitte der 80er Jahre Adoptierte im Erwachsenenalter (20–30 Jahre alt) nach ihrer Einschätzung der eigenen Adoption befragt. Unter anderem stellte sie auch Fragen nach dem Interesse an der Herkunft und dem Suche-Verhalten.

Interessant daran war, daß sie zwei Befragtengruppen bildete:

- Adoptierte, die sie über deren Adoptiveltern fand, d.h., die von den Adoptiveltern die „Erlaubnis" zur Teilnahme an der Befragung bekamen und
- Adoptierte, die – ohne diese Erlaubnis – durch Aufrufe in freien Medien gefunden worden waren.

Beide Gruppen unterschieden sich im Wesentlichen dadurch, daß erstere insgesamt „zufriedener" mit der Adoption waren. Das kann bedeuten, daß nur die „Zufriedenen" die elterliche Erlaubnis erhielten, über die Familiengeschichte zu sprechen oder daß es ohnehin nur noch Eltern-Kind-Kontakte in „zufriedenen" Verhältnissen gab. Die andere Gruppe mag insgesamt skeptischer gewesen sein und mehr negative Erfahrungen gemacht haben.

Von der ersten Gruppe hatten zum Befragungszeitpunkt rund 15 Prozent nach der biologischen Mutter gesucht (fünfmal soviel Frauen wie Männer). Rund 50 Prozent gaben an, kein Interesse an einer Suche zu haben und 30 Prozent hatten sich „noch nicht getraut".

In der „unzensierten" Gruppe hatten bereits rund 40 Prozent gesucht, 25 Prozent hatten kein Interesse und 30 Prozent hatten sich noch nicht getraut.

Dieses Ergebnis kann zwei Bedeutungen haben:

- Die noch in die Adoptivfamilie Integrierten hatte wirklich einen so guten Eltern-Kind-Kontakt, herzliche Beziehungen, daß sie sich gar nicht nach ihrer Herkunftsfamilie sehnten. Die Adoptiveltern „reichten" ihnen aus als Elternpaar – im Gegensatz zu der Gruppe der eher skeptischen, die vielleicht nicht oder nicht mehr so integriert waren, die sich von den Adoptiveltern gefühlsmäßig gelöst hatten oder nie besonders an sie gebunden waren.
- Möglich ist aber auch, daß die Adoptierten, die über ihre Adoptiveltern für die Umfrage gewonnen wurden, von diesen auch entsprechend beeinflußt wurden – bzw. daß die anderen, mit denen es innerfamiliäre Probleme (auch über die Adoption) gab, gar nicht erst von ihren Eltern auf die Untersuchung auf-

merksam gemacht wurden und somit hier eine „positive Selektion" stattfand.

Die Verteilung zwischen männlichen und weiblichen Adoptierten an einem Interesse an der Suche und deren Realisierung war etwa gleich. Eine Ausnahme bildeten diejenigen, die sich noch nicht trauten. Da waren fünfmal soviel Frauen wie Männer.

Die Suche nach dem Vater ist etwas geringer ausgeprägt als die nach der Mutter – auch in der Untersuchung von Priska Keller-Thoma. Sie macht auch – wie alle an der Suche Beteiligten wissen – wesentlich mehr Mühe, ist sehr viel zeit- und energieaufwendiger und ist häufiger erfolglos (vgl. dazu Kapitel Vatersuche).

Frau Keller-Thoma hat darüber hinaus in ihrer Befragung den gleichen Trend festgestellt, wie ich ihn seit Jahren beobachte: Die biologischenMütter werden etwas häufiger von den weiblichen Adoptierten gesucht als von den männlichen. „Die männlichen Adoptiv-‚Kinder' hingegen haben etwas mehr Interesse an der Suche nach ihrem biologischen Vater. Aus psychologischer Sicht wird das Identifikationsobjekt also etwas mehr gesucht als das gegengeschlechtliche Objekt" (Keller-Thoma, S. 203 ff.).

Während in der Schweizer Untersuchung bereits *Erwachsene* befragt wurden, waren es bei *Knoll* und *Rehn* in Nürnberg noch *Jugendliche*. Sie konnten noch nicht suchen (einem Jugendlichen wird man aus verschiedenen Gründen immer raten, das 18. Lebensjahr abzuwarten, obwohl er ab 16 Jahren durch das Personenstandsgesetz immerhin schon ein Recht eingeräumt bekommt, alles über seine Abstammung zu erfahren). Sie wurden aber befragt, ob sie ihre leiblichen Eltern gerne einmal kennenlernen würden, wenn das möglich wäre.

- 60 Prozent wollten: davon zwei Drittel „sehr gerne" oder „ziemlich gerne".
- 70 Prozent der Befragten würden gerne sehr viel mehr über ihre Herkunft erfahren: Dabei standen die Freigabegründe an erster Stelle, dann folgten die „jetzigen Lebensumstände", das Aussehen, mögliche Geschwister, Adresse, Charakter, mögliche Erbanlagen ... (Knoll/Rehn, S. 76 ff.).

„Insgesamt kann über die Jugendlichen gesagt werden, daß sie anscheinend sehr an ihrer Herkunftsfamilie interessiert sind und sich auch damit beschäftigen, wie es wäre, die eigene Ursprungsfamilie einmal kennenzulernen. Letztlich scheint aber bei den meisten Jugendlichen doch eine gewisse *Hemmschwelle* zu bestehen, die sie davon abhält, selber aktiv zu werden und eigene Nachforschungen anzustellen" (Knoll Rehn 1985, S. 125).

Die beiden Autoren haben aber aufgrund ihrer sehr differenzierten Befragung feststellen können, daß das Interesse an der Herkunftsfamilie um so größer ist, je früher die Kinder in die Adoptivfamilie kamen. „Ein höheres Ankunftsalter reduziert anscheinend das Interesse daran. Ein höheres Ankunftsalter bedeutet, daß das Adoptivkind schon seine eigenen Vorerfahrungen besaß: Wahrscheinlich ist auch heute noch die Erinnerung an die leiblichen Eltern vorhanden und vermindert so das Interesse am Kennenlernen. Denkbar wäre auch eine negative Einstellung der Herkunftsfamilie gegenüber aus den gemachten Erfahrungen heraus" (S. 79).

Denkbar wäre meiner Meinung nach aber auch, daß die durch höheres Aufnahmealter stärker belastete Familie weniger enge, weniger herzliche Beziehungen zu dem Kind knüpfen konnte – und dieses deshalb als Jugendlicher (!) noch nicht die innere Freiheit hat, sich der leiblichen Familie zuzuwenden. Wenn die Einstellung der Adoptiveltern den leiblichen Eltern gegenüber negativ ist, besteht für den Adoptierten auch eine größere „Gefahr", daß die Adoptiveltern negativer auf die Suche und das Finden reagieren. Der Jugendliche, der das weiß oder ahnt, wird sich (noch) zurückhalten, um den Kontakt in der Familie nicht noch mehr zu erschweren, die etwas gefährdeten Beziehungen nicht auch noch durch Fragen nach der leiblichen Familie zu belasten. Nach meinen Erfahrungen haben adoptierte *Jugendliche*, die sich zu Hause nicht wohlfühlen, noch größere Bedenken zu suchen – bzw. sind ihre Ambivalenzen größer! Einerseits möchten sie unbedingt „ihre" Familie kennenlernen, andererseits haben sie aufgrund mangelnden Vertrauens nicht die Sicherheit, *trotzdem* bei ihren Adoptiveltern gut aufgehoben und geborgen zu sein.

Im übrigen schreiben Knoll und Rehn sehr richtig, daß Adoptiveltern das tatsächliche Interesse ihrer Kinder an der biologischen Familie sehr viel niedriger einstufen als es tatsächlich ist. So ist es wohl auch zu erklären, daß Adoptiveltern sich sehr lange in einer gewissen „Sicherheit" wiegen, nichts ahnen, nichts merken, nichts wissen – während ihre Kinder längst auf der Suche sind oder sogar schon die Eltern gefunden haben!

Ihre Einschätzung entspricht natürlich ihren eigenen Bedürfnissen nach dem Sich-sicher-Sein, nach ungetrübter Familienharmonie und Ungestört-Leben. Auch das Besitzdenken mancher Adoptiveltern stört eine freie Sicht auf die Realitäten. Und selbstverständlich ist die Einschätzung der Eltern von denen der Kinder um so weiter entfernt, je schlechter die Beziehungen zwischen beiden sind: Herrscht Offenheit zwischen Eltern und Kind – und erstreckt sich diese Offenheit auch von Anbeginn an auf das Thema Adoption, Herkunft, Suche ..., dann können Kinder getrost ihre Eltern über die eingeleiteten Schritte informieren oder aber sie auch um Rat und Mithilfe bitten, wenn sie mit der Suche beginnen wollen!

Problematisch ist die Suche auch für diejenigen Adoptierten, die ein negatives Bild von den leiblichen Eltern haben, weil sie es so von den Adoptiveltern vermittelt bekamen. Es verstellt ihnen die Suche aus Angst.

Welcher Adoptierte sucht (noch) nicht?

Die Frage nach dem „Nicht" ist nicht zu beantworten, denn Adoptierte, die sich als Erwachsene an offizielle Stellen (oder an mich) wenden, tun das, eben weil sie suchen. Andererseits gibt es jugendliche und erwachsene Adoptierte, die *noch* keine Suchererfahrung haben, aber deutlich sagen, daß sie (noch) keinen *aktiven* Entschluß dazu fassen, sondern diese Frage für sich derzeit offenlassen wollen. Sie suchen noch nicht und wissen auch nicht, ob und wann sie damit beginnen wollen.

Manche Menschen haben kein akutes Bedürfnis danach, die Eltern zu finden. Das Empfinden ändert sich jedoch bei vielen, wenn sie sich selber anschicken, eine Familie zu gründen. Plötzlich wird das unbekannte *Erbgut* zu einem wichtigen Thema – denn Erbgut spielt – allen Behauptungen von professionellen Adoptivbefürwortern zum Trotz – sowohl bei Adoptiveltern als auch bei den Adoptierten zu bestimmten (kritischen!) Zeiten eine erhebliche Rolle.

So schreibt ein Mann, nachdem er seine Mutter gefunden hatte, an mich:

● „Als ich heiraten wollte, hatte ich das Gefühl, mehr wissen zu *müssen*. Ich hatte immer ein Gefühl der Minderwertigkeit und des Ungenügens. Ich wußte ja gar nicht, was ich da meiner Freundin anbot, was ich mitbrachte in die Familie, die wir mal sein wollten. Ihr war das völlig egal, aber ich wollte das wissen. Ich wollte vor allem wissen, ob es in meiner Familie Erbkrankheiten gab, die für uns Kinder ausgeschlossen hätte.

Aber das war nicht das Einzige. Ich schickte mich an, eine Familie in die Zukunft hinein zu gründen, ohne zu wissen, aus was für einer Familie ich aus der Vergangenheit erwachsen war. Ich hatte Zukunft, aber mir fehlte mein biologisches Geworden-Sein.

Die Suche hat lange gedauert. Ich habe meine Mutter nicht gleich gefunden. Weil meine Freundin aber unbedingt heiraten wollte, habe ich eingewilligt. Ungern, muß ich zugeben. Ich war noch nicht fertig für die Ehe, weil alles Vergangene im Dunkeln lag. Ich fühlte mich für die Ehe nicht vollständig genug. Zu einem Kind habe ich aber erst eingewilligt, als ich meine Mutter gefunden hatte. Ich hatte dann alle Informationen über ihre eigene Familie und über die meines Vaters. Da war alles plötzlich klar und durchsichtig geworden. Ich hatte „grünes Licht" und wir haben dann auch sofort unsere Tochter bekommen. Und erst als ich sie dann meiner Mutter brachte, hatte ich das Gefühl: Nun hat alles seine Ordnung!" (Uwe P.)

Der Kreis hat sich geschlossen, die genealogische Linie war nicht mehr unterbrochen und so konnte sie in die Zukunft hinein fortgesetzt werden.

Ich habe Uwe P. später gefragt, ob er ohne seine Heiratsabsichten die Mutter nicht gesucht hätte. Er mußte erst lange nachdenken und sagte dann, daß er diesen Wunsch sehr stark am Ende der Pubertät verspürt habe, aber dann war so vieles andere in seinem Leben gewesen, was ihn diesen Plan vergessen ließ.

„Manchmal dachte ich daran, so wie an etwas Unerledigtes, das aber nicht unbedingt sofort gemacht werden muß. So wie an einen Brief, den man ‚irgendwann nochmal' beantworten will. Also latent war der Wunsch schon vorhanden. Ich hatte auch mal mit meinen Adoptiveltern darüber gesprochen, als ich schon lange nicht mehr bei ihnen lebte. Ich weiß ihre Reaktion nicht mehr, aber sie haben sich sicher nicht stark abwehrend verhalten, daran würde ich mich erinnern.

Nein, ohne geplante Eheschließung hätte ich diese Sache wohl immer wieder aufgeschoben! Heute bin ich froh, daß ich es nicht getan habe. Meine leibliche Mutter ist gesundheitlich angeschlagen, und viele Jahre wird sie wohl nicht mehr leben. Es wäre sehr schade gewesen, wenn ich am Ziel gestanden hätte, an dem mir jemand sagt: Deine Mutter ist vor vier Wochen beerdigt worden!"

Der „aktuelle" Anlaß" ist oft Auslöser zu einer Suche: Der Tod eines nahestehenden Menschen (oft auch eines Adoptivelternteils), Heirat, aber auch die Geburt eines Kindes, die dem adoptierten Elternteil plötzlich vor Augen führt, wie es „damals" gewesen sein kann. Oft bedarf es im Leben der eigenen Betroffenheit, um sich einfühlen zu können, um gedanklich „umzuschalten" und andere Wege zu gehen.

Wie Uwe P. sprachen auch andere Adoptierte die zwei Faktoren an, die für sie die tragende Rolle spielen:

- Welches ist mein Erbgut? Und
- Wo liegen meine Wurzeln, wohin gehöre ich, wo ist mein Ursprung?

Wenn es keine Vergangenheit gibt – so empfinden es viele Adoptierte – kann auch die Zukunft nicht aktiv und offensiv angegangen werden.

Von der Suche abgehalten werden sehr viele Adoptierte aus Rücksicht auf die noch lebenden Adoptiveltern (siehe dazu auch das Kapitel Adoptiveltern). Sie wollen ihnen nicht wehtun, andererseits wollen sie aber auch nicht mit den Heimlichkeiten leben. Viele haben Schuldgefühle den Adoptiveltern gegenüber, die man treffender mit „Schuldens-Gefühlen" bezeichnen könnte. Sie haben das Gefühl, „Schulden" bei den Eltern zu haben, die soviel „investiert" haben, ohne durch biologische Abstammung dazu „verpflichtet" gewesen zu sein. Nun wollen sie zu dieser Schuld nicht noch neue hinzufügen, indem sie sich als „undankbar" erweisen und die leiblichen Mütter suchen.

Aber auch die Abneigung der Adoptiveltern gegenüber der leiblichen Mutter ist Grund, nicht zu suchen. Die Abneigung teilt sich über all die Jahre der Erziehung gewollt oder ungewollt dem Kinde mit. Teilweise bekommt es sehr bewußt sehr negative Informationen über die Mutter, die den eigenen Elternstatus positiv abheben (sollen). Dieses Wissen hemmt jede Neugierde, teilweise erzeugt es auch Angst: „Was werde ich vorfinden" und: „Will ich das überhaupt?"

Dabei bedenken sie in ihrer Befangenheit nicht, daß die Wahrheit immer einfacher zu ertragen ist, als ein Leben voller Mutmaßungen und sogenannter Gratisängste, Ängste, die vorausnehmen, was passieren *könnte* – und die sich nicht abbauen lassen, wenn sie nicht mit der Realität konfrontiert werden.

Angst ist ein großes Hemmnis bei der Suche nach den Eltern. Meinen Erfahrungen nach läßt sie sich zwei Bereiche gliedern:

- Angst vor dem Unbekannten, dem, was man vorzufinden fürchtet: Eine Mutter, die unsympathisch ist, die trinkt, die in „schlechten Verhältnissen" lebt, die sich prostituiert (das ist allerdings sehr viel seltener, als Betroffene annehmen!), aber auch die Mutter, die schon verstorben ist, die man nie mehr kennenlernen wird.
- Angst vor der Zurückweisung, Angst davor, daß ein zweites Mal im Leben Nein zu einem gesagt wird, daß man wieder nicht angenommen wird, daß man also nie „ankommt", sondern endgültig abgewiesen wird!

Beide Angstkomplexe müssen ernst genommen werden. Der Adoptierte braucht unbedingt Gelegenheit, sie auszusprechen. Aber er muß auch wissen, daß beide Ängste in den meisten Fällen nicht der Wirklichkeit entsprechen! Viele „abgebende Mütter" führen 20 oder 30 Jahre nach der Freigabe ein ausgesprochen bürgerliches Leben. Sie haben geheiratet, haben Familie oder gehen einem völlig „normalen" Beruf nach. Manche Frauen haben nach der Freigabe sogar „Karriere" gemacht – nicht unbedingt, weil sie es von Anfang an so wollten, sondern weil sie sich überkompensierend nach dem Verlust des Kindes eine Aufgabe gesucht haben. Frauen, die ihr Abitur in einer Abendschule nachmachen, die studieren, die schreiben, die künstlerisch arbeiten usw. sind nicht selten! „Ich muß was aus meinem Leben machen", hat mir vor langen Jahren einmal eine abgebende Mutter in einem Interview gesagt. „Wenn mich meine Tochter eines Tages sucht – und ich wünsche es mir sehr – dann will ich ihr sagen können: das ist aus mir geworden. Wenn ich dich schon abgeben mußte, so soll dieser Schritt wenigstens noch ein positives Ergebnis gehabt haben!"

Adoptiveltern sind oft *sehr* erstaunt, wenn ich über diesen Aspekt spreche. Sie sind verblüfft, daß die Mütter ihrer Kinder den gleichen beruflichen Status wie sie selber erreicht haben und damit ihrer sozialen Schicht angehören.

Dieses Unwissen basiert meiner Erfahrung nach zu einem auf mangelnder Information durch die Vermittlungsstellen, zum anderen aber auf einer sehr pauschalen Statistik, die rund 50 % der Mütter als „ohne Beruf" ausweist. Das bedeutet aber durchaus nicht immer, daß die Mütter keine Ausbildung haben und als ungelernte Hilfskräfte ihr Leben gestalten, sondern beispielsweise auch, daß sie noch Schülerinnen oder Studentinnen waren zum Zeitpunkt der Freigabe. Daß sie anschließend noch etwas „aus ihrem Leben machen", daß sie qualifizierte Berufe ergreifen oder sogar noch studieren, wird nicht bedacht – und ich frage mich in solchen Diskussionen auch oft, ob das überhaupt jemand wissen will. (Mit diesen Informationen wird nämlich auch das Trugbild beseitigt, das die Adoption ausschließlich als individuelle Wohltätigkeit zeichnet! „Deine Mutter, das arme Wesen", läßt sich dann nicht länger aufrechterhalten und das Gefühl, Gutes getan, einem Menschen „die Hand fürs Leben gereicht", ihn „gerettet" zu haben, wird ebenso relativiert!)

Die Angst, nicht „angenommen", ein weiteres Mal „verstoßen"

zu werden, ist zwar berechtigt, trifft in den meisten Fällen aber ebenso wenig zu, wie die Vorstellung von der heruntergekommenen Mutter. Ich habe von einigen Fällen gehört, in dem die Mutter einen Kontakt für alle Zeit ablehnte, mir selbst ist so etwas jedoch nie begegnet. Die *meisten* Mütter wollen suchen – oder sich nur allzu gern findenlassen!

Es ist allerdings möglich, daß „der Funken nicht überspringt", man voneinander enttäuscht ist, weil man ganz andere Vorstellungen, Phantasien und Wünsche hatte. Es kann auch sein, daß die Mutter die ihr zugewiesene Über-Mutter-Rolle nicht spielen kann oder will! Eine *zu große* Liebe wird von Adoptierten nicht herbeigefürchtet – vermutlich können sie sich nicht vorstellen, wie problematisch es sein kann, wenn 20 Jahre des fehlenden Miteinanders nachgeholt werden sollen.

Aber beide letztgenannten Schwierigkeiten *können* mit Hilfe Außenstehender – Professioneller oder Selbsthilfeorganisierter – beeinflußt werden! Sie brauchen kein Anlaß zu sein, sich nicht auf die Suche zu begeben.

Auf alle Fälle – und gegen alle Angst! – steht fest: „Mit der Wirklichkeit wird man fertig. Es ist die Scheinrealität, die man nicht bewältigt!" (René Regenass).

Angst sollte kein Grund sein, den Wunsch nach der Vervollständigung der eigenen Biographie zu unterdrücken oder in weite Ferne aufzuschieben.

● „Ich dachte ernsthaft an die Möglichkeit, meine Mutter ausfindig zu machen. Ich wußte, wohin man sich wenden konnte, aber ich wußte nicht genau, wie ich das anfangen sollte. Ich sprach mit meiner Mum darüber, und sie machte mir Mut ... Ich habe lange und intensiv über alles nachgedacht. Ich wußte, daß meine richtige Mutter geschieden war, und wahrscheinlich hatte sie wiedergeheiratet? ... Meine Adoptivmutter hatte mir erzählt, daß meine richtige Mutter mich eigentlich gar nicht weggeben wollte, aber sie hatte geglaubt, daß es für mich das beste sei. Darum dachte ich, ich dürfte es auf keinen Fall riskieren, sie zu verletzen oder ihr Schaden zuzufügen."

Ein Jahr später erfuhr Judy, „daß ihre Mutter und ihre Familie schon seit vielen Jahren nach ihr gesucht hatten. Sie hatten sich ständig bei den Sozialdiensten nach ihr erkundigt. Briefe waren hinterlegt worden für den Fall, daß Judy selbst nach ihrer Mutter forschen würde. *In all den vielen Jahre, in denen sie peinlich darauf bedacht gewesen war, ihrer Mutter durch Nachforschungen keine Unannehmlichkeiten zu bereiten, hatte die Mutter verzweifelt nach ihr gesucht.*" (Toynbee, S. 95)

Motive, die leiblichen Eltern zu suchen

Was ist es, das Adoptierte nach ihren leiblichen Eltern suchen läßt?

Die Motive scheinen so vielfältig zu sein, wie es suchende Adoptierte gibt. Letztlich bündeln sie sich aber alle in der Frage: Wer sind meine leiblichen Eltern = *also wer bin ich*?

Von rein „äußerlichen" Motiven wie: ...
- Wie sehen sie aus?
- Sehe ich ihnen ähnlich?
- Wie leben sie?
- Habe ich Geschwister?
- Was für Verwandte sind noch vorhanden?
- Wo wäre ich eigentlich aufgewachsen ...?

... Über die schmerzhaftesten aller Fragen:
- Warum haben sie mich fortgegeben
- Warum wurde ich im Stich gelassen?
- Warum konnten sie mich nicht behalten?
- War ich vielleicht doch zu schwierig?
- Warum traf es mich und nicht meine Geschwister?
- Was war an mir schlechter als an ihnen ...?

... sind alle Fragen, alle Probleme in den Motivationen enthalten. Aber auch das Motiv, „ich will, daß meine Mutter mich kennenlernt, daß sie sieht, daß ihr Verzicht Früchte getragen hat", kommt bei Suchenden (Frauen!) vor. Hier finden wir ein tiefes Verständnis für die Mutter bis hin zur Identifikation. Das Hineindenken in die Situation der Frau, die mit 18 oder 20 Jahren von ihrem Kind getrennt wurde, ist so ausgeprägt, daß negative Gefühle der Mutter und der damaligen Entscheidung gegenüber gar nicht erst aufkommen.

Ob diese – im tiefenpsychologischen Sinne – verdrängt wurden oder ob das Verstehen der damaligen Situation durch eine fürsorgliche und behutsame Information von seiten der Adoptiveltern zustande kam, ist dabei nicht zentral.

Wenn die Adoptiveltern eine gute und tragfähige Beziehung zum Kind hatten, die Adoption voll akzeptierten und sie nicht als Ersatz ansahen und wenn sie mit dem Kind früh genug ausführlich und verständnisvoll über die leibliche Mutter gesprochen haben, besteht kein Grund zur Annahme, daß Aggressivität im Übermaß verdrängt werden mußte.

Adoptierte schreiben – wie zur Rechtfertigung – immer, *warum* sie ihre leiblichen Eltern gerne kennenlernen möchten. Manche betonen ganz ausdrücklich, daß man ihnen glauben möge, sie hätten keinerlei materielle Interessen. „Ihm nur einmal gegenüberstehen und ihm in die Augen sehen", wollte ein junger Mann, der seinen Vater suchte – und er war sehr überrascht, daß mir dieses Motiv verständlich und „ausreichend" erschien, die Suche einzuleiten.

Im folgenden zitiere ich aus Briefen von Adoptierten, die ihre Motive beschreiben:

- „Meine Mutter hat dann nach Amerika geheiratet und meine Halbschwester mitgenommen. Warum sie *mich* nicht wollten, weiß ich nicht. Ich muß es aber wissen, um Ruhe zu finden!" (Frau, 31 Jahre alt).

- „Ich bin 1962 adoptiert worden und wollte aus Furcht zunächst bis zum 24. Lebensjahr gar nicht wissen, wer meine Eltern waren. Dann war mir das Jugendamt behilflich, meine *Mutter* zu finden. Sie kam uns bald besuchen und ich glaube, daß mir dieser Kontakt viel gebracht hat bezüglich meiner noch immer andauernden Identitätsfindung.

Über meinen *Vater* konnte oder wollte sie mir jedoch nichts berichten, was bei mir der Auslöser für viele Gedanken ist. Irgendwie würde es mich brennend interessieren, was für ein

Mensch er ist und außerdem, so wie man mir berichtet hat, weiß er vielleicht gar nichts von meiner Existenz." (Mann, 30 Jahre alt).

- „Ich habe nie eine richtige Mutter gehabt. Meine Adoptivmutter und ich, wir haben uns nie verstanden. Eigentlich hat sie mich abgelehnt. Aber ich hatte einen lieben Adoptivvater. Mit ihm habe ich viel geschmust. Ich glaube heute, daß er unter seiner Frau auch sehr gelitten hat! Ich suche jetzt meine leibliche Mutter. Meinen leiblichen Vater brauche ich nicht zu suchen, weil ich einen guten Vater hatte!" (Frau, 24 Jahre alt).

- „Ich möchte meine Eltern einfach mal kennenlernen. Schließlich stamme ich von ihnen ab, und ich habe doch auch viel Erbteil von ihnen in mir. Ich möchte gerne wissen, wie ich geworden bin und wie es kam, daß meine Mutter mich nicht behalten konnte. Ich will es aus ihrem eigenen Mund hören. Ich bin ganz sicher, daß sie triftige Gründe dafür hatte – daß es ihr sehr schlecht gegangen ist. Ich möchte mit ihr über alle diese Fragen sprechen – denn irgendwie hing es bestimmt auch mit meinem Erscheinen zusammen, daß es ihr schlecht ging. Ich sehe heute noch bei Freundinnen, wie sie Probleme bekommen, wenn sie ein Kind kriegen. Auf alle Fälle will ich meiner Mutter auch danken, daß sie mich zur Welt gebracht hat. Ich lebe gerne, und das soll sie wissen!" (Frau, 26 Jahre alt).

- Eine absolute Ausnahme bildet die Aussage einer Adoptierten von Anfang Dreißig, die kurz nach diesem Ausbruch ihre Mutter tatsächlich fand und sich ihr gegenüber auch entsprechend verhielt:

  „Ich hasse diese Frau. Ich hasse sie abgrundtief! Keiner Frau kann es im Leben je so schlecht gehen, daß sie ihr Kind verläßt. Eine Frau, die das tut, ist eine Verbrecherin! Und das muß ich ihr sagen!"

Nur zustimmen konnte ich einer jungen Frau, die schrieb:

- „Irgendwie finde ich es immer schrecklich blöd, wenn mich jemand fragt, warum ich meine Eltern suche. Das hat auch nichts damit zu tun, daß ich es „doch so gut hatte bei meinen Adoptiveltern". Ich verstehe die Frage nie. Jeder weiß, wer seine Eltern sind und die, die es nicht wissen, sollten sich nicht dafür interessieren?

Beim Jugendamt fragte mich mal eine Neue wieder so bescheuert. Da habe ich zurückgefragt: „Wissen Sie denn, wer ihre Eltern sind? Sie hat ganz baff geguckt und hat dann ‚Natürlich' gesagt. Da habe ich nur gesagt: ‚Na also! Und mehr will ich auch nicht!' Da hat sie nichts mehr darauf erwidert!

Wieso braucht das überhaupt eine Erklärung?"

„Nur die Neugier befriedigt ..."

● Alfred ist 32 Jahre alt, als er sich auf die Suche begibt. Sie ist für ihn nicht schwierig, er hat von seinem Adoptivvater alle Angaben über seine leiblichen Eltern bekommen.

„Als ich zwei Jahre alt war, ist meine Mutter abgehauen. Warum, weiß ich nicht. Mein Vater soll damals schon sehr getrunken haben. Das kann ich also verstehen. Was ich nicht verstehen kann, ist, daß sie mich nicht mitgenommen hat. Schließlich gehört ein Kind zur Mutter und eine Mutter kann sich nicht einfach so einer Aufgabe entledigen. Jedenfalls kam ich damals in ein Heim. Es war ja in der Nachkriegszeit und es muß alles ziemlich schlimm gewesen sein. Warum mein Vater mich nicht behalten hat?" Alfred ist ratlos und erstaunt. Für ihn ist die Mutterrolle eng definiert, eine Vaterrolle ist nicht vorgesehen. Daß der Vater ihn nicht behalten hat, hat ihn scheinbar nie beschäftigt, im Gegensatz zum Verlassenwerden durch die Mutter.

Aus dem Heim wird er mit fünfeinhalb Jahren von einem kinderlosen Ehepaar abgeholt. Sie sind schon recht betagt, leibliche Kinder sind nicht mehr zu erwarten. Der Mann – angesehener Arzt in einer süddeutschen Kleinstadt – möchte einen Erben, deshalb soll es auch ein Sohn sein.

Der Sohn erinnert sich gut an das Abholen und das Eingewöhnen. Er wird von der Arztfrau liebevoll aufgenommen – und er ist von Anbeginn an ein problemloses Kind.

„Ich hatte genug Erfahrung gesammelt, um dankbar zu sein. Und ich wußte die ganzen Jahre wohl auch unbewußt, daß diese Pracht vorbei sein würde, wenn ich ausschere. Aber das war es nicht alleine. Ich war eben wohl nicht problematisch. Ich hatte es ja auch gut."

Als er acht Jahre alt ist, wird Alfred adoptiert. Ihm ist klar, daß die Eltern abwarten wollten, wie er sich entwickelt. „Jeden hätten die nicht genommen! Schließlich wollte mein Vater wissen, wem er sein Lebenswerk übergibt. Aber ich war auch ein guter Schüler und so haben sie sich gesagt, mit dem können wir es versuchen."

Die Adoptivmutter stirbt, als Alfred 16 Jahre alt ist. Der Haushalt wird vom langjährigen Personal versorgt, der Adoptivvater ist schon knapp 70 Jahre alt und betreut nur noch seine ganz alten Patienten. Daß Alfred die Praxis nicht übernehmen würde, war schon länger bekannt – er war ein mittelmäßiger Schüler und die Adoptiveltern bestanden nicht auf den Besuch eines Gymnasiums und dem Abitur.

„Auch dafür war ich ihnen dankbar. Bei vielen Mitschülern hatte ich mitgekriegt, unter was für einem Druck die lebten, gerade weil sie in die Fußstapfen ihrer Väter treten sollten. Mir hätte der Arztberuf auch gar nicht gelegen. Ich gehe nicht gerne mit so vielen Menschen um, ich bin auch mehr für die Technik."

So ist der Adoptivvater einverstanden, als Alfred den Beruf des Orthopädiemechanikers erlernt, die Lehre erfolgreich abschließt und sich mit Hilfe des väterlichen Geldes eine eigene Werkstatt in einem großen orthopädischen Krankenhaus aufbaut. Als der Adoptivvater hochbetagt stirbt, ist Alfred knapp 30 Jahre alt.

„Und kurz nach seiner Beerdigung kam mir die Idee, nach meinem leiblichen Vater zu suchen. Ich hatte das Gefühl: Da ist doch noch was. Da hat doch noch wer in meinem Leben eine Rolle gespielt, wie mag der sein? Ich gebe zu, es war reine Neugier. Vielleicht auch ein bißchen Zusammentragen, vervollständigen ... Ich will das gar nicht abwerten. Auf alle Fälle hatte ich keine sentimentalen Gefühle dabei. Ich habe nicht eine neue Familie suchen wollen. Vielleicht hing es auch damit zusammen, daß ich eine feste Freundin zu diesem Zeitpunkt hatte, und gerne heiraten wollte. Da kommt einem schon die Idee, was man selber mitgekriegt hat und aus welchem Stall man stammt. Meiner Verlobten war das eigentlich ziemlich egal. Die wollte mich und sah auch die guten materiellen Möglichkeiten, da haben wir offen drüber gesprochen. Es sollte ruhig Geld zu Geld kommen. Und mein Adoptivvater hat mir ganz schön was hinterlassen. Ich wollte gerne einen Sohn. Meiner Verlobten waren Kinder nicht so wichtig. Wir haben dann übrigens später eine Tochter bekommen. Ja, und deshalb wollte ich mir auch ansehen, wie die Linie so in unserer Familie aussehen würde.

Ich habe dann noch einige Zeit gewartet, und eines Tages bin ich einfach losgefahren. Ich hatte die alte Adresse von meinem Vater und hatte das feste Gefühl, daß er dort noch sein würde. Das war in einer kleinen norddeutschen Stadt. Ich bin zum Einwohnermeldeamt gegangen, habe meine persönlichen Papiere vorgelegt – Geburtsurkunde, Adoptionsbescheinigung und so – und da haben sie mir ohne Probleme die Adresse meines Vaters gegeben. Es war das Armenviertel, außerhalb gelegen. Es waren so eine Art Schlichtwohnungen, wie ich später gehört habe. Ich habe ihn auch angetroffen. Er sah viel älter aus als er war, und er war reichlich verwahrlost. Ich habe ihm gesagt, wer ich bin, aber ich hatte nicht das Gefühl, daß er sonderlich interessiert an der ganzen Geschichte war. „So, du bist das. Gut siehst du aus. hast es wohl zu was gebracht, was?" Ja, das hat mir eigentlich schon gereicht. Ich wollte darauf nicht weiter eingehen. Ich hatte keine Lust, diesen Mann nun vom Erbe meines Adoptivvaters profitieren zu lassen. Und darauf wäre eine intensive Beziehung doch letztlich hinausgelaufen!

Wir haben dann noch ein bißchen hin und her geredet. Er lebte mit einer Frau zusammen, beide bekamen Sozialunterstützung. Er trank sicher auch noch, es sah alles danach aus. Von meiner Mutter hatte er nie wieder was gehört. Aber er war ihr immer noch gram wegen damals. Dabei war das nun bald 30 Jahre her. Und er hatte sich bestimmt nicht gebessert.

Ich habe mich dann bald verabschiedet. Er sagte nur: „Guck mal wieder rein" – also völlig unverbindlich. Ich hab gedacht, dem hat es nie weh getan, daß er mich losgeworden ist. Ich bin bloß froh, daß ich da keine Emotionen investiert habe!

Nein, meine Mutter habe ich nicht gesucht. Daran hatte ich nie gedacht und ich muß auch sagen, ich hatte nie Interesse daran. Sie hat ihre Familie damals verlassen. Was gibt es da zu sagen und zu fragen. Sie hatte bestimmt einen anderen Mann, denn warum läßt eine Frau sonst ihr Kind zurück?

Und für mich hat sich ja alles zum Besten entwickelt.

Nie hätte es mir besser gehen können. Ich war gewollt von meinen Adoptiveltern. Ich habe ihren Wünschen entsprochen, und sie haben mir eine gute Erziehung gegeben, mich mit allem ausgestattet, was ich brauchte und im Grunde genommen ja auch mein weiteres Leben materiell abgesichert. Ich bin ihnen dankbar für alles. Was hätte ich von einer Mutter gehabt, die an mir so wenig Interesse hatte, daß sie mich allein zurückließ? Da war doch von vornherein ein Defekt vorhanden. Nein, es ist gut so. Meine Eltern sind die, die mich adoptiert haben. Die leiblichen – nun ja, die haben mich ins Leben gerufen. Mehr nicht!"

Daß Alfred so emotionslos und unebrührt über seine leiblichen Eltern sprechen kann, hängt vermutlich wirklich damit zusammen, daß er von Anbeginn der Beziehung zu den Adoptiveltern das Gefühl hatte, einen guten „Tausch" gemacht zu haben: Überfülltes Kinderheim der 50er Jahre gegen Einzelkindsituation in privilegierter und materiell gesicherter Familie.

Ganz offensichtlich bestand zwischen Kind und Eltern sowas wie eine unausgesprochene Einigkeit: Die einen brauchten einen Erben, der andere ein Nest. Jeder bekam das Seine und alle waren miteinander und über diese Lösung zufrieden. Es war zunächst so etwas wie ein Zweckvertrag, von dem jeder profitiert hat. Später mag Sympathie und auch Liebe dazu gekommen sein. So spricht Alfred auch immer nur von „Dankbarkeit" seinen Adoptiveltern gegenüber, jedoch nie von Zärtlichkeit, Verbundenheit, Liebe.

Nicht erstaunen mag in diesem Zusammenhang, daß er heute – 41 Jahre alt – von seiner Ehe ebenso spricht: Er würde sich trotz „seelischer Entfremdung" von seiner Frau nicht scheiden lassen. Sie hätten beide zusammen sehr viel in das gemeinsame Unternehmen investiert. Er habe sich mal beraten lassen und dabei erfahren, daß er seine Firma aufgeben müßte, würde er seine Frau nach einer Scheidung auszahlen. So würde er sich sein Lebenswerk zunichte machen und „das ist es doch nicht wert." Seine Frau sehe das ebenso. Sie profitiere schließlich von diesem gemeinsamen Geschäft, und auch für sie würde eine materielle Trennung einen erheblichen Einbruch bedeuten.

Von Verpflichtung der gemeinsamen Tochter gegenüber, von Liebe, Verantwortung ... ist bei Alfred nicht die Rede. „Investieren", „profitieren" sind die Begriffe, die seine Adoptions- ebenso wie seine eigene Familiengeschichte prägen. Es klingt nie unzufrieden, nie lieblos – aber doch alles sehr verstandesbetont, sehr überlegend und berechnend: Wer hat was investiert? Wer hat nun zu profitieren?

Das Leben also als materieller Vertrag. Gegenseitiges Gebrauchen mehr als Brauchen. Aufrechnen mehr als Lockerlassen.

Alfred ist der betont coole Geschäftsmann. Seine Emotionen hat er möglicherweise im unfreiwilligen Abschied von den leiblichen Eltern verloren: Die Trauer mag für den Zweijährigen zu schmerzhaft gewesen sein – der Ersatz wurde als Rettung auch aus der materiellen Not des Heimlebens gesehen und akzeptiert. „Wenn ich lieb bin und mich anpasse, wird man mich behalten und dann werde ich es gut haben." Sein Konzept hat sich realisieren lassen. Wer wollte ihm verübeln, daß er das angenommen hat, was ihm geboten wurde und diejenigen beiseite läßt, die ihn beiseite geschoben haben?

Andererseits hat man seinen Schilderungen entsprechend nicht den Eindruck, als ob der leibliche Vater irgendein besonderes Interesse an seinem Sohn haben würde. Hier scheint es keine Beziehung gegeben zu haben, die nun wieder aufleben könnte. Unter diesem Aspekt ist es auch verständlich, daß Alfred seinen leiblichen Vater nicht an seinen materiellen Gütern teilnehmen lassen will.

Alfred hat seinen Vater gefunden. Er hat seine Neugier befriedigt. Über die Mutter konnte er nichts erfahren. Ein sonderliches Interesse besteht aufgrund seiner Verletztheit bei ihm auch nicht. Seine Biographie hat ihn so gemacht, wie er heute ist.

„Dein Opfer hat sich gelohnt“

Manche Adoptierten (ich habe es bislang nur von Frauen gehört), wollen aber nicht nur fragen. Sie wollen auch berichten, sich vorstellen, sagen: „Sieh, das ist aus mir geworden. Du kannst auf mich stolz sein. Dein Opfer hat sich gelohnt.“

Dieser Aspekt soll durch zwei kurze Beispiele illustriert werden.

- *Anita, ledig, kinderlos, berufstätig, 26 Jahre alt*

„Doch ich finde, meine leibliche Mutter hat ein Recht darauf zu erfahren, was aus ihrem Kind geworden ist. Sie hat mich immerhin zur Welt gebracht. Sie hätte mich ja auch abtreiben können. Wer weiß, warum sie mich nicht behalten konnte. Darüber will ich keinen Stab brechen. Sie wird ihre Gründe gehabt haben – und die waren sicher schwerwiegend. Leichtfertig tut eine Mutter diesen Schritt nie!

Ich sehe meine Weggabe zur Adoption eher wie einen Verzicht, nicht wie ein Wegwerfen. Wie gesagt, das hätte sie vorher einfacher haben können. Und so ein Verzicht tut weh. Ich würde mich meiner Mutter gerne präsentieren. Ich würde gerne sagen: Sieh mich an! Das bin ich! Gefalle ich dir so?

Natürlich möchte ich wissen, was damals war. Und über meinen Vater würde ich auch gerne etwas erfahren. Aber meine Mutter wäre mir das Wichtigste. Als Frau steht sie mir näher. Ich habe zwar noch keine Kinder, aber ich kann mich in eine Frau besser einfühlen und meine Phantasie reicht aus, mir vorzustellen, wie man sich fühlt, wenn man sich von seinem Kind trennen muß. Ich glaube, daß war dieses *Muß*, wie gesagt, sie hätte es sich einfacher machen können. Aber ich nehme an, daß sie mich doch haben wollte und es dann eben nicht ging.

Ich möchte, daß meine Mutter weiß, daß sich trotz dieser Freigabe alles zum Guten gewendet hat und daß ich jetzt für sie da bin. Für mich gibt es da kein ‚Trotz alledem‘. Ich leide auch nicht darunter, weggegeben worden zu sein. Ich will wissen, warum, und ich will den Kontakt.

Mit meinen Adoptiveltern spreche ich über diese Frage nicht.

Das geht nur mich und meine leibliche Mutter etwas an. Ja, sie sind meine Eltern – aber eben nicht die einzigen. Ich finde auch wichtig, daß sie das immer wieder sehen. Sie haben die viel aktivere Rolle bei meiner Adoption gespielt: Sie konnten entscheiden, *daß* sie mich adoptieren wollten, sie konnten entscheiden, *wen* sie wollten, bzw. ob sie mich wollten oder nicht, und *sie* haben von Anfang an gewußt – da ist noch jemand.

Ich habe jetzt erste Schritte unternommen. Meine Unterlagen habe ich alle. Aber am Ort meiner Geburt ist meine Mutter nicht mehr gemeldet. Möglicherweise hat sie ja auch einen anderen Namen. Ich werde sehen. Mir eilt es nicht. Und für meine Mutter dürfte es auf ein Jahr mehr oder weniger auch nicht mehr ankommen. Sie ist ja noch nicht alt. Sie hat mich mit 19 geboren, ist heute also 45 Jahre alt."

● *Marie-Luise, 28 Jahre alt, verheiratet, ein Kind:*
„Für mich hat sich die ganze Einstellung zu meiner leiblichen Mutter schlagartig geändert, als ich damals meine Tochter bekam. Sie war für meinen Mann und für mich ein Wunschkind. Wir waren ganz wild vor Freude über dieses Kind – und eines Tages, als ich sie so im Arm hielt, dachte ich plötzlich: Kann man so was fortgebem? Mir kamen ganz spontan die Tränen, als ob ich mich trennen müßte. Ich habe lange geweint und dabei mein Baby geschaukelt. Vielleicht war es die Trauer um meine Fortgabe damals. Jedenfalls hat sich damals ein Stein in mir gelöst. Bis dahin hatte ich zwar öfter an meine leibliche Mutter gedacht, hatte die Gedanken aber immer wieder zurückgeschoben. „Irgendwie hat sie mich wohl nicht gemocht" stand im Hintergrund, und darüber mochte ich nicht nachdenken. Ich habe gute Adoptiveltern. Vor allem mein Vater war sehr liebevoll mit mir. Meine Mutter war eher distanziert. Aber – sie war schon eine gute Mutter, ich will nichts gegen sie sagen – aber so richtig was zum Liebhaben hat sie nicht an sich. Mit ihr hätte ich nie schmusen mögen. Aber dafür mit meinem Adoptivvater. Der war ganz furchtbar lieb. Manchmal hatte ich das Gefühl, er leidet ein bißchen unter seiner Frau. Zu ihm war sie auch eher kalt.

Aber sie haben mich doch auf ihre Weise beide sehr gerne gehabt, und ich habe ihnen viel zu verdanken. Ich habe einen guten Schulabschluß und eine gute Ausbildung und nun noch meine eigene Familie. *Und das alles würde ich gerne meiner leiblichen Mutter vorführen.* Nicht irgendwie prahlerisch: Da siehste mal, was ich auch ohne dich geschafft habe. Nein, seit ich meine kleine Tochter habe, bin ich plötzlich sehr demütig meiner Mutter gegenüber geworden. Ich war ja auch ein niedliches Baby und soll überhaupt keine Probleme gemacht haben. Und ich denke heute: So ein Kind gibt man nicht freiwillig an fremde Menschen ab. Was mag meine Mutter bewogen haben? Was ist damals passiert, daß sie ihr Kind weggeben mußte?

Ich glaube heute nicht mehr, daß sie es freiwillig getan hat. Denn so was kann man wohl nicht freiwillig. Das weiß ich, seitdem ich Katharina habe.

...

Ich habe das Gefühl, meine Mutter trösten zu müssen. Ich möchte zu ihr hingehen und sagen: Sieh mich an, Mutter, das ist aus mir geworden. Und ich bringe dir auch gleich noch ein Kind mit, das so alt ist, wie ich es damals war, als du mich weggeben mußtest. Es ist was aus mir geworden und du kannst stolz auf mich sein. Du brauchst nicht mehr traurig zu sein. Es ist alles gut!

...

Ich werde diesen Wunsch bald wahrmachen. Er ist ja noch ziemlich neu für mich und so was passiert alles nicht in ein paar Wochen. Aber ich will auch nicht mehr zu lange warten, denn ich will meiner Mutter mein Kind bringen!"

Marie-Luise will ein vermeintliches Unrecht an ihrer Mutter wiedergutmachen, von dem sie seit der Geburt ihrer eigenen Tochter ausgeht. Sie weiß über die Freigabegründe damals vor fast 28 Jahren nichts. Sie weiß nur, daß ihre Mutter 21 Jahre alt war, und sie vermutet, daß die Freigabe nicht völlig „frei" geschah. Gleichzeitig will sie die Mutter an ihrem Familienglück teilhaben lassen: Sie will sich selber bringen und ihre Tochter – und vielleicht ein bißchen sich selber als kleines Kind, so wie sie der Mutter seinerzeit abhanden gekommen ist.

Marie-Luise will unbewußt das für ihre Mutter tun, was viele abgebende Mütter – ebenso unbewußt – herbeisehnen: Sie möchten ihr *Baby* wiederhaben. Sie möchten dort ansetzen, wo sie vor 18, 25, 35 Jahren aufgehört haben, aufhören mußten.

Ihre Adoptivmutter bezieht sie in diesen Prozeß nicht ein: „Wenn mein Adoptivvater noch leben würde, würde ich es vielleicht gar nicht machen. Aber vielleicht würde ich auch mit ihm darüber sprechen. Ich glaube, er würde das verstehen, und es täte ihm auch nicht weh, weil er sich immer in mich einfühlen konnte. Meine Adoptivmutter hat irgendwie mit dieser Sache nichts zu tun, finde ich. Sie ist eine *andere* Mutter. Und ich glaube auch nicht, daß sie das verstehen würde. Sie hat nie ein eigenes Kind gehabt und ich glaube nicht, daß ich ihr klarmachen könnte, was in mir damals vorgegangen ist, als ich so mit Katharina stand und um meine Mutter weinte.

Ich weiß nicht, ob sie das alles verletzen würde. Das würde ich natürlich nicht wollen. Aber eher scheint mir, daß sie nicht verletzlich ist. Sie ist so wenig mit dem Gefühl beteiligt, daß ich mir auch nicht vorstellen kann, daß sie diese Geschichte nachvollziehen könnte. Weil ich nicht weiß, ob es sie verletzt, werde ich ihr nichts sagen, wenn ich mit der Suche anfange. Wenn sie fragen würde, würde ich es ihr erzählen. Das ist klar. Aber ihretwegen kann ich das auch nicht lassen. Ich sehe immer mehr meine leibliche Mutter , wie sie da steht ohne ihr Kind und wie sie all die Jahre in der Unsicherheit leben mußte, was mit mir ist.

Ob ich vielleicht enttäuscht werde? Das kann ich mir nicht vorstellen. Ich will ja nichts von ihr. Ich will ihr etwas bringen und zeigen: mich und meine Familie. Und mehr nicht. Wenn es sie nur beruhigt und nichts daraus entsteht, ist es auch gut. Aber wenn sie mich in die Arme schließt, dann will ich auch ihre Tochter sein!"

Motive abgebender Mütter, nach ihren Kindern zu suchen

Als ich Mitte der 80er Jahre die erste große Untersuchung zu Frauen machte, die ihre Kinder irgendwann einmal zur Adoption freigegeben hatten, fiel mir auf, daß alle Mütter von sich aus auf ein späteres Wiedersehen zu sprechen kamen. Sie hofften auf Informationen; sie wünschten, gesucht und gefunden zu werden, weil sie selber den Mut zur Suche nicht aufbrachten; sie planten sehr konkret, das „Kind" selber zu suchen, wenn es erst einmal volljährig sein würde.

Diese Gespräche haben mich auf die Idee gebracht, der Suche-Thematik mehr Raum zu geben.

Mit nur zwei Ausnahmen haben die 75 Mütter meiner Untersuchung ein sehr großes Interesse am Ergehen ihres Kindes geäußert – unabhängig davon, ob die Adoption drei Monate oder 30 Jahre zurücklag.

Bei allen Frauen stand im Mittelpunkt die Frage nach dem „Erfolg" dieser Maßnahme: Hat sich mein Opfer gelohnt? Hat mein Kind es wirklich besser getroffen, als es bei mir der Fall gewesen wäre? War der Entschluß damals richtig? Geht es ihr/ihm wirklich so gut, wie durch die Adoption bezweckt werden sollte?

Natürlich war mit diesen Fragen auch immer Neugier verbunden: Wie mag sie/er heute aussehen? Sieht er seinem Vater ähnlich? Ist etwas von uns leiblichen Eltern „übriggeblieben"? Was haben die Adoptiveltern aus ihm/ihr gemacht?

Ein sehr wichtiger Raum in den Ansinnen der Mütter wurde aber auch einem Problem eingeräumt, das für Außenstehende schwer nachzuvollziehen scheint: Sie wollen sich erklären. Sie wollen *ihre* Version der Adoptionsgeschichte erzählen: „Ich weiß doch gar nicht, was meiner Tochter überhaupt erzählt worden ist. Vielleicht ist alles falsch, und sie ist mit einem ganz schlechten Bild von mir aufgewachsen!" Damit zusammenhängend ist auch das Motiv zu sehen, beim Kind um Verzeihung zu bitten. Selbst Mütter, die zur „Freigabe" *gezwungen* worden waren, hatten große Schuldgefühle und meinten, vielleicht doch nicht alles getan zu haben, um die Adoption zu verhindern. Sie alle hatten internalisiert (und es noch sehr häufig zu hören bekommen!), daß eine richtige Frau, eine gute Mutter sich um keinen Preis von ihrem Kind trennt. Tut sie es doch, ist sie keine gute Mutter gewesen!

Sie wollten ihren Kindern auch erklären, wie andere Menschen über die Zukunft von Kind und Mutter entschieden hatten. Sie wollten sich – alles in allem, entlasten. Sie wollten die Verzeihung ihrer Kinder für den damaligen Schritt erlangen.

Wenn man bedenkt, daß für die meisten Frauen mit der Abgabe des Kindes eine tiefe Wunde gerissen wurde, ist auch verständlich, daß sie hofften, so etwas wie Heilung zu finden. „Endlich Ruhe finden", haben es viele Frauen genannt – und in dieser Aussage gerann alles:

Beruhigt werden über das Wohlergehen, Verzeihung erlangen, Neugier befriedigen, eine späte Rechtfertigung erleben ...

● „Ich mußte damals meine Tochter fortgeben", schreibt 1990 eine 62jährige Frau an mich. „Ich war noch sehr jung und nach der Flucht völlig entwurzelt. Meine Eltern waren beide vermißt. Ich habe mich dann mit einem Mann zusammengetan, der mir auch die Ehe versprochen hat. Als ich schwanger wurde, hat er die Abtreibung von mir verlangt. Aber das konnte ich nicht. Ich habe damals als Hilfe in einem großen Krankenhaus gearbeitet, in Schicht. Zwölf Stunden mußten wir oft arbeiten. Das Kind mußte ich deswegen in ein Heim geben. Weil ich es nicht so oft besuchen konnte, hat ein Arzt aus dem Heim dann verlangt, daß das Kind zur Adoption kommt. Er hatte gute Verbindungen in die USA und dahin ist meine Tochter dann auch gekommen!

Heute bin ich alt und auch schon sehr krank. Mein Leben hat nie mehr Spaß gemacht. Meine Schuld war zu groß und nie durfte ich erfahren, wie es meiner Tochter geht. Der Arzt aus dem Heim hat jede Auskunft abgelehnt. Ich weiß noch nicht einmal, ob sie noch lebt.

Ich wüßte so gerne, was aus ihr geworden ist. Sie ist jetzt eine erwachsene Frau und hat bestimmt selber Kinder und ich habe

Enkel, von denen ich nichts weiß. Ich würde sie noch einmal gerne in meine Arme schließen, bevor ich sterben muß!"

Diese Mutter erfreut sich inzwischen bester Gesundheit und Lebensfreude – die Tochter wurde gefunden, ein Schwiegersohn und drei Enkel dazu – und sie ist seit Monaten bei ihrer großen Familie, die sie herzlich willkommen geheißen hatte!

Anders ist es einer 44jährigen Frau gegangen.

- „Ich bin schwer an Krebs erkrankt, habe schon zwei Operationen hinter mir und muß mich nun noch einmal operieren lassen. Die Kuren und Bestrahlungen haben nicht angeschlagen.

Vor 22 Jahren habe ich meine Tochter zur Adoption freigeben müssen, weil meine Mutter es verlangte. Ich habe nicht mehr lange zu leben, und deshalb möchte ich meine Tochter noch einmal sehen. Sollte das nicht möglich sein, möchte ich wenigstens um ein Photo bitten und um einen Bericht, wie es ihr geht. Meine Schuldgefühle haben mich nie verlassen und auch nicht die Träume, daß meine Tochter stirbt, weil ich nicht bei ihr bin. Bitte, bemühen Sie sich für mich – damit ich in Ruhe sterben kann!"

Vor diese Wunscherfüllung hatte das Schicksal einen unerbittlichen Jugendamtsleiter gesetzt. Er beschied ihr, daß das Leben noch andere Aufgaben habe ... und ließ sich auf keinerlei Interventionen ein.

Mütter sprachen aber auch damals schon über ihre Ängste: »Was werde ich vorfinden?" Und auch hier sind wieder Parallelen zu den Adoptierten zu finden: Wenn man über 20 Jahre nichts mehr voneinander erfahren hat, dann ist die Unsicherheit sehr groß und die Angst vor einer möglichen Enttäuschung läßt oft eine Suche immer wieder aufschieben. „Wenn ich daran denke, da steht plötzlich so ein randalierender Borussia- Fan mit der Bierflasche am Hals vor mir – und das ist dann mein Sohn – nein, das möchte ich lieber nicht erleben!"

Aber auch eine andere Angst hindert manche Mütter, offensiv und aktiv zu suchen: „An ihrer Stelle würde ich viele Aggressionen und negative Gefühle einer Frau gegenüber haben, die mich als kleines Kind weggegeben hat. Wie würde ich das verkraften? Was wäre, wenn sie meine Gefühle und Handlungen nicht verstehen könnte?"

Diese Gefühle sind oft so ausgeprägt, daß die Mütter *nicht suchen*. Der vordringlichste Grund ist jedoch, daß sie sich in zweierlei Hinsicht rechtlos fühlen: Zum einen wissen sie, daß sie seinerzeit mit der Abtretungserklärung vor dem Notar *juristisch* alle Rechte abgegeben haben, daß alle „Ansprüche" an das Kind für alle Zeiten erloschen sind. Die Rechtlosigkeit wird aber auch in psychischer Hinsicht erlebt: eine Mutter, die sich von ihrem Kind trennt, ist moralisch rechtlos. Das ist die Auffassung der Öffentlichkeit und *alle* Frauen sind in allen möglichen Situationen mit dieser Einstellung konfrontiert worden, wenn sie es je wagten, über die Freigabe zu sprechen. Frauen, die nie darüber sprachen, „wußten" schon vorher, was ihnen bevorsteht! Gleichzeitig werden Mädchen in diesem Sinne erzogen – Jungen leider nicht, denn dann käme es nicht zu so vielen Adoptionen. Das Gesetz hat ihnen einen Riegel vorgelegt – der heute aber von vielen kompetenten Helfern sehr gelockert wird – und ihr Gewissen tut ein übriges; es verbietet eine Kontaktaufnahme. So bleibt nur der Wunsch, *gefunden* zu werden!

Zur Technik der Suche

Die Adoptierten

Adoptierte, die sich anschicken, ihre leiblichen Eltern zu suchen, sind oft ratlos, wie sie dabei vorgehen können. Es gibt nicht *den* Weg, der Erfolg verspricht, und es gibt auch keine Garantie, daß die Suche mit dem erwünschten Erfolg endet. Die Beispiele in diesem Buch zeigen, wie schnell oder wie langsam, wie erfolgreich oder erfolglos alle Mühen zu einem Ende führen – und welche Umwege über viele Jahre oft nötig sind. Zunächst benötigt der Adoptierte seine Geburtsdaten und alle Unterlagen, die es bis zu seiner Adoption gab. Das sind auf alle Fälle:

- Geburts- und/oder Abstammungsurkunde
- Taufschein
- Impfschein
- Annahmeurkunde / Adoptionsvertrag.

Manchmal erfolgten noch Briefwechsel der Adoptiveltern mit der Vermittlungsstelle, den Behörden, dem Notar – selten auch mit Angehörigen des Kindes. Diese Unterlagen sind das *Ausgangsmaterial*!

Ich habe inzwischen zahlreiche erwachsene Adoptierte kennengelernt, die darüber klagten, daß ihre Adoptiveltern über keinerlei Unterlagen verfügen. Ich habe in allen Fällen gesagt: *das stimmt nicht*! (Es sei denn, sie seien irgendwann geflüchtet, ausgebombt oder total abgebrannt) Adoptiveltern verfügen *immer* zumindest über Geburts- bzw. Abstammungsurkunde und haben *immer* die Adoptionsurkunde in Händen. Wenn sie Gegenteiliges behaupten, wollen sie die Suche ganz offenbar ver- oder behindern.

Die o.g. Unterlagen weisen den Ort aus, an dem die Kindesmutter seinerzeit entbunden hat und dieser Ort ist nicht selten derjenige, an dem die Mutter auch 18, 20, 30 Jahre später noch wohnt. Sie ist also im Einwohnermeldeamt (Ordnungsamt) registriert – oder aber ihre Kartei weist auf, wann sie wohin umgezogen ist. Dort gilt es dann mit der Suche fortzufahren.

Bei wem die Adoption länger als 30 Jahre her ist, braucht aber nicht gleich von vornherein aufzugeben. Aus Zeit- und Personalmangel bleiben Akten oft auch noch länger liegen! Jugendämter, die sachgemäß und sorgfältig gearbeitet haben (was nicht in jedem Fall festgestellt werden kann), haben auch den Kindesvater ermittelt und könnten Auskunft über weitere Anverwandte geben – geht es doch bei einer korrekten Vermittlung auch darum abzuklären, ob nicht Verwandte das Kind bei sich aufnehmen können oder wollen.

Nach dem Personenstandsgesetz hat in *Deutschland* jeder Mensch ein Recht auf Wissen nach seiner Abstammung: das betrifft ebenso die nichtehelich Geborenen, wie künstlich Gezeugte, wie auch Adoptierte. Nach diesem Gesetz ist jede Behörde gehalten, dem Adoptierten Auskunft darüber zu geben, wer seine Eltern sind. Jugendämter können also nicht erst abwägen, ob es „pädagogisch sinnvoll" ist und diese Auskunft liegt auch nicht im Ermessen des einzelnen Sachbearbeiters (der in der Regel dieses Gesetz nicht kennt!).

Anders ist es bei Einwohnermeldeämtern. *Auf alle Fälle* muß der Suchende sein „berechtigtes Interesse" nachweisen, diese eine Person ausfindig machen zu dürfen, d.h. daß er/sie Geburts- bzw. Abstammungsurkunde und Adoptionsurkunde vorlegen. Es könnte sonst ein jeder kommen und behaupten, Frau X, Herr Y, seien die leiblichen Eltern – weil er/sie vielleicht noch eine offene Rechnung zu begleichen haben.

Dieses Suchen ist der einfachste Weg und sollte auch auf alle Fälle der erste Versuch sein. Wenn eine Frau jedoch umgezogen ist, geheiratet hat, nochmals umzog und sogar ein zweites Mal heiratete (was der Adoptierte in der Regel nicht weiß), ist die Spur meistens verwischt. Dann ist sie so gut wie unauffindbar.

In diesem Fall können auch Behörden nicht mehr helfen. Dann können die weiteren Unterlagen von Nutzen sein.

So stehen z.B. auf jedem Taufschein die beiden Paten mit vollem Namen, meistens dem Beruf und immer der Herkunftsstadt. Sie sind weitere potentielle Auskunftgeber, denn meistens sind/waren es Verwandte oder Freunde der Mutter, der Eltern, die zur Patenschaft gewählt wurden. Häufig bestehen noch Kontakte über diesen langen Zeitraum oder sie wissen zumindest aus der Zeit nach der Taufe etwas über Weiterentwicklungen, Umzüge, Heiraten, auch Todesfälle. Sie sind ein weiteres Teil im Puzzle.

In diesem Zusammenhang muß gesagt werden, daß Angehörige und Freunde nicht immer von der Adoption wissen, daß der Suchende also einerseits vorsichtig bei Anfragen vorgehen, zu Informationen und Offenlegung seiner Unterlagen bereit sein muß, daß er andererseits aber auch bedenkt, vielleicht „Schäden" anzurichten.

Auch Pfarrämter, in dessen Wirkungsbereich Mütter gewohnt haben, können weiterhelfen, tun es öfter auch und fast immer mit hoher Sensibilität und dem entsprechenden Einfühlungsvermögen.

Die beiden letzten Hilfs- und Auskunftsmöglichkeiten gelten im übrigen bis auf sehr wenige Einzelfälle nicht für die ehemalige DDR. Taufen fanden so gut wie nicht mehr statt und Kirchengemeinde spielten keine oder eine so untergeordnete Rolle, daß sie als Anlaufstellen nicht in Frage kommen.

Sind die leiblichen Eltern nicht mehr am Ort von Geburt und Freigabe des Kindes, so sind es öfter doch die Großeltern (in einer gutgeführten Adoptionsakte sollten sie angegeben sein!). 1991 bat mich eine junge Frau, die ich vor 20 Jahren selber zur Adoption vermittelt hatte, um Mithilfe bei der Suche. Ich wußte nur noch, daß die Mutter einen anderen Mann als den Kindesvater geheiratet hatte und mit ihm in eine andere Stadt gezogen war. Ein Blick ins Telefonbuch zeigte aber, daß der Großvater noch genau an der gleichen Adresse wohnte, wie vor 22 Jahren. Und dieser hatte noch einen losen Kontakt zu seiner Tochter, zur gesuchten Mutter.

Die leiblichen Großeltern – insbesondere die Großmütter – haben und hatten oft erheblichen Anteil an der Fortgabe des Kindes, scheuten die Arbeit, die möglichen Unterhaltskosten für das Kind und vor allem die „Schande", die die Tochter über die Familie gebracht hatte. Im hohen Alter – das haben wir bei der Suche sehr oft erlebt – werden sie milde, haben Schuldgefühle, sehen in der Adoption ihres Enkelkindes eine unerledigte Problematik in ihrer Biographie und wollen beitragen zur „Wiedergutmachung". In Einzelfällen ist das einzige Kind ihrer einzigen Tochter eben auch ihr einziges Enkelkind geblieben, das sie durch eigenes Zutun nie kennenlernen konnten. Wenn die Personalien der Großeltern nicht aus den Vermittlungsakten hervorgehen, wissen manchmal Adoptiveltern etwas über sie (an diesem Punkte der Suche – und meiner Ausführungen – sollte deutlich werden, wie wichtig es für Adoptiveltern ist, mehr Informationen bei der Übernahme des Kindes zu erfragen als allgemeinhin üblich!) Jedenfalls erweisen sich die Großeltern/Großmütter oft nicht nur als dankbar, ihr großes Enkelkind vor dem eigenen Tod doch noch kennengelernt zu haben, sondern sie öffnen ihnen auch Fotoalben, Dokumentenmappen und Adreßbücher. Ich habe im übrigen bisher in keinem Fall erlebt, daß Großeltern von der Adoption nichts wußten. Sie sind also nicht zu „überraschen"!

Wenn all diese Personen nicht helfen konnten oder wollten oder wenn sie selber nicht auffindbar sind, dann hilft oft nur ein geradezu detektivisches Nachforschen: von Dorf zu Dorf, von Haus zu Haus, von Nachbar zu Nachbar. In einer sehr unglückselig verlaufenen Adoption, die eher einer Kindesentführung gleichkam und eine völlig verstörte Mutter hinterließ, gelang dieser das Wiederfinden ihrer beiden Kinder, indem sie mit Fotos der beiden in einem der größten Landkreise der alten Bundesrepublik von Dorf zu Dorf, von Kneipe zu Kneipe, von Laden zu Laden wanderte, überall fragte, ob diese Kinder bekannt seien – und sie nach genau neun Monaten gefunden hatte – zum größten Entsetzen der Adoptiveltern, denn beide Kinder waren noch unter 10 Jahre und die Adoptiveltern hatten nicht erfahren, unter welchen Voraussetzungen sie zu ihren Kindern gekommen waren.

In einem anderen Fall gelang es einer Adoptierten, auf diese Weise ihren leiblichen Vater ausfindig zu machen (der auch 30 Jahre danach vor seiner Ehefrau noch die Vaterschaft leugnete). Sie erfuhr vom Tode ihrer leiblichen Mutter, die sich kurz nach der unfreiwilligen Freigabe das Leben genommen hatte. Sie fand aber noch deren Grab, und sie fand eine umfangreiche Verwandtschaft in Form von Onkeln, Tanten, Nichten, Neffen, Cousins und Cousinen. Auch diese Frau hatte sich wortwörtlich von Haus zu Haus durchgefragt, bis sie auf ehemalige Nachbarn stieß, die sich noch genau erinnerten, (vgl. das Kapitel Vatersuche).

Die abgebenden Eltern

Ungleich problematischer ist die Suche der leiblichen Eltern nach ihrem „Kind" (prinzipiell sollten nur Adoptierte gesucht werden, die volljährig sind! Zum einen vermeidet man rein juristisch Auseinandersetzungen mit Adoptiveltern, zum anderen kann angenommen werden, daß die Pubertät mit ihren Stürmen dann weitgehend abgeschlossen ist und der Adoptierte soweit gefestigt wurde, daß er mit der Thematik um Suche und Finden umgehen kann.) Durch die einstige notarielle Einwilligungserklärung haben leibliche Eltern jegliche Rechte verloren. Nach dem Ideal der alten Inkognito-Adoption gab es in der Regel auch keine weiteren Kontakte und Auskünfte mehr. Gleichwohl darf diesen Menschen nicht ihr wirkliches Interesse am Kind abgesprochen werden – zumal viele von ihnen (insbesondere die Mütter) unter der Freigabe und der Trennung sehr gelitten haben. Daß sie sich möglicherweise 18 oder 20 oder mehr Jahre lang nicht mehr „gemeldet" hatten, hing bei vielen weniger mit einem unterstellten Desinteresse als vielmehr mit der von ihnen verinnerlichter Rechtlosigkeit zusammen.

Die Rolle des Adotpions-Vermittlers kann aus juristischen Gründen hier nur die eines Vermittlers im engeren Sinne sein: Er kann (und sollte es auch tun) bei dem Adoptierten bzw. den Adoptiveltern anfragen, ob ein Kontakt zur Mutter erwünscht ist – und er sollte sich für diesen Fall dann auch als Anlaufstelle und Kontaktperson zur Verfügung stellen. Seine Rolle wird daraus bestehen, „Übersetzungsarbeit" im sozialarbeiterischen Sinne zu leisten – es sei denn, die beiden Beteiligten sehen sich, fallen sich in die Arme und benötigen niemanden Drittes!

Möglicherweise muß dieses eigentliche „Vermitteln" zwischen den beiden, das Aufklären, das „Übersetzen" der Sprache des anderen (im übertragenen Sinne!) auch über einen längeren Zeitraum hin geschehen.

Noch vor 10 Jahren war es nach meinen Erfahrungen undenkbar, daß eine Adoptionsvermittlungsstelle einer abgebenden Mutter bei der Suche half. Inzwischen hat sich viel geändert: Die Szene ist „offener" geworden, die abgebende Mutter ist in der Diskussion – sie wird mehr berücksichtigt und einbezogen als noch vor einigen Jahren!

Allerdings hängt es nach wie vor vom einzelnen Sachbearbeiter, von der Einstellung der einzelnen Sozialarbeiterin ab, wie weit die Hilfe geht. Von schroffer Ablehnung bis geradezu liebevoller Fürsorge ist alles anzutreffen. (Beispiele finden sich in den entsprechenden Kapiteln.)

Nur der Betroffene selber kann suchen

Heimweg
Über die Berge verschlagen
haben mich Briefe nimmer erreicht.
Winter und Frühling
hab ich ertragen.
Nun, da die Heimat in Sicht,
wird mir bang;
Ich wage nicht,
die mir begegnen, zu fragen.
(Li P'in, chin. 9. Jh.)

Obwohl ich mit der ‚Operation Identity' zusammenarbeite, deren Ziele und Erfolge ich schätze und teilweise auch bewundere, möchte ich insbesondere für inländische Suchen die *alleinige* Suche der Betroffenen vorziehen.

Wenn ich angefragt werde, was ich tun kann, sage ich von vornherein, daß ich nur anleiten, raten kann, daß ich zuhöre, daß ich auch die Erfahrungen anderer in gleicher oder ähnlicher Situation weitergebe (ohne Interna zu verletzen). Ich halte die (fast) ausschließliche Eigeninitiative in diesen Fällen für unabdingbar aus mehreren Gründen:

1. Die Suche und der Wunsch nach dem Finden des anderen ist bei vielen Menschen äußerst ambivalent ausgeprägt. Sie wollen, aber sie wollen auch nicht. Sie möchten angekommen sein, aber sie scheuen den Weg zum Ziel. Sie hoffen auf gute Erfahrungen mit dem Gefundenen, befürchten aber gleichzeitig das Gegenteil. Sie möchten als Kind (als Mutter) willkommen geheißen werden, ahnen aber, daß sie – wieder und noch einmal – verstoßen werden könnten. Diese schwankenden Gefühle benötigen viel Zeit zur Klärung.
2. Aus diesem Grunde muß der Suchende in seinem *eigenen Tempo* gehen. Er muß Pausen einlegen können, wenn er nicht weiter weiß, wenn ihn die Angst überkommt, wenn die Zweifel zu stark werden. Er muß Neuanfänge planen und ausführen, er muß selber Menschen für sich und sein Anliegen gewinnen. Die oft nervtötend langsamen Mühlen der Bürokratie liegen vor seiner Wunscherfüllung – aber auch vor seiner eigenen Spontaneität, die nicht immer seinen wirklichen Bedürfnissen folgt.
3. Der Suchende ist „Herr des Verfahrens". Er/sie selber nur kann bestimmen, *wann wer wie* gesucht werden soll und wie dann mit dem Wissen verfahren wird, wann es sich in Handeln umsetzt, welche Situationen dafür geschaffen werden müssen.

Um deutlicher zu machen, was ich meine, will ich mit ein paar Beispielen illustrieren:

- Margret, 22 Jahre, hat „im Handstreich" die Mutter gefunden. Das war nicht schwer, diese hatte noch die gleiche Adresse wie einst. Von der Mutter hat sie die Adresse des Vaters erhalten. Sie hat sich vergewissert, daß auch diese noch stimmt – und trägt sie seit 10 Monaten im Portemonnaie bei sich. Worauf sie wartet, habe ich sie gefragt. „Bis ich innerlich so weit bin", hat sie geantwortet. Wann das sein wird, weiß sie nicht. Sie wird es merken und dann wird sie den Vater, der nichts ahnt, aufsuchen.

- Peer, 26 Jahre alt, sucht seinen Vater und ist selber um sehr viel Vorsicht bemüht. Er bittet auch mich um äußerste Diskretion – bis ich ihm bestätige, daß *er* sucht, nicht ich. Bei einem gleichaltrigen Freund hat er gerade erlebt, daß der Vater – von der Behörde gefunden und informiert – sich sofort zurückgezogen hat. Die beiden Freunde sind sich sicher, daß sie die Väter *selber* ansprechen müßten, nur sie hätten *den* Zugang, den sie wünschten und würden die entsprechende Methode, die richtigen Worte finden! Und sie halten auch den Zeitpunkt für wesentlich, zu dem dem Vater das Geheimnis offenbart werden soll.

● Sabine sucht seit acht Jahren nach der Mutter. Das ist in ihrem Fall eine außergewöhnlich lange Zeit. Ihr liegen überdurchschnittlich viele Informationen vor. Aber sie sagt von sich aus, daß sie schon ein paar Mal „Pause gemacht" habe. Es seien andere, wichtigere Dinge dazwischen gekommen wie Ausbildungsabschluß, Freundschaften, auch die Heirat, Umzug ... Darin, daß sie ihr im Moment wichtiger erschienen. sieht sie für sich selber ein Zeichen, langsamer vorzugehen. Furcht vor dem Endergebnis schließt sie nicht aus. Aber auch sie sagt – ähnlich wie Margret – sie müsse innerlich erst wirklich so weit sein und dann könne sie die Suche in vier Wochen abgeschlossen haben.

● Elke will unbedingt diejenige sein, die den Erstkontakt zur Mutter hat. Sie will keine Helfer „zwischengeschoben" wissen. Sie will die Mutter unvorbereitet treffen „ohne Dolmetscher", wie sie sich ausdrückt. „Ich will die echten Reaktionen meiner Mutter hören und sehen und nicht das Ergebnis langer durchwachter Nächte, in denen sie überlegt hat, wie sie mir begegnen soll." Elke ist sicher, daß diese mütterlichen Reaktionen äußerst positiv ausfallen – „und wenn nicht, kann ich mit ihrer spontanen Ablehnung auch besser umgehen als mit dem Ergebnis langer Überlegungen."

Der Außenstehende, selbst wenn er feinfühlig und erfahren vorgeht, wird in erster Linie den „Fall erledigen", ihn vom Tisch haben wollen – zumal wenn sich die Gesuche häufen. Ich halte es für sinnvoll, daß Institutionen oder Organisationen, welcher Art auch immer, stets nur Hinweise geben, Adressen, Aktenzeichen, zuständige Dienststellen ausfindig machen und *die erste Konfrontation auf alle Fälle den beiden Betroffenen selber über-*

lassen. Eine Ausnahme sollte es nur dann geben, wenn die Suchenden um persönliche Vermittlung, Kontaktaufnahme oder „Übersetzungsarbeit" im pädagogischen Sinne *bitten.* Im Prinzip muß auch hier gelten: der Ratsuchende ist mündig, selbständig, motiviert, er ist ein selbstverantwortlicher Mensch! Er kann also auch alleine seine Interessen vertreten! Jede Beschleunigung von außen kann den Prozeß gefährden. Bei aller Arbeit mit den sensiblen Themen rund um die Adoption dürfen wir nie außer acht lassen, daß wir es mit Menschen zu tun haben, die durchaus in der Lage sind, ihre eigenen Dinge selber in die Hand zu nehmen.

Gleichzeitig muß der Suchende – wenn er „Fehler" gemacht hat, diese auch alleine zu bewältigen versuchen. Wir können raten, Tips geben, über Erfahrungen berichten: mehr nicht! Jeder hat ein Recht darauf, Fehler zu machen, aus ihnen zu lernen und an ihnen zu reifen.

Probleme

Erschwert wird jede Suche durch unseren rigiden Datenschutz, der sich an manchen Stellen als sehr löcherig erweist, an manchen jedoch die Stabilität von Beton hat. Nach meinen Erfahrungen kommt es immer darauf an, wie einfühlsam der hinter dem Schalter wirkende Beamte ist und wie deutlich der Suchende sein berechtigtes Interesse darlegen kann.

In dem Fall eines jungen Mannes, der über vielfältige Daten seiner Mutter verfügte, die recht schnell zu einem Finden hätten führen müssen, wurde mir deutlich, wie ungeschickt Adoptierte sich manchmal verhalten und wie verschlossen Behörden darauf reagieren. Der junge Mann hatte Geburtsname, Ehename, Geburtsdatum, alte Adressen und alte Arbeitgeber ... seiner Mutter in Erfahrung gebracht, konnte nun aber nicht weiter, weil die drei angefragten Behörden (die Mutter war Landesbeamtin) schrieben, sie hätten leider keine Angaben über diese Frau. Das konnte bei einer Beamtin eindeutig nicht stimmen. Hätten sie geschrieben, daß sie auf eine bloße Behauptung hin („es handelt sich um meine leibliche Mutter") keine Auskünfte geben dürften und daß der Sohn sich legitimieren solle, dann wäre für diesen der weitere Weg klar gewesen. So wähnte er sich in einer Sackgasse und fragte bei mir an, wie er weiterhin verfahren könne. Nach Vorlage seiner Papiere (nie im Original! immer nur in Ablichtung, notfalls in beglaubigter Form!) wurde ihm die derzeitige Adresse seiner Mutter durch eine der drei Behörden mitgeteilt. Diese ist dazu nicht verpflichtet. Die Sachbearbeiter entscheiden jedoch aus menschlichen Gründen, und mir ist bislang noch kein Fall zu Ohren gekommen, in dem sich die leibliche Mutter über diese „Indiskretion" beschwert hätte. Im Gegenteil!

Die Einschaltung von Privatdetekteien hat sich nach meinen Erfahrungen in keinem Fall ausgezahlt. Sie sind ungeheuer teuer und haben letztlich auch nicht mehr Zugangsmöglichkeiten zu Personendaten als der Adoptierte selber. Mir ist von einer Adoptierten erzählt worden, daß sie für die bisherige Suche mittels Privatdetektiv über acht Jahre hin schon rund 50 000 DM ausgegeben hat. Dieser habe die derzeitige Existenz der Mutter auf einen relativ großen Landkreis eingegrenzt, weiter sei er aber nicht gekommen. Für mich blieb die Frage, ob die Suchende hier nicht schamlos ausgenutzt worden ist.

Jeder Suchende wird sich darauf einstellen müssen, daß er viel Zeit und Geduld für die Suche aufbringen muß. Er wird sehr vielen Hürden begegnen, die jedoch fast immer überwunden werden können. Sehr vieles, was (gottlob!) gesetzlich nicht geregelt ist, erweist sich als eine Frage der Menschlichkeit, d. h. u. a. auch eine Frage des Umgehens miteinander. Je fordernder ein Suchender auftritt, um so weniger Hilfe wird er erhalten. Je besser er es schafft, Verständnis für seine Situation zu wecken, um so eher wird man ihm entgegenkommen.

Zufall, Glück und Wunder

Die Suche ist nicht bis ins letzte Detail planbar, der Erfolg wird nicht garantiert.

Ebenso ist aber auch der Mißerfolg nicht zwingend, selbst

wenn viele Jahrzehnte ins Land gegangen oder die Personalien der Gesuchten nur dürftig sind.

Wie in jedem guten Krimi – und dieser Vergleich ist zum Thema „Suche“ manchmal durchaus angemessen – gibts einen „Kommissar Zufall“ und auch das »Glück“, an das manche nicht mehr glauben, tritt gelegentlich auf den Plan – wenn die Zeit reif ist!

● Catharina S. entschloß sich anläßlich einer Familienfeier, bei der alle ihre Erinnerungen wieder nach oben gespült wurden, den Plan der Suche nach ihrem Sohn jetzt endlich zu realisieren. Ohne noch lange zu zögern, wandte sie sich am folgenden Montag an die Stelle, die vor 24 Jahren die Vermittlung übernommen hatte. Dort fand sie ihre „alte“ Sozialarbeiterin von damals – packend! In wenigen Tagen wollte sie in Rente gehen. So genügte ein Gespräch (sie erinnerte sich sofort beim Hereinkommen ihrer Klienten von damals) und ein Anruf bei den Adoptiveltern, zu denen der Kontakt nie abgebrochen war – und der Sohn war gefunden! Sowohl die Eltern auch er selber willigten spontan in ein Kennlernen ein. Die ganze Suche-Prozedur dauerte vom Entschluß bis zum ersten Treffen noch nicht einmal eine ganze Woche.

Ein halbes Jahr später wäre alles viel problematischer verlaufen. Die Nachfolgerin hätte zunächst die Akten hinzuziehen müssen (das brauchte „die alte“ nicht) – vorausgesetzt, sie hätte sich dazu entschließen können und wäre sich ihres Handelns sicher gewesen (bei abgebenden Müttern *muß* sie nicht, ja *eigentlich* darf sie es nach den Riten der Incognito-Adoption gar nicht!). Sie hätte mit Sicherheit die Adoptivfamilie nicht gekannt, hätte also einen ganz anderen, sehr fremden Zugang gehabt. Das *Persönliche,* das bei der ganzen Suche eine herausragende Rolle spielt, hätte gefehlt und ob die Adoptiveltern unter diesen Umständen so schnell „ja“ gesagt hätten, ist auch die Frage. Lauter „Wenns“, die das Glück verhindert hat!

● Polly Toynbee schildert in ihrem Buch einen ähnlichen Zufall. Eine Adoptierte entschließt sich nach langen Jahren des Zögerns, die Mutter zu suchen, weil sie selber schwanger ist und sich Sorgen um eventuelle genetische Störungen macht. Sie hat aber viele Zweifel – wenn sie nun abgelehnt würde? So schob sie die Suche wieder und wieder vor sich her – immer unsicher, wenn es um Behandlungen, Impfungen und andere Entscheidungen um ihr Kind ging.

„Ein Jahr später bekamen ihre Adoptiveltern einen Brief. Es war ein Wunder, daß der Brief sie überhaupt erreichte. Wäre er zwei Tage (!) später geschrieben worden, wäre er nie angekommen. Er kam von einer Sozialarbeiterin des Heimes und war an die alte Adresse geschickt worden. Die Bewohner des Hauses, die es vor vielen Jahren von den Adoptiveltern gekauft hatten, wollten zwei Tage später ausziehen und der neue Besitzer hätte bestimmt nicht gewußt, wohin er den Brief nachschicken sollte" (Toynbee 1989, S. 94f.).

Es war ein Brief, den die Sozialarbeiterin geschrieben hatte, nachdem die Mutter „endlich gekommen war, mich wiederzusehen"!

Von ähnlichen „Glücksfällen" wird immer wieder geschrieben: Hausbewohner, die sich noch nach mehr als 30 Jahren erinnern, wohin die Mutter seinerzeit umgezogen ist. Heimleiterinnen (sehr oft Ordensschwestern, die bekanntlich seltener ihre Stellen wechseln als „weltliches" Personal), die sich noch nach 25 Jahren an den „Fall" erinnern und wertvolle Tips geben können; Nachbarn, die noch dunkel irgendeine Adresse kennen, bei der seinerzeit die Großeltern gelebt hatten; ein Mann in Canada, der im Handumdrehen die seit mehreren Jahren gesuchte Adresse (allerdings gegen Bares) vermittelt und den durch „Zufall" jemand in den USA kannte ...

Es sind oft Glücksfälle, die an Wunder grenzen. Und nicht selten habe ich verblüfft einen Fall rekonstruiert, der sich urplötzlich auflöste und klar und deutlich wie hinter einer Nebelwand so offen und logisch erschien, daß ich mich fragte, was daran über Monate und Jahre eigentlich so schwierig gewesen war!

Allerdings: An Wunder muß man glauben!

Suche über Grenzen hinweg

In den Jahren nach Ende des Zweiten Weltkrieges bis Anfang der 70er Jahre noch, gab es einen ähnlichen „Adoptionstourismus" wie heute: Nur gehörte Deutschland nicht zu Abnehmerländern, sondern zu den (armutsbedingten) „Lieferanten"! Unzählige Kriegswaisen und auf der Flucht „verlorengegangene" Kinder bewohnten die überfüllten Heime (50 Kinder pro Gruppe und pro Betreuerin waren keine Ausnahme). Sie hatten trotz aller Bemühungen kaum noch Chancen, zu ihren leiblichen Eltern oder Elternteilen zurückkehren zu können. Im Laufe der nächsten Jahre kamen Kinder hinzu, die von amerikanischen Besatzungssoldaten mit deutschen Frauen gezeugt worden waren (über französisch-deutsche und englich-deutsche Beziehungen mit Folgen ist seltsamer Weise kaum etwas bekannt. In der Adoptionsliteratur spielen sie keine Rolle).

Diese Kinder hatten einen schlechten Stand: die Fraternisierung mit dem ehemaligen Feind wurde der Mutter von ihrem eigenen Volk sehr übel genommen. Insbesondere Mischlingskinder, die von farbigen Soldaten abstammten und bei denen die „Schande" noch offensichtlicher wurde, bekamen kaum eine Chance.

Viele dieser Kinder standen zur Adoption zur Verfügung, zumal die Mütter seinerzeit auch keinerlei finanzielle oder sonstige Unterstützung erhielten, Sozialhilfe gab es damals noch nicht und die Tagesunterbringung während der mütterlichen Berufstätigkeit war kaum ausgebaut. Es blieben also überfüllte Heime oder liebevolle Großeltern oder Adoption. Dabei muß angemerkt werden, daß die Amerikaner kaum je bereit waren, deutsch-amerikanisch *farbige* Mischlingskinder aufzunehmen. Damals galt wie heute: Je blonder und je blauäuiger, um so höher der Kurs, um so größer die Vermittlungschancen in das Land der Väter.

Einige dieser Mischlingskinder wurden allerdings gerne von skandinavischen Ehepaaren adoptiert und galten bei späteren Nachuntersuchungen dort als voll integriert. (Nach Ingrid Bear wurden von 1963–1966 noch insgesamt 5019 deutsche Kinder in die USA vermittelt).

Deutschland war nach dem Krieg ein Armutsland – vergleichbar mit Ländern der sogenannten Dritten Welt, die heute von wohlhabenden Amerikanern und Westeuropäern ausgebeutet werden.

Wenn wir – vom Problem Suche ausgehend – die Schwierigkeiten von Adoptierten betrachten, die seinerzeit über den Atlantik vermittelt wurden, dann wissen wir, wie es Dritt-Welt-Kindern schon heute oder in einigen Jahren bei uns gehen wird:

- „Ach Gott, warum ist diese Welt so ungerecht? Warum muß ich hier sein, wo ich gar nicht sein möchte? ... Warum muß ich ausgerechnet in der Schweiz sein, wo jeder mir ansieht, daß ich nicht von hier von? Ich muß wohl auch noch meinen Adoptiveltern dankbar sein, daß ich bei ihnen sein darf, dabei sind sie an allem schuld. Wenn sie mich nicht gewollt hätten, dann wäre ich vielleicht schon gestorben ...

Ich bin wieder einmal in einem völligen Dilemma. Weißt du, ich bin verdammt zum ewigen Leiden und Unglücklichsein. Wenn ich nämlich glücklich wäre, so würde das ja heißen, daß es mir in der Schweiz und bei dieser Familie gefallen würde. Wäre das aber nicht undankbar der koreanischen Mutter gegenüber und ein Verrat an Korea? Ich muß doch stolz sein, eine Koreanerin zu sein, dabei habe ich so Probleme mit meinem Aussehen hier in der Schweiz. ...

Wenn ich sage, daß es eventuell doch besser gewesen wäre, in Korea zu bleiben, so wird mir vorgehalten, daß es mir dort nicht so gut gehen würde wie hier. Keine so gute Schulbildung, keine so gute medizinsiche Versorgung und keine so gesicherte Existenz. *Ist all dies das Wichtigste, um glücklich und zufrieden zu sein? Ist es denn nicht wichtiger, einen inneren Frieden zu haben ...?*" (Ji Yuhn Engel, S. 97 f.).

Der humanitäre Aspekt soll vielen Eltern nicht abgesprochen werden – im Vordergrund steht doch aber immer das Haben-Wollen und die mangelhafte Berücksichtigung der beiden anderen Betroffenen – vor allem der zurückbleibenden abgebenden Mutter. Ebenso wie damals Mütter im zerstörten Deutschland auf ihre Kinder „verzichten" mußten, weil sie sie nicht kleiden und kaum ernähren konnten, erleben heute Frauen in Südamerika und Südostasien mit *Schmerz*, daß ihre Kinder ihnen fortgenommen werden (müssen!?), um zu überleben.

„Wenn ich sie damals nicht fortgegeben hätte“ *(1948!)*, schreibt eine suchende Mutter 1991 an mich, »dann hätte sie keine Lebenschancen gehabt.“ Und in der Untersuchung von Monika Klinkhammer sagt *1989* eine peruanische Mutter: „Ich hatte nichts zum Essen, nichts, ihr eine Schulausbildung zu geben ... Sie litt, wenn sie mich bat: Mama, kaufe mir Schuhe! Ich hatte nichts, um es ihr zu geben. Ich hatte es nicht. Und die Familie, die kauften ihr alles“ (Klinkhammer, S. 96).

Mir scheint, daß in diesen Adoptionen aus Armutsländern immer ein Faktor vergessen wird. Die Mütter leiden unendlich, wenn sie ihre Kinder fortgeben müssen. Natürlich sind sie auch (ein kleines bißchen) dankbar dafür, daß andere ihre Kinder „retten“, aber sie selber wären eben gerne *selber* in der Lage, ihre Kinder aufzuziehen (natürlich immer mit Ausnahmen, um gleich den entsprechenden Einwendungen und Einzelfalldarstellungen zu begegnen!). *Es lindert nicht den Schmerz des Verlustes und der „Unfähigkeit“, wenn ein Kind zum Überleben fortgegeben werden muß.*

Viele Menschen, die in den 50er und 60er Jahren von dieser Art Auslandsadoption betroffen waren, sind heute auf der Suche nacheinander: Mütter aus Deutschland suchen ihre „Kinder“ in den USA, die Adoptierten suchen die Eltern in Deutschland und manche, die hier adoptiert wurden, suchen die Mutter hier und den Vater dort.

Etwas mehr als die Hälfte aller meiner „Suche-Fälle“ betreffen diese internationalen Bemühungen. Als Hilfe steht mir dafür eine Organisation in den USA zur Verfügung, die sich Operation Identity nennt (alle Adressen von genannten Organisationen und Einzelpersonen im Anhang!) Meine Kontaktfrau ist Leonie Boehmer in Neu-Mexiko. Sie stammt aus Deutschland, ging nach dem Abitur in die USA und mußte dort ihre erstgeborene Tochter zur Adoption freigeben. Später – auf der Suche nach dem Kind – stieß sie auf diese Organisation, die ihr half und für die sie seitdem ehrenamtlich tätig ist.

Um die Organisation vorzustellen, zitiere ich aus einem ihrer Briefe:

- „Was unsere Gruppe angeht, wir sind nur eine von über 250 Selbsthilfegruppen in den USA. Unsere Gruppe besteht aus Adoptierten, leiblichen Eltern und Adoptiveltern. Es ist meiner Ansicht nach wichtig, daß alle Seiten des Dreiecks vertreten sind, damit alle von einander lernen. Was die Technik des Suchens in Amerika angeht, das ist schwierig zu beschreiben. Jeder Staat hat seine eigenen Gesetze. Und da gibt es solche, die sich auf Suchen in einem Staat spezialisieren. Dadurch, daß es keine Registrierung gibt, wie in Deutschland, ist das Suchen hier ganz anders. Und das Ziel der Gruppen ist meistens das Suchen. In Deutschland ist das Suchen durch die offenen Akten und der Registrierung für die Adoptierten wesentlich leichter. Wenn Deutsche in den Staaten suchen wollen, müßten sie mit einer Selbsthilfegruppe hier in Verbindung treten, um Kontakte zu bekommen, die in Telefonbüchern nachschlagen, Briefe an die Social Security Administration und Immigration & Naturalization schreiben und andere Organisationen zu Hilfe ziehen können. Und man muß wenigstens einen vollen Namen und das Geburtsdatum haben. Wenn man den Namen und nur das Alter hat, aber keinen Geburtsort, ist es schon recht schwierig. Für die Deutschen ist es oft auch schwierig der Sprache wegen. Das gleiche gilt für die Amerikaner ...

  Was wir oft machen, ist sprechen zu zukünftigen Adoptiveltern und Teenagern, die schwanger sind. Und da werden alle drei Seiten des Dreiecks hinzugezogen. Wir sind auch mit den Adoptionsvermittlern des Staates in Verbindung, sowie mit den Gesetzgebern, oder denen, die die Gesetze ändern wollen. Natürlich sprechen wir auch viel auf den verschiedenen Tagungen."

Das Sprachproblem wird für uns aber eben durch Leonie gelöst, die unendlich viel „Dolmetscherdienste" leistet – brieflich, aber auch, wenn die Gefundenen sich zum ersten Mal treffen und keiner die Sprache des anderen spricht!

Leonie schreibt, daß die Suche in den USA schwieriger ist, weil es keine Meldepflicht gibt. Nach mehrjährigen Erfahrungen halte ich das nach wie vor für ein Vorurteil. Die Meldepflicht endet dort, wo jemand sich eben nicht ab- oder wieder anmeldet nach einem Umzug. Dann ist er „verloren". Hingegen gibt es in den USA für *alle* Erwachsenen den sogenannten Sozialversicherungsausweis, deren Nummern zentral erfaßt sind. Außerdem gibt es dort ebenso eine zentrale Erfassung aller Führerscheininhaber. Über dies beiden „Instrumente" hat Leonie schon oft für uns in Deutschland hervorragende und schnelle Ergebnisse erzielen können. Hinzu kommt, daß *wir* einen sehr rigiden Datenschutz haben, der kaum zu brechen ist.

Doch habe ich den Eindruck, daß dieser Datenschutz gar nicht so ernst genommen wird, wenn eine Anfrage aus Amerika kommt – immer noch die alte Faszination?

Toynbee macht darauf aufmerksam, daß es „in einigen Bundesstaaten der USA den Behörden und den Adoptionsvermittlungsstellen noch heute untersagt ist, sogenannte „identifying information" herauszugeben." In den meisten Bundesstaaten ist es nur erlaubt, wenn die betreffenden Personen ihr ausdrückliches Einverständnis geben. Es gibt aber Interessengrupen Adoptierter, die politischen Druck ausüben und auf Reformen drängen" (Toynbe 1989, S. 219). (Über diese Reformen hat die Amerikanerin Betty Lifton in ihren beiden autobiographisch-orientierten Büchern geschrieben!)

Suchende aus Deutschland können sich also direkt an Leonie Boehmer wenden (Adresse siehe Anhang) oder an mich. Da wir beide – gemeinsam mit einem weiteren Amerikaner deutschstämmiger Abkunft (Bill Gage ist Adoptierter) seit zwei Jahren eine kleine Info-Schrift herausgeben („Das Adoptionsdreieck"), das wir an *alle* deutschsprachigen Jugendämter, Landesjugendämter und freie Adoptionsvermittlungsstellen senden, sind diese Behörden auch informiert (wenn sie es denn wollen) und können die Ratsuchenden an uns weitervermitteln. In all den Jahren der Zusammenarbeit habe ich nur einen einzigen USA-Fall erlebt, der *nicht* zu lösen war: der ehemals in Deutschland stationierte Vater war beim amerikanischen Geheimdienst und alles um ihn herum war „top secret"! Nicht alle Wunder sind machbar – und manche dauern etwas länger!

Behilflich in allen Fragen der Auslandadoption (einschließlich Suche) ist auch der *ISD (Internationaler Sozialdienst) in Frankfurt/Main.* Dort arbeiten versierte, hauptamtliche Spezialisten, die schon manchen verzwickten Fall gelöst haben.

In *Canada* habe ich in einem Fall einen sehr schnellen Erfolg erlebt über einen Privat(?)-Mann, der gegen Gebühr die Adressen der Gesuchten herausfinden kann. Ansonsten schreibt Toynbee zu Canada (und Autralien) „Hier ist es ähnlich wie in den USA. Da es in diesen drei Ländern kein behördliches Meldewesen gibt, ist es schwierig, jemanden ausfindig zu machen (dazu siehe aber auch meine Einwände oben). Deshalb sind „Adopted Persons Contact Registers" entstanden. Über diese Einrichtung können Eltern und Adoptierte Kontakt miteinander aufnehmen."

In der *Schweiz* gibt es eine sehr aktive Selbsthilfegruppe Adoptierter, die *IGADO*. Ihre (ehrenamtlich arbeitenden) Mitglieder stehen für alle möglichen Adoptionsprobleme zur Verfügung. Durch die Dreisprachigkeit der Schweiz gibt es dort auch immer wieder Adoptionen mit Berührung zu *Italien*. Über die IGADO ist eventuell Hilfe bei der Suche in diesen beiden Ländern zu erhalten.

Von der Suche nach den leiblichen Eltern und den späteren deutschen Pflegeeltern, denen dieses Kind wieder fortgenommen wurde, schreibt Veslemy Kjendsli in „Kinder der Schande". Es geht dabei um die rund 9000 Kinder, die von deutschen Soldaten während der Besatzungszeit mit norwegischen Frauen gezeugt wurden und die in *Norwegen* als „Deutschenkinder" nicht anerkannt worden sind (auch hier: verbotene Fraternisierung!). Turid, von der das Buch beispielhaft handelt, ist 43 Jahre alt, als sie 1985 mit der Suche beginnt. Mit sechs Jahren wurde sie in Norwegen adoptiert, die Jahre zuvor liegen völlig im Dunkeln. Im *Staatsarchiv in Oslo* sind die alten Archive der „Besatzer" sortiert und katalogisiert. Dort wird sie fündig.

Andere Stellen sind nicht bekannt, die speziell in Norwegen angerufen werden könnten.

Ob es je einem Adoptierten gelungen ist, ein Elternteil in einem *Dritt-Welt-Land* zu finden, aus dem er stammte, ist mir nicht bekannt. Möglich wäre es sicher bei denjenigen Kindern, die aus Heimen heraus vermittelt wurden, die persönlichen Kontakt zur Mutter gehabt haben (siehe dazu die Studie von Klinkhammer, bei der es um einen ganz bestimmten Priester geht, der auch die Frauen betreut). Wir können nicht davon ausgehen, daß alle Kinder, die aus „Entwicklungsländern" zu uns kommen, elternlose Findelkinder waren – auch wenn diese Annahme alles erleichtert. Mit Sicherheit werden Kinder, die „gekauft" waren und/oder über manche Formen von Privatadoptionen in den Westen kamen, ihre Eltern nicht mehr finden. Denen wurde nicht selten gesagt, daß ihre Kinder gestorben seien (siehe dazu Bach 1986).

Wenn Suche mißlingt

Die Suche nacheinander kann auf zwei Arten mißlingen:

- auf quantitative und
- auf qualitative.

Unter *qualitativem Mißerfolg* möchte ich verstehen, daß die Suche erfolglos bleibt, daß Eltern und Kinder sich nicht begegnen, daß die Spurensuche im Sand verläuft.

Die Tragik dieser Mißerfolge liegt darin, daß sich die Suche innerlich damit *nie* abschließen läßt. Sie wird auch selten total eingestellt. Es bleibt immer ein Rest Hoffnung, ein Zipfelchen Zuversicht. Jeder auch noch so minimale Hinweis wird dankbar und begierig aufgegriffen – es könnte ja gerade diesmal der Weg sein, der zum Ziel führt! In manchen Fällen erinnert dieses Verhalten an den Lotto- oder Roulettspieler, der nicht aufhören kann, weil er Angst hat, daß just beim nächsten Mal seine Zahlen, seine Farben kommen ...

Der quantitative Mißerfolg ist und bleibt immer ein temporärer. Ich bin nie einem von Adoption betroffenem Menschen begegnet, der je mit der Suche begonnen hatte, der gesagt hat: Ich habe nun *endgültig* aufgesteckt, ich werde *nicht* weitersuchen, ich bin mit meinem Schicksal auch so versöhnt.

Ungleich problematischer ist der *qualitative Mißerfolg*, der sich in unglaublich vielen Faszetten spiegelt und wiederum so unterschiedliche Erscheinungsweisen zeigt, wie es Menschen gibt, die Mißerfolge haben. Die häufigsten Probleme sollen im folgenden aufgelistet und mit einzelnen „Fällen" illustriert werden:

- Der/die Gesuchte ist kurz vor dem Auffinden verstorben.
- Der Gesuchte leugnet trotz aller Belege die Vaterschaft (Mutterschaft ist nicht zu leugnen!) und zieht im Rahmen der Auseinanderasetzungen darüber auch noch die Mutter „in den Schmutz".
- Der/die Gesuchte läßt jede Kontaktaufnahme unbeantwortet.

- Der/die Gesuchte läßt sich auf einen einmaligen Kontakt ein und meldet sich dann nicht wieder.
- Variante: Der/die Gesuchte stillt in einem einmaligen Gespräch seine/ihre Neugier und läßt mit dieser Bemerkung versehen auch nie wieder von sich hören.
- Trotz vieler Treffen und gegenseitiger Bemühungen springt der ersehnte „Funken" nicht über. Die vermutete „Sprache des Blutes" schweigt. Die Partner bleiben sich trotz gegenseitiger Sehnsucht nacheinander fremd.
- Die Interessen der Suchenden und Gesuchten gehen von vornherein weit auseinander und lassen sich auch per Kompromiß nicht miteinander in Einklang bringen.
- Die Erwartung der Suchenden und Gesuchten gehen von völlig falschen (meist unbewußten) Voraussetzungen aus. Sie basieren in der Regel auf der sentimentalen Mutter-Kind-Sicht, die in unserer Gesellschaft herrscht.
- Es kommt der gewünschte Kontakt in seiner ganzen Emotionalität zustande, wird jedoch von einem der Partner nach einiger Zeit abgebrochen.
- Es entsteht eine emotionale Beziehung, die jedoch erheblich durch die Geheimnistuerei vor Dritten (sowohl organisatorisch als auch sozial) gestört wird.
- Die Partner, die sich gefunden haben, gehen annähernd ineinander auf. Sie versuchen, 20 oder 30 „verlorene Jahre" nachzuholen. Sie schaffen es nicht, eine angemessene Beziehung, wie sie zwischen Erwachsenen erfolgen sollte, herzustellen. Die Beziehung bleibt stecken in einer Mutter-Kind-Emotionalität, die der zwischen Kleinkind und Mutter entspricht.

Die Mutter als Tante

Frau Hannelore U. schreibt mir über ihre Adoptions- und Suchgeschichte. Sie schreibt mir *auch*, um mir zu sagen, daß Mütter durchaus nicht immer ihre Kinder kennenlernen wollen! Dabei wird deutlich, daß die Mutter-Kind-Beziehung in diesem Fall einer ganz besonderen Belastung ausgesetzt war – in einem fatalen Geflecht von pädagogischen Entscheidungen, die offenbar falsch oder gar nicht beraten worden waren.

Hannelore war gleich nach der Geburt im Krankenhaus verblieben, in dem sich die leibliche Mutter und die Mutter der späteren Adoptivmutter kenengelernt hatten. Letztere informierte ihre Tochter, die nach zwei Fehlgeburten alle Hoffnung auf ein Kind aufgegeben hatte. So kam die Adoption zustande.

Hannelore U. schreibt:

● „Als ich mit sechs Jahren in die Schule kam und lesen lernte, kam mir der erste Verdacht. Meine leibliche Mutter spielte in meinem Leben die Rolle der Patentante. Tante Ilse kam zwei bis dreimal im Jahr, schickte Päckchen und Briefe. Von mir wurden die entsprechenden Dankesbriefe erwartet.

Auch ging meine Adoptivmutter mit mir des öfteren zu den Eltern von Tante Ilse, eigentlich also meinen leiblichen Großeltern. Diese Besuche waren mir verhaßt, ich denke noch heute mit Abscheu daran.

Schließlich mit ca. 13 Jahren wurde mein Verdacht zur Gewißheit. In Abwesenheit meiner Adoptiveltern öffnete ich eine Kassette und fand in einem verschlossenen Umschlag meine Adoptionsunterlagen. Tante Ilse war tatsächlich meine Mutter. Ich verschloß alles wieder und sagte keinem Menschen etwas von meinem Wissen. Nur einmal, als ich wütend auf meine Adoptivmutter war, sagte ich zornig: Du bist ja gar nicht meine Mutter! Aber statt Trost und Zuwendung bekam ich Ärger darüber zu spüren, weil ich so neugierig gewesen war. Wie konnte ich nur ...! Einfach alles zu wissen!

Von diesem Zeitpunkt an hatte ich keinen Kontakt mehr zu meiner leiblichen Mutter. Meine Adoptivmutter starb, als ich 25 Jahre alt war. Mit 29 Jahren heiratete ich und bekam mit 30 Jahren mein erstes Kind. Eine Tochter. Nach eineinhalb Jahren erneute Schwangerschaft, wieder eine Tochter. Mein Mann und ich waren sehr glücklich darüber.

Die Sehnsucht nach meiner leiblichen Mutter wurde immer größer. Ich beschloß, ihr zu schreiben und von meinem Wissen und meiner Abstammung zu berichten. Sie schrieb zurück, fing an Päckchen zu schicken, diesmal für ihre Enkelkinder, wich aber dem Wunsch nach einem persönlichen Treffen aus. Der Briefwechsel ging lange hin und her mit großen Pausen ihrerseits. Schließlich ließ ich mich nicht länger hinhalten und wollten einen konkreten Zeitpunkt, wann wir uns sehen könnten. Ich habe und hatte so viele Fragen, die nur sie mir hätte beantworten können.

Sie lehnte ab! Sie fühle sich nicht in der Lage, ein Gespräch mit mir zu führen. Das war's!

Vor zwei Jahren war ich in dem Ort, in dem sie wohnt. Ich stand vor ihrer Tür, aber ich habe nicht geklingelt. Die Angst vor nochmaliger Ablehnung war zu groß.

Sie sehen, es gibt auch Fälle, wo die leibliche Mutter ihr Kind nicht wiedersehen will."

Hannelores Mutter ist dreimal sehr schwer verletzt worden:

- Sie wurde von ihren Eltern gezwungen, sich vom Kindesvater zu trennen. Sie durfte ihn nie wiedersehen.
- Sie mußte ihr Kind im Alter von 10 Monaten zur Adoption freigeben.
- Uns als ihre Identität bekannt wurde, mußte sie sich endgültig trennen – vermutlich auf Verlangen der Adoptiveltern.

Daß die Besuche zwei- bis dreimal im Jahr auch für sie eine emotionale Belastung dargestellt haben könnten, die Lügen über ihre Tantenrolle schwer zu verkraften waren – wer hat je daran gedacht? Und dann taucht die Tochter wieder auf: nach fast 20 Jahren! Und die Mutter geht auf den Kontaktwunsch ein, sie schreibt, sie schickt Päckchen, sie wird zur sorgenden Großmutter aus der Ferne.

Nur eines *kann* sie nicht: die Tochter sehen und sprechen. Es geht vermutlich über ihre Kraft. Sie fühlt sich nicht in der Lage ... und die Tochter ist verletzt: „Die Angst vor nochmaliger Ablehnung" ist in ihr zu groß.

Diese Angst teilt sie mit sehr vielen Adoptierten und mit vielen abgebenden Müttern, die diese Angst ebenfalls haben. Für Hannelores Mutter erfolgte der Abschied über eine sehr lange

Zeit, im Grunde genommen mußte sie sich zweimal trennen. Möglicherweise hat sie auch schon zehn Jahre eher auf das Auftauchen der Tochter gewartet – als die volljährig wurde und hätte suchen können, weil ihr ja alle Daten zur Verfügung standen und es immerhin über 13 Jahre eine persönliche Beziehung gegeben hatte. Also nochmals eine so lange Zeit der Entbehrung, des „Zurückgewiesenseins".

Sie hat sich dann spontan auf eine entfernte Beziehung (postalisch) eingelassen. Sie war für die Tochter „da". Mehr war ihr nicht möglich. Die Einschaltung eines vermittelnden, geduldigen, beruhigenden Dritten hätte in diesem Falle möglicherweise helfen können, die Versagens- und Verlassensängste *beider* Frauen zu verringern. Ein Vermittler, ein „Anwalt", eine Kontaktperson wäre hilfreich gewesen, der die Botschaften hinüber und herüber getragen hätte.

So werden beide in ihrem Schicksal, in Schmerz und Verlust und Verbitterung beharren müssen – falls es nicht durch Zufall oder Einsicht eines Tages doch gelingt, aufeinander zuzugehen.

„Lassen Sie uns in Ruhe"

● Marianne Herzog hat über die Suche nach ihrem Sohn, über die Suche ihrer eigenen Geschichte auch, ein Buch geschrieben, dessen bitteres Ende deutlich macht, wie verworren die menschlichen Beziehungen in einer Adoptionsbiographie sein können.

Ihr Sohn ist 23 Jahre alt, als sie ihn sucht. Sie dringt bis zum Vormundschaftsrichter vor, der ihr einen Kontakt zu der Adoptivmutter ermöglicht: Am Telephon – und ohne Rückrufmöglichkeit. Marianne Herzog ist während der beiden Gespräche gelähmt durch die Vorstellung, daß sie durch das, was sie jetzt sagt, jetzt fragt, jetzt aber auch vergißt zu sagen und zu fragen den Status quo für alle Zeiten festschreibt. Sie nennt es ihr „Lebenslänglich". Die Adoptivmutter läßt ihr keine Chancen:

„Wir haben uns mit unserem Anwalt beraten und mit dem Direktor des Amtsgerichtes: Beide haben uns versichert, daß es absolut unnormal ist, daß eine Mutter sich nach zwanzig Jahren meldet. Was wollen Sie? Wir haben Serjosha jetzt (!) aufgeklärt, wir haben ihm gesagt, was er wissen muß. Als er zu Besuch da war, haben wir gesagt: Wir müssen dir eben mal was sagen. Ich weiß, hat er gesagt: Ich bin ein angenommenes Kind. Wir sind sehr erstaunt gewesen, daß er es wußte. Ich versichere ihnen, er weiß jetzt, daß Sie leben: das wissen jetzt nur wir drei; nicht einmal meine Mutter weiß es ...

Hier weiß es keiner. Aus dem Makel ist ein Glorienschein geworden. Alles hat unwahrscheinlich viel Zeit und Mühe gekostet. Ich verlange dafür kein Mitleid, ich bitte Sie nur inständig: Lassen Sie uns in Ruhe. Wir drei sind glücklich und zufrieden, wir haben ein phantastisches Verhältnis miteinander. Wir können nicht absehen, was geschieht, wenn er von Ihnen hört, seine Reaktion ist nicht vorauszusehen. Er wird wahrscheinlich in eine große Krise geraten. Das Wagnis ist zu groß ...

Warum wollen sie die Vergangenheit wieder aufwärmen? ... Ich kann Ihnen nicht helfen. Es ist vollkommen ungewöhnlich, daß Sie vorschlagen, wir sollten uns zusammensetzen. Die Einzige, die davon profitieren würde, das wären Sie ...

Wir wollen in Frieden gelassen werden. Wir wollen endlich unsere Ruhe haben ... Wir werden an Sie denken. Werden Sie aufhören, Ihren Sohn zu suchen? Dann bleibt er eben in Amerika, da finden Sie ihn nie.

Wissen Sie, was normal gewesen wäre? Sie wären bei Ihrem Kind geblieben.

Das Gespräch wird zu teuer, es hat auch keinen Zweck, noch weiter zu telephonieren: Haben Sie noch etwas zu sagen?"

In diesem Monolog, den die Adoptivmutter am Telephon hält, ist *alles* enthalten, was Adoption an Problemen, Vorurteilen und Störungen beinhaltet! Aber auch enthalten sind Schwierigkeiten, die der Adoptivsohn möglicherweise schon hat, wahrscheinlich aber irgendwann einmal bekommt: Schwierigkeiten mit seiner Identität, mit der Frage nach seiner Herkunft, seinem Erbgut (spätestens beim ersten Vaterwerden!), Schwierigkeiten auch mit der Grundfrage des Vertrauens, das er in die Eltern setzen kann ... oder aber auch nicht.

Der Sohn ist nicht aufgeklärt – aber er weiß, daß er adoptiert ist. Wie lange schon? Wer hat es ihm wann und unter welchen Umständen gesagt? Was hat er mit sich herumtragen müssen, wie oft hätte er gerne mit den Eltern darüber gesprochen und warum hat er es nicht getan? War er auch davon überzeugt, in einer „phantastischen Beziehung" zu seinen Eltern zu leben – so wie sie? Oder war diese wirklich – im eigentlichen Sinne „phantastisch" – der Phantasie entspringend? Wessen?

En passant klären die Eltern den 23jährigen auf. „Du bist angenommen". Er weiß es – und er fragt auch nicht weiter, sondern er verläßt die Wohnung. „Er hatte irgend etwas vor, er hat ja tausend Interessen", erklärt die Adoptivmutter sein Verhalten.

Was hätte er fragen sollen? Vielleicht weiß er schon alles? Vielleicht ist er weitgehender aufgeklärt, als nur über seinen Status „angenommen"? Und was erfragt man von Eltern, die einen 22 Jahre lang belogen haben? Deren Lügen einerseits aus Schweigen bestand – andererseits mit Sicherheit aus aktiven Falschaussagen, denn Fragen zu seiner Herkunft hat *jedes* Kind: Nach dem Aussehen, der Haarfarbe, dem Großvater, den vielen Tanten, dem Tag der Geburt, der Klinik, der Schwangerschaft …

Ein Kind, das nach all diesen Daten *nicht* fragt, braucht nicht zu fragen, darf nicht fragen! Es fragt nicht, weil es *weiß*! Auch wenn es keine Einzelheiten kennt – es *weiß* mit instinktiver Sicherheit: Ich darf nicht fragen! Ich lebe in einem Geheimnis, das ich nicht lüften darf. Wenn ich es lüfte, geschieht Furchtbares … Denn sonst könnten die Eltern ja auch offen mit mir darüber sprechen.

Die Adoptivmutter nennt sie alle – die Ängste und Befürchtungen: Andere Menschen könnten von dem Geheimnis auch noch erfahren, das noch nicht einmal die eigene Mutter der Adoptivmutter kennt. Alles Lügen käme auf den Tisch und würde sich ausbreiten über die Atmosphäre von Wohlanständigkeit und scheinbarer Normalität. Der sich aus dem Makel entwickelte Glorienschein bekäme Kratzer – oder würde sogar zu einem noch größeren Makel werden. Zum alten Makel (des Kindes? Der Eltern?) käme auch noch die gesamte Biographie-Lüge!

Die Adoptivmutter „verlangt kein Mitleid". Wer kein Mitleid

„verlangt", hat zumindest insgeheim das Gefühl, ein solches verdient zu haben! Wofür? Für das Opfer, ein fremdes Kind aufgenommen zu haben? Für die Mühen der Erziehung? Für die Probleme, die die Geheimhaltung über alle Konflikte einer „normalen" Be- und Erziehung hinaus mit sich gebracht hat? Vielleicht auch im Zusammenhang mit dem tödlichen Hieb: „Normal wäre gewesen, wenn Sie bei ihrem Kind geblieben wären?" Ich habe mehr als einmal im Zusammenhang mit Adoption und Suche von Adoptivmüttern gehört, daß sie sich geopfert hätten, während die abgebende Mutter ein „lockeres" und vom Kind "freies" Leben habe führen können! Geht es der Adoptivmutter mit dem unaufgeklärten Adoptivsohn, zu dem sie ein so phantastisches Verhältnis zu haben vorgibt, ebenso?

Und warum muß sie dann um seine Reaktion fürchten? Warum vermutet sie die große Krise, in die er geraten wird?

Sie hat recht: er wird wahrscheinlich in eine Krise geraten! Aber diese Krise betrifft weniger die leibliche Mutter in ihrer Beziehung zum Sohn, als vielmehr die phantasierte „phantastische" Beziehung zwischen Adoptiveltern und Adoptiertem! „Das Wagnis ist zu groß" – das Risiko, daß der Sohn aus dem Munde eines anderen Menschen die volle Wahrheit hört, die ihm ebenso voll vorenthalten worden ist, ist erheblich.

Nur täuscht sich die Adoptivmutter (und alle Adoptiveltern, die ebenso denken und argumentieren!): Das Wagnis, das Risiko ist nicht aufgehoben, sondern nur aufgeschoben!

„Wie unvorstellbar das Geschehene war: Ich habe heute in die Wohnung telefoniert, in der Du großgeworden bist, und Du, Du weißt nichts von einem Gespräch zwischen Deinen beiden Müttern. Ich spreche seit Jahren mit Dir, und Du, Du ahnst es nicht einmal. Du kannst es nicht einmal ahnen ...

Im Keller des Gerichts von Emden liegt Dein Name und Deine Adresse versteckt vor mir.

In einem Versteck in Eurer Wohnung liegt mein Name und meine Adresse versteckt vor Dir ...

Wir beide müßten uns sehen, damit wir weitergehen können ohne Fesseln. Damit wir nicht ewig Suchende sind" (Marianne Herzog 1988, S. 208).

Wie dem Mißlingen lang- und kurzfristig vorgebeugt werden kann

Langfristig muß es auf die Dauer zu einer Öffnung der Adoption kommen. Das *totale* Incognito muß aufgelöst werden – es sei denn, es wird von *beiden* Seiten (beiden Eltern) gewünscht. Dabei sei gewarnt vor dem Fallen in das andere Extrem, das derzeit voller Euphorie von manchen Adoptionsvermittlungsstellen praktiziert wird.

Adoption ist und bleibt für alle an ihr Beteiligten eine heikle Lösung sozialer (weniger individueller) Probleme. Der/dem einen wird etwas genommen, was sie/er vielleicht gerne behalten würde, aber nicht darf oder nicht kann. Der/dem Zweiten wird etwas gegeben, was sie/er lieber aus anderer – nämlich biologisch eigener – Quelle hätte, so daß sich in sehr vielen (nicht allen!) Fällen eine problematische Ersatzsituation ergibt. Der/die Dritte, um den/die sich eigentlich alles dreht, wird vorher nicht gefragt (weil noch zu klein) und nachher oft nicht ausreichend informiert!

So entstehen bei allen drei Beteiligten Gefühle des Unbefriedigtseins, des Nichtgenügens: „Ich bin schlecht, weil ich mein Kind nicht selber aufziehen kann." „Ich bin minderwertig, weil ich nicht in der Lage bin, selber ein Kind zu zeigen bzw. auszutragen." „Ich bin nichts wert – hätte man mich sonst einfach fortgegeben?"

Diese Verletzungen, unter denen die meisten Betroffenen – wie wir heute wissen – oft ihr ganzes Leben lang leiden, können gemildert (nicht aufgegeben) werden, indem alle Beteiligten näher zusammenrücken, in Kontakt treten und bleiben und sich bei Wunsch und Bedarf austauschen. *Das Ganze aber muß zum Schutz aller (!) unter strikter Wahrung des Incognitos erfolgen.*

Das könnte bedeuten, daß leibliche Mütter/leibliche Eltern und Adoptivbewerber sich ohne Namens- und Adreßnennung auf neutralem Boden kennenlernen. Die potentiell abgebende Mutter darf sich dabei diejenigen Eltern aussuchen, die es sich nach allen Vorweginformationen für ihr Kind wünscht. Sie selber wird nach vielfachen Erfahrungen später immer das Gefühl haben, für das Kind *selber* das Beste ausgesucht zu haben, ihm *selber* neue Eltern gegeben zu haben und diese unendlich schwere Entscheidung nicht wildfremden Menschen überlassen zu haben. Sie ist auf diese Art aktiv Beteiligte und nicht wie bisher passiv Duldende.

Vielen Adoptivbewerbern mißfällt dieser Gedanke ganz außerordentlich. Sie haben in der Regel die ganze Maschinerie einer oder vieler Vermittlungsstellen durchlaufen, wurden „ausgewählt" und wollen nun endlich für ihr langes Warten mit einem Kind „belohnt" werden. Sie wollen sich nicht noch einer Auswahl stellen – und schon gar nicht *dieser*! Viele Adoptiveltern haben oberflächlich Angst um ihr Incognito, viele aber auch davor, daß die leibliche Mutter, die ihnen als potente, als gebärfähige ohnehin Wesentliches voraus hat, den Stab als Eltern über sie brechen könnte, indem sie sich gegen sie entscheidet. Eine neutrale, professionelle Entscheidungsinstanz wird von den meisten eher akzeptiert – auch wenn der Bescheid zunächst negativ ausfällt.

Sagt eine Mutter „nein" (was sie nicht zu begründen braucht!), dann ist das Urteil ungleich vernichtender: So nahe vor dem Ziel und so verletzend, weil scheinbar eine weitere Befähigung zum Elternsein abgesprochen wird. Es gibt allerdings immer noch Adoptivbewerber, die aufgrund ihrer (bewußt oder unbewußt) stark ablehnenden Haltung abgebenden Müttern gegenüber diesen Frauen schlicht das Recht absprechen, die Auswahlentscheidung selber treffen zu dürfen: „Von so einer laß ich mir nicht sagen, ob ich ihr Kind großziehen kann oder nicht." Doch wird keine Adoption gelingen, die unter massiven Selbstwertstörungen, die aus einer solch durchaus verbreiteten Einstellung sprechen, und solcher Vorurteile zustandekommt. Nur Adoptivbewerber, die aus vollem Herzen und mit Verständnis der abgebenden Mutter gegenüber dieses Verfahren akzeptieren können, sind auch den weiteren emotionalen und sozialen Stürmen auf Dauer gewachsen, die eine Adoption mit sich bringt.

Hat die Mutter sich für die Bewerber und diese sich für das entsprechende Kind entschieden, wird mit Hilfe der Adoptionsvermittlerin vereinbart, wie in der Zukunft miteinander Kontakt gehalten werden kann. Es bieten sich dafür Gemeindepfarrer an, zuverlässige Freunde und Verwandte, eventuell die Vermittlungsstelle selber, wobei sichergestellt werden muß, daß auch bei Personalwechsel das Austauschsystem nahtlos funktioniert. *Nachnamen und Adresse der Adoptiveltern sollten der Mutter unbekannt bleiben – auch zum eigenen Schutz!* Ein beiderseitiges Incognito kann es ohnehin nicht geben, weil den Adoptiveltern alle Unterlagen des Kindes, wie Geburtsurkunde, Taufschein, Impfbuch usw. mitgegeben werden müssen, aus denen sich auch die leiblichen Eltern, zumindest aber die leibliche Mutter ergibt. In den folgenden Jahren sollten sich beide Elternpaare des Kindes wegen um Kontakterhaltung bemühen – je nach Wunsch und Bedarf der von der Adoption Betroffenen. Dazu gehören der Austausch von Informationen übereinander und über das Kind, der Austausch von Photos, die „Berichterstattung" an die Mutter über das Ergehen, die Entwicklung, die Fortschritte des Kindes – über ein Allgemeinwissen hinausgehend („als einziges habe ich erfahren, daß mein Sohn eingeschult wurde. Das konnte ich mir auch von alleine denken – schließlich ist er sechseinhalb Jahre alt!" – Eine solche Information reicht nicht aus. Sie verletzt sogar zusätzlich).

Der Informationsfluß dabei ist aber nicht nur einspurig. Auch die Mutter schreibt von ihrem Leben, ihren Veränderungen (z. B. Heirat, Ortswechsel, gesundheitlichem Ergehen ...) und bleibt so für Adoptiveltern und Kind vorstellbar und lebendig. Nachträglich kann sie auch noch Auskünfte z. B. über eigene Krankheiten, Erbkrankheiten in der Familie oder über andere Besonderheiten aus der Vergangenheit des Kindes berichten, wenn dazu Fragen auftauchen. Häufig dienen derartige Hinweise einer schnelleren und sicheren Diagnose, während bei völlig unbekannter Familienanamnese nicht selten lange im Dunkeln herumdiagnostiziert werden muß!

Nur Adoptiveltern, die ihr Kind über seinen Adoptionsstatus *nicht* aufklären wollen, werden ein solches Verfahren zu vermeiden suchen oder sich einige Zeit nach Erhalt des Kindes nicht mehr an die Vereinbarungen halten. Für den Fall, daß Adoptiveltern ihren Kindern frühzeitig die Wahrheit über ihre Herkunft sagen und bereit sind, in eine „lebenslange" Auseinandersetzung sowohl im positiven wie auch im negativen Sinne mit ihnen zu treten, wird ein (teilanonymer) Kontakt zur Mutter nur von Vorteil sein. Da das Kind früh weiß, daß woanders noch eine weitere Mutter existiert, wird es auch laufend Nachrichten von ihr empfangen können. Eine permanente Irritation ist dann nicht zu befürchten, wenn die Eltern die Briefe selber als eine Selbstverständlichkeit ansehen, wenn sie sich jeweils freuen, von der Mutter ihres Kindes zu hören und wenn sie mitschwingend Anteil nehmen an deren Leben. Unter diesen Umständen können sie auch das Kind Anteil nehmen lassen und ihm sagen, daß es nach Volljährigkeit seine Mutter kennenlernen kann, wenn es das möchte!

Einen großen organisatorischen Vorteil – neben einer Anzahl mitmenschlicher – hat dieses Verfahren: Eltern und Mutter wissen sich zu finden, wenn das Kind nach Vollednung des 18. Lebensjahres die Kontaktaufnahme zur leiblichen Mutter anstrebt. Es entfällt die langwierige Einschaltung von Meldebehörden, Jugendämtern und Vormundschaftsgerichten und somit auch die ganz individuelle Entscheidung des einzelnen Beamten oder Vermittlers, ob er die Suche bejaht oder verneint, ob er sie gut findet oder nicht – und sich entsprechend verhält. Es entfällt die Einschaltung von teuren Dedekteien und die Angst vor immer wiederkehrenden Enttäuschungen, wenn noch und noch keine Spur gefunden wurde. Es entfällt auch die angstvolle Annäherung: Wird sie mich sehen wollen? Werde ich abgelehnt? Was werde ich vorfinden? Werde ich vor Entsetzen in ein tiefes, schwarzes Loch fallen oder werde ich angenommen werden? Diese Fragen beschäftigen beide Seiten: sowohl das Kind als auch die Mutter.

Manchmal auch ganz konkret:

- Geht meine Mutter auf den Strich?
- Ist sie Alkoholikerin geworden?
- Wohnt sie im Obdach unter schlechten Lebensbedingungen?
- Ist sie verheiratet, hat weitere Kinder und will von mir nichts wissen?
- Ist aus meinem Sohn etwas geworden, kann ich „Ja" zu seiner Entwicklung und damit zu meiner damaligen Entscheidung sagen?

Diese quälenden Fragen fallen fort, wenn über alle Jahre der Adoption hin Offenheit zwischen den Partnern herrschte. Die psychische „Arbeit" der gegenseitigen Annäherung ist auch dann noch schwer genug und kann manchmal nur mit Hilfe Unbeteiligter geleistet werden.

Das bedeutet: *Langfristig* muß es zu einer Öffnung der Adoption kommen, um spätere Suche und Kennenlernen zu erleichtern und um jahrelangen Ängsten und Unsicherheiten vorzubeugen.

Eine *kurzfristige* Hilfe, mit der einem Mißlingen vorgebeugt werden kann, sehe ich in der „Begleitung" der Suchenden, wenn diese gewünscht wird. Oft haben Adoptierte oder leibliche Mütter keinen Gesprächspartner und keinen Zuhörer, mit dem sie sich austauschen können über das, was sie planen. Durch das Gespräch werden die eigenen Gedanken „sortiert", werden Angst und Abwehr deutlicher, werden auch Widersprüche im eigenen Wollen und Handeln klarer.

Gleichzeitig kann eine Beratung aber auch kanalisieren: Will ich oder will ich (noch) nicht? Was hoffe, was befürchte, was erwarte ich? Warum suche ich überhaupt und was könnte mich ent-täuschen (d.h. täusche ich mich in irgendeinem Punkt oder bin ich getäuscht worden?). Daß diese Hilfe kein „Ausfragen" und auch kein Abfragen von Motiven sein darf, ist selbstredend. Der Helfer hat kein Recht, hineinzureden, abzuhalten, Motive „kritisch zu hinterfragen", auszureden ... Er kann Erkenntnisse leiten – und er muß ein ruhiger, geduldiger, mitschwingender Gesprächspartner sein.

In einigen wenigen Fällen wird es sich ergeben, aus längerer Beratungserfahrung heraus wirklich auch einmal Rat zu erteilen (dessen Annahme selbstverständlich dem Klienten offensteht, ohne daß die beratende Beziehung dadurch verändert wird!).

Ich denke an eine Situation, wo ich – entgegen meiner sonstigen Arbeitsmethodik – einmal gesagt habe: „Das würde ich nicht tun":

Eine Mutter hatte gerade Nachricht bekommen, daß ihr Sohn in den USA gefunden worden ist. Sie hatte außer der Adresse und dem Hinweis, daß er verheiratet sei und zwei Kinder habe, nichts erfahren – noch nicht einmal, ob er von der Suche der Mutter unterrichtet worden war. Sie wollte – voll überschäumender Freude – sofort ein Flugticket bestellen und zu ihm fliegen!

Meine „Warnung" entsprang einem „Fall", von dem ich kurze Zeit vorher gehört hatte: Da war die Mutter mitsamt Ehemann, der aber nicht mit dem Vater des Sohnes identisch war, spontan in die USA aufgebrochen und hatte sich – damit die lange, teure Anreise auch lohnte – gleich für mehrere Wochen beim wiedergefundenen Sohn eingenistet. Es soll die schiere Katastrophe gewesen sein!

Mein generelles Raten – wenn mich jemand um Rat fragt – ist immer zu Vorsicht, Ruhe, Gemächlichkeit – „nichts überstürzen!" Was 20, 30 Jahre getrennt war und ausgehalten werden mußte, kann jetzt auch noch ein paar Wochen des langsamen Aufeinanderzugehens warten! (Ausnahme: der Gefundene ist schwer krank, liegt im Sterben oder ähnliches!)

Ich gebe zu, daß ich diesen „Rat" schon öfter erteilt habe – und daß er gelegentlich auch angenommen wurde. Letztlich ist der Betroffene „Herr oder Herrin des Verfahrens" und er/sie muß der eigenen Entscheidung folgen – manchmal eben dann auch mit schwerwiegenden Folgen!

„Vormundschaftsbehörde Chur. Ein Mann von hervorragender Unfreundlichkeit empfing mich ... Danach fragte mich dieser Dummkopf, warum ich denn überhaupt den Namen meiner leiblichen Mutter wissen wolle, ob ich plausible Gründe hätte! ... Ich bekam den Auftrag, meine Gründe schriftlich zu formulieren, um belegen zu können, daß sie wirklich ernsthaft seien ..."

„Wenn mir noch einmal jemand die Frage stellen würde, was ich denn eigentlich wolle mit meiner Suche, wäre die Antwort: Gerechtigkeit. Gerechtigkeit für jene, die sich aus einer gesetzlichen Möglichkeit heraus nie rechtfertigen konnten." (Marisa Mastel, S. 169 f.).

„Mein Gott, was hatte ich mir eigentlich vorgestellt, als ich meine Mutter suchte? Vor lauter Suche habe ich wohl vergessen, daß dann erst recht wieder etwas Neues beginnt – ein Prozeß, ein Fortschreiten auf der Suche nach sich selbst. Mit Ausruhen gibt es wohl nichts ..."

Zwei Mütter

Erschreckend viele Adoptierte berichten von ihren Adoptivmüttern als kalte, herrische und dominierende Frauen. Die dazugehörigen Väter werden als liebevoll, weich, zärtlich, unter dem Pantoffel stehend, sich zuwendend geschildert. Selbst wenn ich die betreffenden Mütter persönlich kennenlernte, reichte die Zeit meist nicht aus, daß ich mir dazu hätte ein Urteil bilden können.

Es gibt eine Reihe Erklärungen für diese Tatsache, die eventuell auch miteinander zu tun haben, sich untereinander bedingen können.

Möglich ist, daß Adoptierte den Begriff „Mutter" mit übermäßig viel Wärme, Liebe, Zärtlichkeit, mit einer unaufhörlichen Hingabebereitschaft assoziieren (oder sich solche Mütter wünschten?) – Eigenschaften, die keine auch noch so gute Mutter unentwegt an den Tag zu legen in der Lage ist. Sie muß als wirklich gute Mutter auch „nein" sagen können, verbieten, zum Verzicht auffordern, sie wird auch schimpfen (weil auch eine gute Mutter nur ein Mensch ist!), sie wird versagen und oft auch verzagen. Sie wird ungerecht sein und ab und zu die ganze Sippe zum Teufel wünschen.

Es gibt keine Untersuchungen, aus denen hervorgeht, welche Erwartungen Kinder an eine „gute Mutter" haben und welche Erziehungsmaßnahmen oder Abgrenzungen der Mutter sie als Härte, Egoismus oder Kälte bezeichnen würden. Insofern kann die Behauptung der „harten Mutter" auch nur als Tatsache, als *erlebter* Hintergrund stehen bleiben.

Vielleicht suchen Adoptierte aber vor allem dann nach ihrer leiblichen Mutter, nach *der* Mutter, wenn sie von einer kalten, harten Frau aufgezogen wurden – mehr auf der Suche nach der Mütterlichkeit als nach der eigentlichen biologischen Mutterfigur.

Möglicherweise sind manche Adoptivmütter aber auch kälter, härter und frustrierender, weil sie selber frustriert sind in ihrer biologischen Kinderlosigkeit. Der Adoption sind in den meisten Fällen lange Jahre des Wartens, vielfältige Untersuchungen, medizinische Behandlungen, sowie Ehekrisen und schmerzliche Auseinandersetzungen vorausgegangen. Die hochnotpeinliche Überprüfung durch die Vermittlungsstellen reißen alte Wunden immer erneut auf und wenn dann das Adoptivkind kommt, erweist es sich selten als der Erlöser aus den Schmerzen der Kinderlosigkeit.

Diese bleibt nämlich erhalten – mit der Adoption wurde nur das Symptom kuriert, nicht jedoch die Ursache. Je nach Reflektions- und Verarbeitungsmöglichkeit kann die Anwesenheit des Adoptivkindes sogar ins Gegenteil ausschlagen. Es ist nicht das Gefühl „endlich ein Kind", sondern es ist die ständige Erinnerung daran, daß es ja „eigentlich" lieber ein leibliches Kind hätte sein sollen, eine Erinnerung an eigene Unfähigkeit oder an die Unfruchtbarkeit der Ehe.

Eine weitere Erklärung findet sich in den Aussagen der Psychosomatik, die sich bei diesem Thema auf die Psychoanalyse bezieht. Ich zitiere eine Psychoanalytikerin, die ein sehr humorvolles Buch als „Handbuch für Kinder mit schwierigen Eltern" geschrieben hat. Ihre Schilderungen der unfruchtbaren Eltern findet Parallelen in vielen wissenschaftlichen Schriften zur ungewollten Kinderlosigkeit:

„Adoptierte Eltern sind immer ein Problem, denn sie haben in einer traumatischen Situation gelebt oder befinden sich noch darin.

Manche Eltern werden unbewohnbar, oder ihre Möglichkeiten der Empfängnis sind in hohem Maße gefährdet. Ein Unfall oder eine Krankheit können ebensogut die Ursache sein wie ein Nicht-Wollen, das dermaßen maskiert ist, daß sie selber außerstande sind, es zu identifizieren. Diese Unbewohnbarkeit verursacht ihnen oft ein sehr schmerzhaftes Gefühl von Minderwertigkeit und Verlassenheit. Manche von ihnen reagieren darauf mit dem Wunsch, sich adoptieren zu lassen ...

Manche adoptierten Eltern fühlen sich in dieser Situation dermaßen schuldig und herabgesetzt, daß sie dazu übergehen, die Realität zu verleugnen. Sie handeln und reden, als ob sie nicht wüßten, daß sie adoptiert worden sind. Gewiß, im Grunde ihres Herzens können sie die Tatsache nicht verleugnen. Die Erinnerung an all die Schritte, die sie unternommen haben, um sich adoptieren zu lassen, sie läßt sich nicht vollständig verdrängen. Es obliegt also dem Kind, sie ganz langsam dahin zu führen, daß sie ihre Erinnerungen wiederfinden ...

Trotz aller Vorsichtsmaßnahmen zum Zeitpunkt der Adoption und trotz aller therapeutischen Anstrengungen kommt es vor, daß adoptierte Väter und Mütter sich als unheilbar erweisen. Sie empfinden eine solche Unfähigkeit, sich in die ihnen angebotene Familie zu integrieren, daß sie sich nicht entspannen, sondern statt dessen zunehmend den Kopf verlieren. Sie werden anspruchsvoll und überkritisch gegenüber dem Kind; denn sie versuchen sich selbst zu entschuldigen, indem sie ihre Selbstvorwürfe auf das Kind projizieren. Ihr untergründiges Nicht-Wollen gewinnt die Oberhand, und ihr Haus wird Schritt für Schritt genauso ungastlich wie ihr Körper." (Van den Brouck 1981, S. 37f.)

In der kritischen Adoptionsvermittlerpraxis werden diese Inhalte schon lange zusammengefaßt in Aussagen wie: „Die Natur hat es schon so eingerichtet, daß manche Frauen keine Kinder bekommen können. Man sollte ihr nicht ins Handwerk pfuschen!"

An die unter diesen Umständen gesuchte leibliche Mutter werden nicht selten entsprechend hohe Anforderungen gestellt. Im Gegensatz (!) zur kühlen Adoptivmutter soll sie herzlich, warm, zugewandt, zärtlich, liebevoll und stets aufmerksam sein – eben *die* Mutter schlechthin!

Gleichzeitig haben viele Adoptierte neben diesen unermeßlich hohen Erwartungen aber auch Ängste davor, daß sie nicht so sein könnte. Für den Extremfall wird befürchtet, daß sie sogar so abweisend ist, daß sie ein Kennenlernen ablehnt oder es über das erste Treffen zu keinem weiteren kommen lassen will. Diese Angst hat viele Wurzeln. Sie ist das Ergebnis der (unbewußten?) Übererwartung an eine Übermutter, die es so nicht geben kann. Das Bewußtsein „weiß" das sehr wohl, das Unbewußte wünscht sich diese Übermutter in seiner Not aber herbei.

Ein weiterer Grund ist die Erfahrung, einmal fortgegeben worden zu sein. Auch wenn der Adoptierte die Freigabegründe kennt, ist er dennoch oft der Überzeugung, daß eine Mutter, die ihr Kind wirklich liebt, dieses nie und unter keinen Umständen fortgebe. Da sie aber diesen Schritt getan hat, *kann* sie keine gute Mutter sein, *kann* nicht wirklich warmherzig und mütterlich-liebevoll sein, *kann* unmöglich die Forderungen nach Muttersein erfüllen.

Diese ambivalenten Gefühle führen in der Auseinandersetzung mit der Frage, ob die Mutter gesucht werden soll oder nicht, zu geradezu unerträglichen Spannungen beim Adoptierten – und nicht selten bei einem der ersten Zusammentreffen zu aggressiven Szenen, die von der „gefundenen" Mutter nicht richtig gedeutet werden *können*, wenn sie darauf nicht vorbereitet ist/wurde.

Besonders problematisch wird diese Konstellation, wenn auch die Mutter die Adoptionsfreigabe nie verwunden hat, wenn sie 15, 20, 30 Jahre lang in Hoffnung lebte auf ein Wiedersehen, das ihr Entlastung erteilt, ihre Sehnsucht stillt, ihre Schuldgefühle mindert, ihre Verlassenheitsängste aufhebt.

Auch wenn die Adoption von außen noch so erzwungen war, hat jede abgebende Mutter große Schuldgefühle. Sie sind gepaart mit der Angst vor der Verurteilung. Diese Angst ist nicht unbegründet: Wagen Frauen je über die Freigabeentscheidung zu sprechen, erleben sie mit wenigen Ausnahmen massive Ablehnungen und Verurteilungen. „Rabenmutter" ist noch der mildeste Ausdruck. Sie seien nicht nur keine Mutter, sondern nicht einmal eine richtige Frau, sowas wie sie dürfte nie ein Kind gehabt haben und sie solle nie wieder eines bekommen. Das ist dann bei rund 15 Prozent von ihnen auch tragischerweise der Fall. Sie „wissen", daß sie an einem bestimmten Punkt im Leben „versagt" haben. Sie „wissen", daß sie dafür bestraft werden müßten und sie fürchten über Jahrzehnte diese Strafe von ihrem Kind, das eines Tages mit ihnen abrechnen wird.

Gleichzeitig *hoffen* sie das Gegenteil. Sie hoffen auf Verzeihung, sie hoffen, daß sie alles in Ruhe erklären dürfen und verstanden werden. Sie hoffen, ihr Kind (!) wieder zu bekommen – und diese Hoffnungen sind es, die bei den Müttern eine geradezu tragische Trennung zwischen Verstand und Gefühl zeigen.

Sie wissen: „Mein Sohn ist jetzt 21 Jahre alt", aber in ihrer Erinnerung, die das ganze Fühlen bestimmt, ist er sechs Wochen alt, und sie halten ihn im Arm. An *diesem* Punkt – am Zeitpunkt der Fortgabe oder Fortnahme, des Verlustes – will das *Gefühl* wieder anknüpfen – auch wenn der Verstand sagt: Er wird 1,80 m groß sein und so aussehen wie sein Vater damals mit 21.

Das erste Wiedersehen ist für die abgebenden Mütter unter diesem Aspekt häufig ein regelrechter Schock. Sie stehen ihrem Kind gegenüber, das sie rund und rosig und niedlich in hellblau gekleidet in Erinnerung haben, von dem nur Bilder aus diesem Alter für sie existieren ... und da steht ein Mann vor ihnen (oder eine Frau): groß, stark, sportlich, vielleicht selber schon mit Kind, mit tiefer Stimme ... und alles andere als das Baby, nach dem sie sich nach der Trennung gesehnt haben!

Dieses einschneidende Erlebnis, das die Beziehung zwischen Mutter und erwachsenem Kind über die nächsten Jahre hin prägen kann, *muß* besprochen, vorbereitet und lange nachbereitet werden. Herz und Hirn brauchen nach meinen Erfahrungen mit abgebenden Müttern, die ihre Kinder wiedergefunden haben, sehr lange Zeit – oft Jahre! – bis zu einer Übereinstimmung von Gefühl, Wunsch, Erfahrung und Realität kommt.

Zwei Mütter und doch keine

● Sybille war 14, als sie es zuhause nicht mehr aushielt. Ihr Unbehagen war wesentlich stärker als das, das Pubertierende schlechthin in diesem Alter haben, wenn sie an Eltern und Elternhaus denken. „Bei uns stimmte etwas in der Familie nicht. Ich wußte nie, was es war, aber ich wußte immer, daß es mit mir zusammenhing", schrieb sie mir, als sie 16 Jahre alt war.

Sie lief fort und wurde von der Polizei zurückgebracht. Sie lief erneut fort und beging einen Selbstmordversuch. Die Eltern vertuschten ihn. Erst beim zweiten Selbstmordversuch wurde sie stationär in die Kinder- und Jugendpsychiatrie aufgenommen. Dort tat ein junger Arzt das, was die Eltern nicht geschafft hatten: Er klärte Sybille darüber auf, daß sie adoptiert war. „Nur adoptiert", sagte sie immer! Als sie aus dem Krankenhaus zurückkam, war alles anders. Die Adoptivmutter hatte wieder begonnen zu arbeiten, hatte keine Zeit mehr für die Tochter, hatte den Graben, der zwischen ihnen lag, noch breiter gezogen.

Daraufhin beschloß Sybille, sich eine andere Mutter zu suchen: Ihre leibliche. Sie ging sehr gezielt vor, fragte sich beim früheren Hauswirt klug, erfuhr eine alte Arbeitsadresse der Mutter, dort die nächste und zuguterletzt die aktuelle. Sybille war geschockt – ihre Mutter war „nur" Serviererin. Sybille beobachtete sie einige Zeit – und gab sich dann eines Tages zu erkennen. Was sie erwartet hatte, war klar: die Mutter schlechthin! Sie wollte das, was sie nie hatte: Zärtlichkeit, Zuwendung, Wärme. Sie wollte nachholen. Dazu war diese verhärmte, abgearbeitete Frau, Mutter von insgesamt sechs Kindern aber nicht mehr in der Lage. Sie versorgte sich und einen Teil der Kinder durch Schichtarbeit in einer Gaststätte, manchmal ging sie noch zusätzlich putzen, weil das Geld nicht reichte.

Sie freute sich über das Erscheinen der Tochter, sie machte mit ihr Treffen aus. Es kam zu langen Unterhaltungen. Die Mutter litt darunter, daß die Tochter „es nicht so gut angetroffen" hatte. Sie zweigte von ihrem kargen Verdienst für die Tochter ein Zusatz-Taschengeld ab. Sie bemühte sich – aber sie war nicht die herzliche, warme, knuddelige Mutter, die Sybille sich so herbeisehnte.

Das war die erste große Enttäuschung. Die zweite kam, als die Mutter sie in ihren Freundes- und Bekanntenkreis mitnahm. Sybille wurde zuvor instruiert: Sie dürfe nichts von der Adoption sagen. Sie solle so tun, als sei sie eine junge Kollegin aus der Gaststätte. Niemand wisse von der Freigabe, auch ihre weiteren Kinder nicht!

Für Sybille brach alles zusammen. Sie war zutiefst enttäuscht. Sie überlegte erneut einen Selbstmord(versuch), sie war plötzlich aus allen Illusionen gerissen worden. Kurze Zeit zuvor hatte sie eine ähnliche Situation mit ihrer Adoptivmutter erlebt, die sie in die neue Firma mitnahm. Sie stellte die Adoptivtochter dort als „meine Nichte" vor – und begründete der Tochter gegenüber diese Lüge mit dem Alter: Die Kollegen sollten nicht wissen, daß sie schon eine so alte Tochter habe! Hätte sie die Wahrheit gesagt – es ist meine Adoptivtochter – dann hätte sie zumindest die Lebensalterslüge aufrechterhalten können. So mußte sie doppelt lügen.

Sybille hatte diesem Ereignis nicht so viel Wert beigemessen damals. Es kam ihr erst wieder in den Sinn, als die leibliche Mutter ebenfalls die Mutterschaft verleugnete. Ihr Fazit: „Da habe ich nun zwei Mütter und dabei habe ich keine!"

Mit allen Höhen und Tiefen

● Von Barbaras Existenz wußte ich schon lange, bevor wir je miteinander in Kontakt traten. Sie hatte in einer Zeitschrift in stilistisch hervoragender Form einen Bericht über ihre eigenen Adoptionserfahrungen geschrieben: spritzig, gewandt, faszinierend ...

Nach einer Fernsehdiskussion, an der ich teilgenommen hatte, schrieb sie mir, und so bekamen wir einen (postalischen) Kontakt, der sich über zwei Jahre erstreckte und die Hochs und Tiefs ihrer Suche nach der Mutter einschloß.

Sie will sich gerne an meiner Suche-Arbeit beteiligen und schreibt dafür einen Bericht, den sie „Fundgrube" nennt. Die „Fundgrube" enthält erste Versuche, sich „der Wahrheit" zu nähern: „Ein sehr ernstes Motiv für meine Suche ist die Hintergrundgeschichte." Vieles in dieser Geschichte „schmeckt nach Roman", schreibt sie und beschreibt Einzelheiten, die ihr bekannt sind und die sie mit Phantasien zu einem Ganzbild-Puzzle zusammenfügt. Der Bericht endet mit dem Vorsatz, jetzt aktiv zu werden.

„Ich bin sicher, mit dieser unmittelbaren Aktion meiner Mutter sehr schnell sehr nahe zu kommen ... Erst dann entscheide ich, was ich will und ob ich will. Dabei verlasse ich mich auf meine gute Intuition.

Aber ich fürchte mich – voller Vorfreude!"

Dann geht alles sehr schnell: Der Gemeindepfarrer hat vermittelt. Die Mutter schreibt ein erstes Mal. Und sie unterschreibt: „... und freue mich unendlich über meine Tochter ..."

Was dann in schneller Abfolge geschieht, beschreibt Barbara in einer zweiten, teils gekürzten, teils ums Aktuelle ergänzten „Fundgrube". Nie hat eine Adoptierte Goethes „Himmelhoch jauchzend – zu Tode betrübt ..." besser beschrieben. Nie wurden emotionale Höhen und Tiefen beim Suchen und Finden eindringlicher geschildert! Nie ist deutlicher geworden, wie übergroße Freude in die tiefe Krise abstürzt ... und wie diese schließlich bewältigt werden kann.

Weil diese Geschichte viele Betroffene ermutigen kann, „trotz allem weiterzumachen", schildere ich sie hier so ausführlich.

Teil 1
Meine Mutter und mein Vater, die mich im Alter von anderthalb Jahren adoptierten, sind tot.

Aber sie leben in mir, heftig und immer noch voller Ansprüche.

Doch sie sind nicht die einzigen Eltern. Meine leibliche Mutter und der Vater können noch leben. Mitte Sechzig wäre sie jetzt. Über den Vater liegen mir keine Informationen vor. Der Gedanke, diese beiden Menschen aufzuspüren, drängt sich seit ein paar Jahren gelegentlich auf, quält aber nicht. Geduld ist Voraussetzung für die Suche, wie ich inzwischen weiß. Dahinter flackert ein altes Wünschen, in der Begegnung mit den leiblichen Eltern das angespannte Verhältnis zu den Adoptiveltern korrigieren zu können. Bedingungslose Annahme meiner Person und Eigenarten wäre Sensation, Erlösung, Glück und bleibt dennoch kaum vorstellbar in der Realität.

Ich bin 42 Jahre alt, und die Motive für meine bisherigen Unternehmungen sind ein buntes Gemisch aus Neugierde, phantasiebedingtem Nervenkitzel, Spuren von Sentimentalität, kurzfristigem Selbstmitleid, Anflügen von Wut mit der Frage „Warum?" schwachbrüstiger Selbstsicherheit und blankem Ordnungssinn. Ich unterscheide übermütig-positive Phantasien, leichtes Fürchten vor dem berühmten „Wespen-Nest" und pure Albernheit, mit der ich meine Freunde amüsiere.

Die *positiven Wunsch-Phantasien* zielen auf zwei Situationen. Meine leibliche Mutter hat kurz nach meiner Geburt geheiratet. Das ist ohne Namensangabe belegt. Sie könnte weitere Kinder bekommen haben. Sie könnte eine selbstbewußte, vielseitig engagierte Frau geworden sein, die ihre damalige Entscheidung klug und sensibel zu erläutern weiß. Ihre Kinder und sie sind sympathisch, kreativ, körperlich und geistig rege und gesund. Alle freuen sich, mich kennenzulernen und nehmen mich freundlich an. Wir bleiben in Verbindung. Im Lauf der Zeit entstehen herzliche Gefühle.

Der Vater, vor Jahrzehnten von meinem leiblichen Großvater

möglicherweise vertrieben oder seinerseits gebunden und entsprechend entsetzt über die Schwangerschaft, mag sich derzeit geschickt entfernt haben. Die Phantasie schildert ihn als einen gut aussehenden charmanten Mann mit unkonventionellem Gedankengut, der sich nicht binden läßt. Im Berufsleben hat er vieles – häufig mit Erfolg – ausprobiert. Er ist ein inzwischen ausgeglichener, besonnen wirkender Mann, ein Individualist, der seinen Weg gefunden hat. Mit seinem Eigensinn schadet er anderen Menschen nicht mehr. Er freut sich, daß ich ihn gefunden habe.

Im *„Wespen-Nest"* sieht es schlimm aus. Meine Mutter ist unglücklich. Nach einer stumpfsinnigen Ehe mit einem Bergbau-Arbeiter, aus der vier Kinder hervorgegangen sind, lebt sie nun allein. Ihr Mann ist an einer Lungenkrankheit gestorben – die Rente mager. Ihre Kinder haben teilweise geheiratet, leben aber in wirtschaftlich ungesicherten Verhältnissen. Meine Mutter träumt vor dem laufenden TV-Gerät von einem Lotto-Gewinn und ist entsetzt, daß ich sie gefunden habe. Über meinen Erzeuger redet sie nicht, deutet aber an, daß er indirekt an ihrer Misere schuld sei. Sie duldet verärgert meine gelegentlichen Anrufe. – Vor drei Jahren fing es an. Ich suchte in einem Verbandsverzeichnis nach einem Verein für Adoptierte, den es nicht gibt. Ich rief den Bundesverband für Adoptiveltern an und führte ein ausführliches Gespräch mit der Vorsitzenden. Sie regte an, daß ich einen Bericht über meine Erfahrungen als Adoptierte schreiben soll. Dieser Bericht ist mit dem Titel „Kuckuckskind" in der Verbandszeitung erschienen.

Im Verlauf der nächsten drei Jahre wandte ich mich schriftlich oder telefonisch im Geburtsort meiner leiblichen Mutter an die Stadtverwaltung, das Einwohnermelde-Amt, die Berufsschulen, die Ärztekammer, die Pfarrei in meinem Geburtsort, an „mein" Waisenhaus und drei andere Heime, in denen ich untergebracht war sowie div. Privatpersonen. Meine Anfragen wurden mit unterschiedlichem Entgegenkommen, meist freundlich, aber immer negativ beantwortet. Meine Adoption fiel unter die tabuorientierte Gesetzgebung, so daß meine leibliche Mutter in ihrer Anonymität geschützt blieb und meine Adoptiveltern vor möglichen Nachforschungen durch die leibliche Mutter. Mir liegen Unterlagen vor, denen ich Name, Alter, Beruf und die frühere Adresse meiner Mutter vor ihrer Heirat entnehme. Jetzt will ich nach S. fahren zu der angegebenen Adresse und die Bewohner befragen. Ich werde mit Herzklopfen und Ohnmachtsängsten an den Türen schellen und bin sicher, mit dieser unmittelbaren Aktion meiner Mutter sehr rasch sehr nahe zu kommen. In diesem Fall werde ich meine Gefühle und Wünsche noch einmal prüfen müssen. Erst dann entscheide ich, was ich will und ob ich will. Dabei verlasse ich mich auf meine Intuition. Aber ich fürchte mich – voller Vorfreude.

Teil 2 3 Monate später

Ich habe nicht an den Türen geschellt. Ich mußte nicht meine Intuition befragen, ob ich sie endgültig finden will, aber sie ist da. Steckt in meinen Gedanken und Gefühlen. Macht mich böse mit ihrem Schweigen, nachdem sie zwei Briefe geschrieben und mich einmal angerufen hat. Der Reihe nach.

Im Dezember dachte ich wieder einmal daran, die Suche fortzusetzen. Ich suchte auf der Stadtkarte die Kirche heraus, die dem früheren Elternhaus meiner Mutter am nächsten liegt. Den Pfarrer bat ich lediglich um Mitteilung, ob die Familie zu der Pfarrei gehört habe. Meine Geburtsurkunde mit Angabe der damaligen Adresse meiner Mutter legte ich bei ohne weiteren Auftrag. Nach drei Monaten Wartezeit bat ich in einem Kurzbrief um Rückgabe der Urkunde in der Annahme, daß sie zu einer Aktenleiche geworden ist.

Das Kirchenamt schickte die Unterlage zurück und bat gleichzeitig „um noch etwas Geduld". Ich dachte mir noch nichts dabei. Nach weiteren zwei Monaten erhielt ich einen knappen freundlichen Brief des Pfarrers, der lapidar mitteilte: „Mittlerweile habe ich Ihre leibliche Mutter gefunden und auch schon ein längeres gutes Gespräch mit ihr geführt-" Was tut ein Mensch, dem der Atem stockt, das Herz stehenbleibt, die Spucke wegbleibt, der aufschreien, losheulen, lachen und tanzen will? Nun, er tut das alles auf einmal und immer wieder. Das laute Herzklopfen hört den ganzen Tag über nicht auf. Das Zittern läßt nach zwei Stunden allmählich nach. Ich bin außer mir, falle am Ende dieses glücklichen Tages erschöpft und selig in mein Bett und schlafe traumlos. SIE reagiert sofort. Ihr erster Brief ist zwei Tage nach der Mitteilung in meiner Post: „Was ich nie im Leben für möglich gehalten hätte, hat sich nun erfüllt: ich habe Dich wieder. Daß Du es sein mußtest, die diesen Weg beschreitet, konnte nicht anders sein. Nie hätte ich gewagt, den Versuch zu machen." Und abschließend: „Ich grüße Dich ganz herzlich und freue mich unendlich über meine Tochter." – Ich finde keine Ruhe mehr, möchte ihr Blumen schicken, ein Inserat in die Zeitung setzen, dem engagierten Priester eine Kiste Wein schicken, mich selbst in Champagner baden. Aber, wer oder was freut sich so unbändig? Eine Vierzigerin jubelt, daß sie ein richtiges Kind von einer richtigen Menschen-Mutter ist, die mich verloren hat und selig ist, daß ich sie gefunden habe. So scheint es. Alle üblichen Befürchtungen sind wie weggeblasen. Egal, ob wir von Affen abstammen oder aus dem Wasser gewachsen sind. Am Ende dieser Kette stehen Menschen, und ich bin tatsächlich auch einer mit richtigen Wurzeln, mit einer Geschichte, die ich endlich hören will. Wie alle anderen kann ich endlich sagen „meine" Mutter. Ich antworte sofort. Brav lege ich ein Linienblatt unter das wertvolle Büttenpapier und achte darauf, daß die Ober- und Unterlängen meiner Buchstaben nicht über die Zeilen gehen. Eifrig berichte ich von mir und meinem Leben, trage den Brief wie ein zerbrechliches Gewicht zum Kasten, kehre zurück und verbringe den Nachmittag ganz gefangen in dem neuen Glücksgefühl. Drei Tage später ist ihre Antwort da. Wie schön, sie reagiert schnell und unkompliziert. Hier sind sie dann doch: Worte und Satzgebilde über Schuld, Gewissenskonflikt und die Bitte um Verzeihung. Daran hatte ich gar nicht gedacht. In den folgenden zwei Tagen arbeite ich stundenlang an dem zweiten Bericht und noch länger an der Zusammenstellung einer kleinen Fotomappe – mit ihrem Foto in der Hand. Das zeigt eine sympathisch wirkende ältere Frau mit ansprechendem Äußeren. Sie steht vor dem Hintergrund eines Gebirgsmassivs auf einer Brücke. Mit Halogenlampe und Lupe mache ich mich über das Gesichtchen her auf der Suche nach meinen eigenen Zügen. Aber das Bild ist zu winzig. Sie ist immer noch weit von mir entfernt. Zwei Fotos aus ihrer Wohnung (ohne Personen) zeigen, daß sie in „ordentlichen" Verhältnissen lebt. Gegen Abend bin ich dann so ernüchtert, daß ich dankbar mein Alltagsleben wieder aufnehme. Habe keine Wünsche mehr. Bin enttäuscht und weiß doch nicht genau, aus welchem Grund.

Der 18-Stunden-Brief nebst Foto-Mäppchen liegt absendebereit, als sie plötzlich anruft. Ihre Stimme rührt mich sofort. Sie klingt jung und mädchenhaft. Das Gebirgsfoto in meinem Kopf wird zum Negativ. Jetzt sehe ich eine junge dunkelhaarige Frau vor mir, mit der ich mich spontan solidarisch fühle und die ich umarmen möchte. Aber was redet sie da, nachdem sie fragte, ob sie mit ihren zwei Briefen etwas falsch gemacht haben könnte? Ich hatte innerhalb von drei Tagen noch nicht geantwortet, und jetzt will sie wissen, wo ich bleibe? Ich kann mein Glück kaum fassen, als ich endlich begreife, was sie noch dringender wissen will. Sie fragt, mit welchen Menschen von welchen Ämtern in ihrer Stadt ich gesprochen habe. „Wer weiß jetzt alles von der Sache?" Die Sache? Das klingt mir vertraut. Alte Peinlichkeiten, die nur mit meiner Herkunft in Verbindung gebracht wurden, rühren sich schmerzlich in mir. Meine Adoptiveltern oder andere Erzieher spielten gelegentlich mit der Phantasie und kamen zu dem Ergebnis: „daß man eben nicht wisse, was ‚drinsteckt.'" Daran erinnert mich der Hinweis auf „die Sache von damals", die schließlich ICH war. Mein Bewußtsein schärft sich mit Verspätung für diese Kränkung. Erst einmal gibt es was zu hören für mich. Nachdem meine Mutter ihre Besorgnis um den Ruf ihres Mannes zum Ausdruck gebracht hat, erzählt sie. Aber sie hat mir schon weh getan. „Wer weiß von der Sache?"

Aber sie erzählt, wie es ihr ergangen ist. Ich höre traurig und gespannt zu.

23 Jahre waren beide alt, als ich gezeugt wurde. zwei Tanzschüler waren sie. Als sie schwanger wird, läßt er wissen, daß er kurz vor der Heirat mit einer ebenfalls schwangeren Freundin steht. Von da an nimmt mein Großvater die Sache in die Hand. 64 Jahre alt, ein höherer Verwaltungsbeamter, besorgt um seinen Ruf, weiß er Rat. Im 4. oder 5. Schwangerschaftsmonat wird

meine Mutter nach W. evakuiert. Sie verbringt die Monate bis zur Geburt in völliger Isolation in einem Unfall-Krankenhaus. Dort bewohnt sie ein kleines Zimmer über der Toreinfahrt. Sie hört Tag und Nacht die Sirenen der Unfallwagen und die Schreie der Verletzten. Das Haus verläßt sie nicht, sieht aber manchmal verwundete Menschen am Eingang, einmal einen Mann mit gebrochenem Genick. Dieses Bild hat sie nie vergessen (ich wahrscheinlich auch nicht) Sie ist mit ihrer Enttäuschung, Verzweiflung und Angst allein. Nach der Geburt holt der grausame Großvater die Tochter zurück. Knapp zwei Jahre später heiratet sie. Sie durfte annehmen, daß ich von einer respektablen Familie adoptiert worden bin. Dafür hatte sich ihr Vater tatsächlich eingesetzt. Sie war entsetzt, als ich ihr sagte, daß ich noch anderthalb Jahre in Heimen untergebracht war. Nach 6 Jahren wurde der Sohn geboren. Er ist glücklich verheiratet und hat kleine Kinder. Er soll vorläufig nichts von mir erfahren, „damit unser gutes Verhältnis nicht gestört wird". Diese bürgerliche Idylle mag nun doch das befürchtete „Wespen-Nest" sein, denn nach dem 90-Minuten-Telefonat und den zwei Briefen inclusive Fotos habe ich nichts mehr von ihr gehört.

Ich bin zornig, tröste mich mit sarkastischem Geschwätz und „wegwerfenden" Gesten. Dankbar bin ich, adoptiert worden zu sein. Ich vermisse meine Eltern schmerzlich, die vor 12 bzw. 7 Jahren gestorben sind. Ich schreibe an meine tote Mutter und erzähle ihr, daß sie unsterblich ist ..."

So stehen sich nun Mutter und Tochter – über viele Kilometer ebenso angsterfüllt, wie enttäuscht, wie sehnsüchtig, wie verletzt gegenüber.

– Auf der mütterlichen Seite dominiert die Angst vor der Ent-Deckung: wie wird der Ehemann reagieren auf die Nachricht vom Vorleben seiner Frau? Was sagt sie dem Sohn, der so ahnungslos und „heil" aufgewachsen ist? Was wird er von seiner Mutter denken? Wie wird sie das alles nach 40 Jahren des Schweigens erklären können? Wird sie es müssen? Was wird (ihr) alles zerstört werden? Wird die Familienkonstellation diese Eröffnung überstehen? „Lohnt es", das alles aufs Spiel zu setzen für eine Frau, die man sie nicht kennt, die sie vor mehr als 40 Jahren geboren und unter Zwang fortgegeben hat? Was „tauscht" sie gegen die heile Vollfamilie mit Mann, Kind, Enkelkinder ein?

- Und auf der Seite der Tochter die Ent-Täuschung, die Ent-Deckung, daß die erhoffte, erwartete (?) uneingeschränkte Liebe der Mutter so schnell nicht – oder vielleicht gar nicht – zu bekommen ist, weil es noch eine ganze Anzahl anderer Menschen im Leben der Mutter gibt, auf die Rücksicht genommen werden muß. Die Ent-Täuschung, daß die Mutter nicht direkt oder im übertragenen Sinne alles stehen und liegen läßt, sondern zunächst in panikartige Ängste ausbricht, statt sich uneingeschränkt der Tochter zu nähern, sich annähernd öffentlich zum Kind und zur Vergangenheit zu bekennen – komme, was da wolle!

Beide brauchten viel Zeit, viel Geduld, viel Toleranz, lange Gespräche, gegenseitige Hilfe, gegenseitiges Verstehen – und möglichst einen unabhängigen, unparteiischen Gesprächspartner, der zuhört und die Fäden von 42 Jahren zu entwirren hilft!

Ein Kompromiß wäre, wenn Mutter und Tochter sich auf neutralem Boden, an einem dritten Ort treffen könnten, von dem die Familie der Mutter (zunächst) nichts erfährt. Sie hat *immer* mit einem Geheimnis gelebt – nun hat es sich nur qualitativ verändert.

In meinem Brief habe ich Barbara geschrieben:

„Ihre Mutter hat als sehr junge Frau einen Einbruch in ihr Leben erfahren, von dem sie sich mit Sicherheit nie wieder ganz erholt hat: schwanger von einem Mann, der sie von Anfang an betrog, sie allein ließ, keine Verantwortung übernahm. Dann der Vater, der genau das tat, was seit Jahrzehnten üblich war: die schwangere Tochter wurde irgendwo weit entfernt von daheim versteckt und erst wieder ‚vorgezeigt', als der Makel, die Schande beseitigt war: Das Kind! Sie!

Damals muß für Ihre Mutter das Leben erstmal zu Ende gewesen sein! Alleingelassen und ausgebeutet von allen Seiten – und mit Sicherheit hat niemand damals gefragt, wie sie selber es gerne wollte!

Dann hat sie einen anderen Mann kennengelernt und hat endlich bei ihm Heimat gefunden."

Und ich habe Barbara geschrieben, daß sehr viel Zeit und Ruhe und Geduld nötig sein werden, um miteinander zu einer Annäherung zu kommen.

Was hatte die Tochter erwartet? Warum kann sie in ihrem Alter mit der Angst und der Vorsicht der Mutter nicht richtig umgehen?

Warum sind Adoptierte im Alter von 25, 35, 40 Jahren – nach eigenen Ehen, mit großen Kindern, mit Erfolgen im Beruf ... so abgrundtief enttäuscht, daß sie nicht sofort und ganz in der Mutter aufgehen können?

Meines Erachtens liegt bei ihnen nicht nur eine erheblich gestörte Selbstwertproblematik zugrunde, sondern auch eine unvollkommene, eine beschädigte Identität.

Barbara hat mir aber nicht nur diesen Bericht geschickt – sie zeigt mir auch deutlich ihre tiefe Not. Sie ist abgestürzt aus den höchsten Höhen des Glücks, die Mutter endlich gefunden zu haben, die sich „unendlich über die Tochter freut" (*das* Gefühl, das sich alle Adoptierten auf der Suche nach der Mutter aus tiefstem Herzen wünschen!) – in die Ernüchterung der Realität. Mehr nicht, tiefer nicht – aber für Barbara stürzt eine Welt ein. Diese Realitäten kann sie nach dieser Euphorie im Moment offenbar nicht akzeptieren.

Ich schreibe ihr, versuche zu erklären, zu vermitteln, versuche das zu tun, was wir in der Pädagogik „Übersetzungsarbeit" nennen. Ich suche um Verständnis für die Mutter nach, die (noch!) kein familiäres Risiko eingehen kann und will. Aber mein Brief „kommt nicht an". Barbara versteht meinen Versuch nicht. Sie zieht sich zurück. Sie schreibt, daß es wohl an der Zeit sei, „daß ich meine Vertrauensseligkeit und Begeisterungsfähigkeit endgültig ausrotte. Das hat alles keinen Sinn", fügt sie voll tiefer Resignation hinzu. Sie ist verbittert, ent-täuscht und kann ihre leibliche Mutter nur abwerten, um mit Hilfe dieses selbstgeschaffenen Abstandes sich selber zu retten.

Die Mutter schreibt ihr wieder einen Brief – mit mütterlich-pädagogisch erhobenem Zeigefinger (er erinnert mich sehr an die Briefe, die ich in diesem Alter als „Kind" ebenfalls noch von meiner 70jährigen Mutter bekam!), in dem sie sich über die ungeordneten Lebensverhältnisse der Tochter ausläßt, die in den Augen der älteren Generation tatsächlich wenig bürgerlich anmuten. „Bin im Gegensatz zu Dir eher für geordnete Verhältnisse", schreibt sie und die Tochter kommentiert voller Bitterkeit am Rand: „z. B. sein Kind weggeben!"

Und dann schreibt die Mutter über ihre *Ängste*, daß nun alles offenbar werden könne, was 40 lange Jahre versteckt in ihr gelebt hat. Sie könne fast nicht damit leben, schreibt sie, und sie sieht ihre Familie diskriminiert – durch ihre alte Schuld! Sie schickt sogar die Photos zurück – bis auf eines, das sie zum Anschauen behält. Sie will sie nicht in der Wohnung behalten – es könnte ihr etwas zustoßen, und der Sohn könnte die Bilder finden. Sie bittet um Verständnis. Sie kann nicht anders!

Langfristig wäre allen Beteiligten zu wünschen, wenn die Mutter ihre Familie „einweihen" könnte. Das kann sie aber erst, wenn sie alle Angst verloren hat:

- Die Angst vor den Reaktionen des Ehemannes: Wie tragfähig ist die eheliche Beziehung?
- Die Angst vor dem Verurteiltwerden durch den Sohn: Welche Forderungen an „Normalität", „Wohlanständigkeit" haben in seiner Erziehung geherrscht? Wie streng rigide oder wie locker und tolerant wurde in der Familie über „Normabweichler" gesprochen? Wie rein, wie keusch, wie edel muß eine Mutter sein, wenn sie vor den Augen ihres Sohnes bestehen will?
- Die Angst vor „der Gesellschaft": (Welche Maßstäbe wurden öffentlich an andere gestellt, die jetzt unangenehm reagieren könnten?

Alle diese Fragen müßten in geduldiger Arbeit mit der Mutter erörtert werden – auch über einen langen Zeitraum hinweg. Im Grunde wäre das Leben der Mutter erst dann „abgerundet", der Kreis ihrer Biographie geschlossen, wenn ihre beiden Leben miteinander integriert wären, wenn sie in Deckung zueinander gebracht wären.

Die Tochter müßte lernen können, das Leben der Mutter in seinem spezifischen Verlauf zu sehen, zu akzeptieren und nicht zu verurteilen. Sie müßte (mit Hilfe von außen?) ihre eigenen Erwartungen reflektieren, auch die früheren Verletzungen des Abgegebenseins, die hier und heute in dem vorsichtigen Agieren der Mutter reaktiviert werden.

Die Angst vor der zweiten, der endgültigen Ablehnung ist bei Adoptierten so ausgeprägt, daß sie jede vorsichtige oder leicht gehemmte Reaktion bereits als eine Abweisung ihrer Person erleben. Die Sehnsucht nach Verschmelzung und das Gefühl, noch einmal im Leben nicht ganz und gar angenommen zu werden, verbinden sich zu einem Trauma, das nur allzuschnell auf Abwehr, Ablehnung und Abwertung „umschaltet", wenn die Erwartungen nicht erfüllt werden. Dem außenstehenden Betrachter erscheinen diese Reaktionen als infantil, unreif, dem Alter der Agierenden nicht angemesen. Man darf jedoch nicht vergessen, daß das große Nein, das einmal im Leben der Adoptierten zu ihnen gesagt wurde, das ganze Leben überstrahlt, wenngleich dies nicht immer und in jeder Situation zu erspüren ist. Kommt es jedoch zu ablehnenden und abweisenden Reaktionen durch die personale Umwelt, dann aktualisiert sich der uralte Schmerz des verlassenen Kindes und schlägt in tiefe depressive Krisen um oder in krasse Ablehnung bis hin zur massiven Aggressivität. Alle Reaktionen sind in diesem Fall als Abwehrmechanismen zu werten, die (unbewußt!) helfen sollen, mit der früheren und der erneuten (vermeintlichen) Ablehnung leben zu können!

Nachtrag:

Das Buch ist fertig. Ich habe von Barbara nie wieder gehört. Ich bin darüber bestürzt, weil ich befürchte, etwas falsch gemacht zu haben. Andererseits bin ich für beide – für Mutter und für Tochter – traurig, daß sie aufgrund großer Verletzungen doch nicht zueinander finden konnten!

Da flattert mitten in die Korrekturphase ein Nachtrag von Barbara auf meinen Schreibtisch! Die Mutter hat sich wieder gemeldet und war beunruhigt, weil die Tochter nicht mehr geschrieben hatte.

„In einem lebhaften Telephonat wurden die Mißverständnisse ausgeräumt. Ich wollte nur zu gerne glauben, daß sie mich nicht kränken wollte mit dem Brief. Sie hatte ihn im Verlauf eines Angst-Schubes abgefaßt. Der Priester hat's mir nochmal erläutert. Jetzt gehen wir behutsam miteinander um ... Nach einem traurigen Intermezzo mit einem gegenseitigen Mißverständnis sind wir nun wieder im Dialog. Ich freue mich über jeden Anruf, genieße ihre jugendliche Stimme, ihre Offenheit und Neugier auf mich. Wir wollen uns einmal persönlich kennenlernen. Vorerst gehen jedoch wir mit kleinen Schritten aufeinander zu ... Meine Mutter hat eine eigene Geschichte. Schuldzuweisung findet nicht statt. Wir sind beide dankbar für die späte Gelegenheit der Begegnung und glücklich, daß es uns jeweils wieder gibt."

Die Krise war tief – fast wäre die Verbindung an beiderseitigen Verletzungen zerbrochen. Es muß für beide eine sehr schwere Zeit gewesen sein. Die anfängliche Euphorie auf beiden Seiten hat der Realität Platz gemacht: Das Tempo ist langsamer geworden, der Umgang miteinander sensibler, die Toleranz größer.

Unter diesen Bedingungen und unter dem Eindruck der Fast-Entzweiung (!) kann sich noch eine tiefe Mutter-Tochter-Beziehung entwickeln, die das ganze Leben währt!

Nicht Schonung, sondern Wahrheit

Eines der am meisten gehörten Argumente, einem Adoptierten die Informationen über seine Herkunft und somit den Zugang zu seinen Eltern vorzuenthalten, ist der, das Kind schützen zu wollen. Es soll nicht konfrontiert werden mit einem (eventuellen!) negativen Ergebnis. Adoptiveltern und auch professionelle Berater wollen dem Adoptierten ersparen zu erfahren, daß seine Mutter, sein Vater, aus „schlechten Verhältnissen" stammen: Aus dem Obdach, dem Schlichtwohnungsmilieu, daß sie Alkoholiker sind oder ehemalige Inhaftierte oder daß die Mutter der Prostitution nachgeht oder nachging.

Ausdrücklich möchte ich betonen, daß es sich hierbei nicht um generelle Fakten handelt, sondern meistens um Annahmen und Phantasien der „Beschützer" des Adoptierten. Das Wissen über die abgebenden Eltern ist meist schon zur Zeit der Annahme des Kindes sehr gering. Wie diese sich in 20 Jahren entwickelt haben, ist schon gar nicht bekannt. Es sind reine Befürchtungen – und diese sind oft auch vorgeschoben! Es gibt keinen Hinweis darauf, daß der Anteil der „Asozialen" unter den abgebenden Eltern höher ist als unter der Allgemeinbevölkerung.

Andererseits ist es natürlich möglich, daß Eltern eine (schon früher eingeleitete) Negativentwicklung durchgemacht haben. Nicht auszuschließen ist auch, daß diese vor allem bei den Müttern noch vertieft und beschleunigt wurde durch die „Freigabe" oder Fortnahme des Kindes.

Kinder sehen dieses Problem weitaus realistischer. Sie wollen nicht Schonung, sondern Wahrheit – und mit dieser können sie wesentlich besser leben als mit der Unsicherheit über ihre Abstammung und das Schicksal der Eltern.

Das Beispiel eines Mannes, der seinen Vater suchte und in weniger guten Verhältnissen fand, habe ich bereits im Kapitel „Vatersuche" geschildert.

Aus den Briefen einer jungen Frau möchte ich nun zitieren, weil Betroffene am klarsten selber ausdrücken können, wie sie Sachverhalte erleben, die ihnen aus angeblichen Schutzgründen vorenthalten werden sollen.

● „Ich bin 22 Jahre alt und zähle zu den Menschen, die auch adoptiert wurden. Schon lange bewegt es mich sehr, diese Sache mit der Adoption, meist wird es alles so toll dargestellt, doch welche Schwierigkeiten verbergen sich dahinter bei allen Beteiligten!

Ich bin zu einer Zeit geboren, als meine Mutter 19 Jahre alt im Erziehungsheim war. Ich kam in ein Heim im Nachbarort, dort blieb ich bis zu meinem dritten Lebensjahr, dann kam ich zu der Pflegefamilie, von der ich später adoptiert wurde. Als Kind schon reagierte ich auf die Veränderungen mit wochenlanger Sprachverweigerung und Rückzug auf mich selbst. Über die Adoption fragte ich als kleines Kind schon sehr sehr viel und meine Adoptiveltern erzählten mir immer und immer wieder wie es war, eben was sie wußten. Es war nicht viel, von meiner Mutter/Eltern wußten sie nichts. Kein Bild. Keine Daten. Eigentlich akzeptierte ich meine Adoptiveltern, wobei ich vor meinem Adoptivvater furchtbare Angst hatte und die zwei eine wirklich schlechte Ehe führten. Von Herzen wünschte ich mir deren Scheidung. Was schwierig war, nach außen wurde ich immer als leibliches Kind ausgegeben, aber ich wollte nicht, ich war und wollte als adoptiertes Kind gelten, weil ich nicht wollte, daß meine Adoptiveltern als meine leiblichen Eltern gelten. Oft wurde mir gesagt, daß sie froh seien, daß ich nicht das leibliche Kind bin, denn wenn ich auch so wäre wie ihr Mann, würde sie durchdrehen. Ich war auch froh. Man denkt nicht, wie viele Male man erinnert wird, daß was anders ist. Die Leute sagen, wieso sieht die so dunkel aus (mein leiblicher Vater ist Ausländer) und vieles vieles mehr.

... Es gab Tage, da fragte ich täglich mehrmals nach meiner Geschichte, obwohl ich die paar bekannten Dinge schon immer wußte. Mit ca. 10 Jahren fragte ich nach dem Namen meiner leiblichen Mutter. Sie sagten, sie wissen es nicht. Ich glaubte es nicht und suchte mal die Akte. Da las ich den Namen, was für Sekunden: Ich lese zum ersten Mal den Namen meiner Mutter, ich behalte es ganz für mich, ziehe alles aus der Akte in mich rein, behalte alles für mich. Konkretes stand nicht viel drin. Dies alles, endlich den Namen zu wissen, füllte mich erstmal aus.

Die Frage trieb mich mit der Zeit immer mehr um, warum bin ich nicht bei meinen leiblichen Eltern, warum geben sie mich fort, warum gibt mich meine leibliche Mutter fort? Aber *niemals* habe ich deshalb Haß gegen sie empfunden, eher gegen meine Adoptiveltern. Ich wollte meine Mutter kennenlernen, d.h. *ich wußte es*, mein Inneres, ich hätte es nicht mehr ausgehalten. Ach, ich könnte so viele Dinge berichten, aber ich kürze jetzt, nicht daß sie ganz entsetzt sind, daß ich so viel Persönliches schreibe.

Jedenfalls suchte ich meine Mutter und ich fand sie auch, denn diese Sache quälte mich so, da wird man erfinderisch.

Eine Verwandte, die meine Mutter kannte, riet mir ab, meine Mutter weiter zu suchen. Sie gab mir aber eine Telefonnummer von der Sozialarbeiterin, die manchmal nach meiner Mutter schaut. Auch diese wollte mich abhalten und meinte, ich könnte es nicht verkraften. Doch nach ca. einem halben Jahr war ich total am Ende. Ich sagte, entweder sie geht jetzt mit oder ich gehe alleine. Dann machten wir einen Termin aus und da war dann die Begegnung. Ich fand meine Mutter in sehr schlechten Umständen, nicht so sehr weit weg von mir. Ich schickte ihr ein Bild und einige Zeit später stand ich vor ihrer Türe, Sekunden, die sich so schnell jetzt nicht beschreiben lassen. Aber eines möchte ich einfach sagen, meine Mutter litt auch fürchterlich unter dem Ganzen. Sie macht mir da nichts vor, diese 19 Jahre der Trennung quälten sie sehr. Und für mich? Ja, es ist schwer seine Mutter in so einem Milieu aufzufinden, aber sie ist meine Mutter und es ist sehr viel schwerer, täglich mit der Frage herumzugehen, wer meine Mutter ist. Ich muß sagen, sie lebt total anders, aber ich habe sie lieb, wenn mich jemand fragt, dann rede ich auch von meiner Mutter. Einen Menschen kann man durch alle Gesetze der Welt nicht zwingen, seine leibliche Familie zu vergessen. Ich habe in der Zwischenzeit wieder den Namen meiner leiblichen Mutter angenommen, meine Adoptiveltern konnten das akzeptieren. Sie müssen lernen, daß meine leibliche Mutter da ist und ich sehe sie auch als meine Mutter an. Rechtlich bin ich ja nicht mehr mit ihr verwandt, aber welches Gesetz kann in meinem persönlichen Denken und Fühlen mir verwehren, die Frau, die mich geboren hat und die von daher meine Mutter ist, nicht als solche zu sehen? Keines!

Daß sie jetzt so lebt, wie sie lebt, hat bestimmt auch mit dieser Sache zu tun. Ja, wirklich, ich kann tausendmal besser mit dieser harten Wahrheit (einer Mutter unter den Obdachlosen) leben, als mit der Ungewißheit. Ich trage ja wieder meinen echten Geburtsnamen, und ich bin cxa. alle drei bis vier Wochen zu Besuch bei ihr und schreibe ihr dazwischen öfters Mal.

Ich denke, meine Mutter hat mich nicht gesucht. Sie ist viel zu sehr am Rande dazu. Aber sie hat mich trotz alledem nie vergessen. Das ist mir das Wichtigste" (Frau, 19 Jahre alt).

Die Suche *nach* dem Finden

Die übliche Incognito-Adoption ist für Adoptierte schon belastend genug. Sie wird noch problematischer, wenn der Vorgang als solcher geheimgehalten wird, wenn ein ausgesprochenes oder unausgesprochenes Tabu besteht: „Nun weißt du Bescheid und nun wollen wir auch nie wieder darüber sprechen!"

Es gibt aber Adoptionen, die noch konfliktreicher sind, weil bei ihnen ein erhebliches personelles Durcheinander herrscht und dem Adoptierten nicht oder nur äußerst zögerlich das Wissen zugestanden wird, das er benötigt, um seine Position im Familiengestrüpp zu finden: Wer ist wer und wo stehe ich? Meistens sind dieses Adoptionen mit weiterer Familienbeteiligung:

- Ältere Schwester der abgebenden Mutter adoptiert ihre Nichte gegen den Willen der jungen Mutter. Diese gilt als „Tante", wenn sie zu Besuch kommt.
- Großeltern adoptieren ihr Enkelkind und leibliche Mutter gilt als ältere Schwester der Adoptierten.
- Verheiratete Frau „verspricht" ihr Drittes ihrer unfruchtbaren Schwester. Danach kommen noch drei weitere eheliche Kinder. Die fünf „Regulären" wachsen mit dem abgegebenen im selben Dorf auf. Die leiblichen Eltern gelten als Onkel und Tante.

Es wird weitere Fälle gleicher oder ähnlicher Konstellation geben. Diese drei sind mir persönlich bekannt. Im folgenden soll die besondere Problematik kurz aufgezeigt werden – auch im Hinblick auf Suchen und Finden – nur ist hier in gewisser Weise die Reihenfolge vertauscht.

● Frau P. wurde anläßlich eines Ferienaufenthaltes schwanger von einem jungen Mann, den sie schon längere Zeit kannte. Sie war 16, er 19 Jahre alt. Ihre Eltern, strenggläubig, der Vater mit bedeutsamem Posten in der Kleinstadt, waren entsetzt und „entfernten" die Tochter zunächst ins nächstbeste Internat. Das Kind wurde außerhalb geboren – die Mutter war allein gelassen worden – die Familie hatte bereits ihre Beschlüsse gefaßt: Das Kind kam sofort nach der Geburt zur ältesten Schwester der jungen Mutter, die seit Jahren kinderlos verheiratet war. Die junge Mutter durfte das Kind weder sehen noch anfassen, sie erfuhr weder das Geschlecht ihres Kindes noch, ob es gesund war! Erst nach mehreren Wochen schwerer Depressionen wurde sie „unter Bewachung", wie sie selber sagt, mitgenommen zu ihrem Kind: zur eigenen Familie! Sie „durfte" in der Folgezeit das Kind alle vier Wochen für ein paar Stunden sehen – unter strikten Ge- und Verboten. Sie durfte sich dem Kind nicht mit Zärtlichkeit nähern, und es bestand die strikte Weisung, dem Kind später nie zu sagen, wer sie wirklich sei. Sie war „die Tante" – nichts anderes. Die Situation bei den „streng bewachten Besuchen" sei stets explosiv gewesen, erzählt sie. Sie wurde keine Minute aus den Augen gelassen. Das Kind sei in dieser Zeit immer unruhig und weinerlich gewesen und habe mehrere Stunden nach ihrem Fortgang gebraucht, bis es wieder seinen Rhythmus fand.

Als es zwei Jahre alt ist, hält die Mutter dieses immer zwanghafter werdende Arrangement nicht mehr aus. Sie geht kurzfristig ins Ausland – und einige Zeit danach für fast ein Jahr in stationäre psychiatrische Behandlung!

Es wurde in dieser Familie nie ein Hehl daraus gemacht, daß dieses Kind die Wahrheit nie erfahren würde! Wie und von wem wird es dann doch mal „aufgeklärt" werden? Die ganze große Familie ist informiert, im Dorf weiß es jeder ... wer wird sich verplappern, wer unsorgsam sein – und wie wird dieses Kind jemals an seine leibliche Mutter gelangen, die auf den Tag des Wiedersehens wartet? Zwar wird die Familie auch das zu verhindern wissen, aber bis heute haben Adoptierte Mittel und Wege gefunden ...

● Möglicherweise wird es diesem Kind so gehen wie der inzwischen 37jährigen Gunhild. Gunhild „weiß" eigentlich alles, fast alles. Sie ist noch auf der Suche nach ihrem leiblichen Vater – aber sie ist auch auf der Suche nach ...ja, nach allem anderen: Nach den Motiven, nach den Entscheidungen, nach den Emotionen der Mutter, nach allem, was „damals" geschehen ist. Sie ist eine der vielen Adoptierten, die das Tabu vollständig verinnerlicht hat und die über viele Jahre ihres Erwachsenenlebens langsam emportaucht aus dem Morast der Beziehungswirrungen.

Sie schreibt:

„Sie dürfen nicht daraus schließen, ich sei ‚aufgeklärt worden, weil ich um meine Adoption wußte. Zum Zeitpunkt meines Umzuges in die Familie war ich bereits vier Jahre alt ... Man hat versucht, ein unbegreifliches Lügengebäude um mich und die Umgebung zu errichten. Bis vor ein paar Jahren habe ich diese vielen unverarbeiteten Dinge überlebt. Ich weiß nicht, wie. Irgendwie habe ich nach außen immer funktioniert. Jetzt bin ich 37 Jahre alt und erst letztes Jahr habe ich mich für das Leben entschieden, nachdem ich fast daran zugrundegegangen wäre.

Betty Lifton schreibt, Adoptivkinder könnten nie erwachsen werden. Sie meint es auf die fehlenden Wurzeln bezogen. Für mich bedeutet es auch, sich in der persönlichen Entwicklung abnabeln, sich von den Eltern befreien zu können.

Meine Mutter, meine leibliche Mutter, die zugleich meine Adoptivschwester ist (ihre Eltern haben mich adoptiert), hilft mir nicht dabei. Sie nimmt mich nicht an, sie redet sich ein, ich sei unsensibel genug, nicht zu hinterfragen oder seelischen Schaden zu nehmen, alles würde sich schlicht auswachsen. Ich finde, jeder Mensch braucht eine Mutter. Als Kind hat mir der besondere Status sehr zu schaffen gemacht. Später spielte er in meinen Augen für andere eine viel zu geringe Rolle ...

Obwohl ich mein Leben lang wußte, daß ich Licht in all das Dunkel bringen mußte, war ich bis vor zwei Jahren so blockiert und verunsichert, daß ich meine Rechte nicht wahrnehmen konnte und nichts zu fragen wagte. Ich bin noch nicht einmal auf die Idee gekommen, mir Literatur zu besorgen.

Ich weiß zwar, wer meine Mutter ist, aber ich weiß sonst nichts. Nichts. Sie mauert – ich kann Ihnen gar nicht sagen, wie. Nichts erfahre ich. Alles muß ich mir mühsamst von Fremden zusammentragen. Und alles widerspricht sich. Daten stimmen nicht, Urkunden passen nicht zusammen.

Ich habe heute einen andern Bewußtseinsstand, aber ich bin immer noch auf der Suche. Ich komme und komme nicht an. Nur halbe Wahrheiten. Immer habe ich Herzklopfen und ein schlechtes Gewissen, so als müßte ich mich ständig rechtfertigen. Anscheinend habe ich die Verbote um dieses Geheimnis, das nicht meins ist, trotz innerem Widerstand internalisiert. Wann werde ich nur dort ankommen, wo ich hin muß!?"

Gunhild weiß seit langem, wer ihre Mutter ist, und sie wußte früh über ihre Adoption Bescheid: Über den rein juristischen Fakt. Alles, was sie hätte wissen müssen, um sich und das Ereignis für ihr Leben einordnen zu können, blieb und bleibt offen. Und das ist es, was sie keine Ruhe finden läßt – sie ist weiterhin auf der Suche. Und sie hat weniger Hoffnung auf Lösung als andere Adoptierte, die hoffen können, daß sie Erklärung finden werden, wenn sie die Mutter gefunden haben ...

● „Nie angekommen" fühlt sich auch Zeit seines Lebens Joachim, inzwischen 31 Jahre alt. Er wurde im selben Dorf innerhalb einer Familie abgegeben und angenommen: Die Fruchtbare, die der Unfruchtbaren ihr drittes Kind verspricht und gibt. Und das Kind, das nie gefragt wurde, kann damit nicht leben! Ja, er wurde geliebt. Nein, ihm fehlte es an nichts. Nein, natürlich wurde er von niemandem diskriminiert – wußten doch alle, aber auch wirklich alle im Dorf über diesen liebevollen schwesterlichen Akt Bescheid.

Aber er gehörte nicht dazu – hier nicht und dort nicht! Er ging mit seinen leiblichen Geschwistern zusammen in die Schule – aber er ging immer alleine nach Hause. Er lebte bei Tante und Onkel – eigentlich. Aber wenn er seine leiblichen Eltern besucht, geht er zu Tante und Onkel, denn seine Eltern sind ja zu Hause!

Keiner der Erwachsenen sah es so gerne, wenn er sich dort öfter und länger aufhielt. Ohnehin blieb das im Nebulösen; denn hatten sie ihn nicht fortgegeben? Da konnte er doch nicht so einfach „durch die Hintertür" wieder reinkommen!

Joachim hat – wie seine Brüder – Abitur gemacht. Er ist gefördert worden, er hat Karriere gemacht. Aber in jeder Frau sucht er seine/eine Mutter, seine Frau hat sich deshalb von ihm getrennt und die beiden Kinder mitgenommen. Sie wollte einen Mann und „kein verirrtes Kind", wie sie es selber bitter ausdrückte.

Aber das „verirrte Kind", das wieder „ausgestoßen" wird, sucht weiter – vor allem nach den Motiven, nach dem, was sein ureigenstes Schicksal ausmacht: Warum gerade ich? Wo gehöre ich hin?

Joachim, nicht geübt in Psycho-Gesprächen, hat es eines Abends, als wir an einem dunklen See spazierengingen, einmal so ausgedrückt: „Wenn ich müde bin, möchte ich mich irgendwo hinlegen dürfen, wo ich zu Hause bin. Wo ich ganz sicher sein kann, daß mir auch dann nichts geschieht, wenn ich nicht bewußt bin."

Daß ich nicht wieder weggegeben werde …?

Über die Mutter den Vater suchen

„Bin ich nun undankbar oder nicht? Jetzt habe ich meine leibliche Mutter vor gut einem Jahr gefunden. Und seither plagt mich die Frage, wer denn wohl mein leiblicher Vater sei. Laut Akten habe ich keine Chance, je mehr über seine Existenz zu erfahren. Darunter leide ich ziemlich. Auch dieses Geheimnis muß doch irgendwie zu lüften sein.

Solange ich nicht alles weiß, werde ich weiter irrend durch die Welt wandern – es wird für mich kein ruhiges Bestehen geben." (Marisa Mastel)

„Gespräche (mit der Mutter) über vieles außer meinen biologischen Vater waren möglich. Der Zorn über diesen verantwortungsscheuen Mann war noch zu groß" (nach 23 Jahren!) ... „Eine tiefe Freundschaft ist inzwischen herangewachsen, so offen und ehrlich, daß meine Mutter versprochen hat, 1990 mir als erstem Menschen den Namen meines ‚Vaters' zu nennen. Ich freue mich darauf; bedeutet dies nämlich auch, daß meine Mutter diese achtundzwanzigjährige Lebengeschichte endlich zu einem großen Teil verarbeitet hat!" (Martin Studer)

Die Rolle der Väter bei der Suche

In all den Jahren meiner Arbeit mit Adoptierten und abgebenden Müttern habe ich nur in einem Fall erlebt, daß ein Vater seine inzwischen erwachsenen Kinder suchte. Es handelte sich um eheliche Kinder, die dem Ehepaar fortgenommen worden waren. Sie hatten nie erfahren, wohin die Kinder gekommen waren, sie wußten nur, daß das Jugendamt sie aus einer den Eltern bekannten Pflegestelle in eine weit entfernte Stadt zur Adoption vermittelt hatte. Die Eltern hatten sich bald darauf getrennt, die Mutter war mit unbekanntem Ziel fortgezogen, der Vater hatte sich wieder verheiratet. Er wartete, bis das jüngere Kind volljährig war und wandte sich dann an das Jugendamt, das vermittelt hatte. Dieses schrieb an den Vermittlungspartner in der anderen Stadt – einen Verband der Freien Wohlfahrtspflege. Die Sozialarbeiterin dieser Institution schrieb die Adoptiveltern an und diese wandten sich ratsuchend an mich. Sie baten mich zu vermitteln. Die Beziehung zu den Adoptivkindern war zu diesem Zeitpunkt schon denkbar schlecht – dennoch tat es der Adoptivmutter weh, den Kindern von dem plötzlich auftauchenden Vater zu erzählen.

Die Kinder verhielten sich auf meine Mitteilung hin sehr unterschiedlich: Eines wollte sofort anrufen (tat es einen Tag später auch), das andere wollte abwarten, „vielleicht später mal" und versuchte, das Geschwister unter Druck zu setzen: „Entweder wir beide zusammen oder keiner." Die Kontaktaufnahme verlief sehr positiv. Nacheinander besuchten die beiden Kinder ihren Vater, der sie sehr freundlich aufnahm. Auch seine neue Ehefrau war über die gelungene Suche zufrieden. Knapp zwei Jahre nach der erfolgreich verlaufenden Suche des Vaters bestand loser Kontakt zwischen Kindern und der väterlichen Familie mit gelegentlichen Telefonaten und Besuchen beim Vater.

Auch hier: der unsichtbare Vater

Wieso Väter so selten nach ihren Kindern suchen, liegt vermutlich in ihrer generellen Einstellung ihren Kindern gegenüber. Dazu muß man wissen, daß die meisten Adoptierten nie zur Adoption freigegeben worden wären, wenn der Vater sich von vornherein zur schwangeren Frau und zum werdenden Kind bekannt hätte. Das deutlichste Motiv zur Adoptionsfreigabe liegt für die abgebende Mutter in der Verlassenheit. Oft von den Eltern beschimpft, hinausgeworfen oder ohnehin schon stark entfremdet, wird sie vom werdenden Vater unter Druck gesetzt, das Kind entweder abtreiben zu lassen oder fortzugeben. Ober aber er entschwindet „einfach", wenn er von der Schwangerschaft erfährt. „So" habe er sich die Beziehung nicht vorgestellt – heiraten wolle/könne er nicht (rund ein Fünftel aller nichtehelich geborenen Kinder werden von anderweitig verheirateten Männern gezeugt!) – ein Kind belaste ihn zu sehr – für ein Kind fühle er sich nicht reif – ein Kind könne er sich finanziell nicht leisten ...

So sind – mit sehr wenigen Ausnahmen – die Kindesväter nur allzu gerne mit einer Adoptionsfreigabe einverstanden: Vom Moment der Inpflegegabe, spätestens der vollzogenen Adoption an, brauchen sie keine Alimente mehr zu zahlen. Und das sind – berechnet bis zum 18. Lebensjahr des Kindes – durchschnittlich rund 90 000,– DM, bei längerer Ausbildung entsprechend mehr.

Hat nie an Kindesmutter *und* Kind ein Interesse bestanden, gab es keine innere Beziehung zu dem Kind, dann entsteht sie auch nicht plötzlich, wenn das Kind volljährig ist. Für die meisten Väter ist das Kind eine Episode in ihrem Leben, und es ist anzuzweifeln, ob sich manche überhaupt mit 50 oder 60 Jahren noch daran erinnern, irgendwann vor 15 oder 20 oder 30 Jahren mal eine Frau geschwängert zu haben, die mit den Folgen dann „irgendwie" fertig geworden ist. Müßten sie 20 Jahre lang Unterhalt zahlen, wäre ihnen das Kind durchaus präsent.

Wenn Väter bei der gesamten Thematik Suchen und Finden auftauchen, dann fast immer als *Gefundener*. Aber auch dann spielen sie nur eine Randrolle. Sie übernehmen oft auch dann noch keine Verantwortung für ihre Vergangenheit oder sie demonstrieren deutliches Desinteresse.

● „Turids biologischer Vater lebt in der DDR. Zu Turids großer Enttäuschung scheint er an einem Kontakt zu seinem norwegischen Kind nicht interessiert zu sein. Sie hat versucht, ihn über das Rote Kreuz, über Kontakte in der DDR und über Briefe mit Photos ihrer Söhne, seiner Enkel, zu erreichen. Ihr letzter Versuch bisher war ein Anruf bei seinen Nachbarn. Er war in der Nähe, scheint aber fern bleiben zu wollen. Er hat nicht das geringste Interesse an irgendeinem Kontakt, ließ er durch den Nachbarn ausrichten". (Kjendsli, S. 116).

Auch hier scheinen Mutter, Schwangerschaft und Kind nur eine – kriegsbedingte – Episode gewesen zu sein. Wenn man bedenkt, wie unterschiedlich zwei Menschen ihre Beziehung oder eben auch Nicht-Beziehung bewerten, wird das ganze Ausmaß an Verletzungen deutlich.

Adoptierte sind zunächst oft völlig desillusioniert, auch enttäuscht, d.h. sie hatten sich vorher ge-täuscht in ihrem Vater, wobei oft verblüffend ist, welche Erwartungen 25 Jahre später an einen Mann gestellt werden, der sich bereits bei Schwangerschaft oder unmittelbar nach der Geburt abgesetzt hat. Viele Adoptierte scheinen dem deutlichen Zeichen nicht zu trauen. Sie können nicht fassen, daß *ihr* Vater irgendwann einmal „nein danke" gesagt hat, und der Fall für ihn damit erledigt war. Sie haben irreale, dubiose Erklärungen für sein Verhalten parat, mit denen sie über Jahre gut leben konnten. Stehen sie dann vor dem *immer noch* desinteressierten oder deutlich ablehnenden Vater, müssen sich erst die Realitäten wieder zurechtrücken, die Bilder der Illusion gelöscht werden.

So sucht eine junge Frau aus der Bundesrepublik lange und mühevoll nach ihrem Vater in den USA. Ihre leibliche Mutter hat sie bereits in Deutschland gefunden, die ihr jedoch keine Hilfe bei der Suche nach dem Vater war, sondern diese sogar zu verhindern suchte. Nach vielen Bemühungen in Behörden und über die Öffentlichkeit erhält Frau S. aus den USA die Adresse ihres Vaters.

- „Noch in der gleichen Woche schreibe ich meinem Vater einen ersten Brief und lege Fotos bei. Als nach mehreren Wochen keine Antwort kommt, verfasse ich einen langen Lebenslauf und schicke ihm diesen Ende August 1991. Aber wieder passiert nichts. Ich bin der Verzweiflung nahe ... Ich will meinen Vater kennenlernen. Ich kann zu einer Selbsthilfegruppe in Amerika Kontakt aufnehmen ... und tatsächlich geschieht das große Wunder: Eine Frau antwortet mir im Juni 1992, daß sie es geschafft hat, mit meiner Familie Kontakt aufzunehmen. Mein Vater hat meine Post erhalten, das Problem, mit mir in Kontakt zu treten, liegt jedoch bei seiner Frau, die sich mit dem Gedanken nicht anfreunden kann, daß es da eine Tochter in Deutschland gibt."

Einem gestandenen Mann von Anfang 60 dürfte es eigentlich nicht schwerfallen, seine inzwischen ohnehin aufgeklärte Frau davon zu überzeugen, daß er das tut, was er für richtig befindet: nämlich den Kontaktwunsch seiner Tochter zu erwidern. Vermutlich ist das Interesse bei ihm nicht besonders groß, möglicherweise befürchtet er auch irgendwelche Probleme oder sogar Forderungen. Auf alle Fälle hält er sich bedeckt. Frau S. erhofft nach dieser Information, Kontakte zu ihren Halbbrüdern aufzunehmen.

Viele Adoptierte sehen aber auch noch in der Absage und Ablehnung durch den Vater etwas Positives im Sinne der Vervollständigung ihrer Informationen und Kenntnisse:

- „Ich habe ihn kennengelernt und weiß jetzt wenigstens Bescheid!"

- „Er hat mir erzählt, wie es damals wirklich war. Also *seine* Sicht hat er mir erzählt. Meine Mutter habe ihn nicht heiraten wollen, obwohl er so gerne wollte. Meine Mutter hat es mir gerade umgekehrt erzählt. Wie es wirklich war, werde ich wohl nie erfahren."

- „Es war gut, ihm gegenüber zu stehen. Ich war sehr enttäuscht von ihm, von seiner ganzen Haltung mir gegenüber. Aber mit dieser Enttäuschung kann ich besser umgehen als mit der Unsicherheit. Und auch mit der ständigen Hoffnung, daß es da noch jemand geben könnte, der vielleicht für mich da ist."

Gleichzeitig mit den abweisenden Vätern finden manche Adoptierten aber auch Halbgeschwister aus der (zweiten) Ehe des Vaters und empfinden diesen Familienzuwachs als viel wesentlicher und bereichernder, zumal die Geschwister – etwa im gleichen Alter stehend – unbeeinflußter, emotionsloser und kontaktfreudiger mit dem neuen Familienmitglied umgehen.

So schreibt eine junge Deutsche in einem Brief an die Vermittlerin aus den USA:

- „Vor einer Woche bin ich aus den USA zurückgekommen, leider haben sich meine Erwartungen nicht erfüllt. Zu meinem Vater konnte ich leider kein Verhältnis entwickeln. Er erwartete eine perfekte, gehorsame Tochter, die ich leider nicht sein kann und auch nicht bin. Sonst gab es auch endlose Diskussionen, die ich für ziemlich fruchtlos hielt, da es von seiner Seite her nur

Unschuldsbeteuerungen gab. Soweit, so gut. Aber ich habe durch diese Reise meinen inneren Frieden gefunden und eine wunderbare Reise erlebt. Vielleicht habe ich nicht gefunden, was ich gesucht habe, aber ich habe vieles andere gefunden, wunderbare Geschwister, eine liebevolle Stiefmutter und auch sonst freundliche Familienmitglieder. Also irgendwie doch ein Erfolg." (Adoptionsdreieck 3/1992, S. 2).

Die meisten Väter bleiben jedoch trotz intensiver Suche unauffindbar. Die Gründe dafür sind vielschichtig: In manchen Fällen waren sie tatsächlich auch der Mutter nicht ausreichend bekannt. Das ist jedoch die *seltene Ausnahme*. In anderen Fällen haben die Vermittlungsbehörden und die Jugendämter gar nicht erst nach dem Vater gefragt, als die Adoption bereits feststand. So ist der Vater in den Akten nicht notiert. Falls die Mutter nicht mehr leben sollte, ist damit auch der Vater für immer verschwunden. In sehr vielen Fällen aber verweigern die leiblichen Mütter eine Auskunft über den Vater. Warum das so ist, kann nur vermutet werden: Sie wollen nicht mehr an ihn erinnert sein, sie wollen die alte Geschichte nicht noch einmal aufgerührt wissen. Möglicherweis schämen sie sich auch dieser Beziehung. Eine ganze Anzahl von Kindesvätern dürfte anderweitig verheiratet gewesen sein, so daß die leibliche Mutter damit gleichzeitig ihren Ehebruch kundtun würde. Aber auch Eifersucht vermute ich hinter der Aussageunwilligkeit mancher Mütter. Sie haben nun ihr Kind wiedergefunden und möchten es gerne für sich alleine haben und nicht mit dem unzuverlässigen Vater von damals teilen müssen. Sie können sein Verhalten nicht berechnen und fürchten möglicherweise, daß das Kind „mit fliegenden Fahnen" zu ihm überläuft. Das können sie nur verhindern, wenn sie den Vater verschweigen. Aus jahrelanger Arbeit mit ledigen Müttern vermute ich aber auch, daß viele Frauen 20 Jahre nach der Adoption den Vater nicht zu benennen wagen, weil dieser gar nichts von der Schwangerschaft und der Geburt eines Kindes weiß. Auch heute noch schämen sich viele Frauen zuzugeben, daß sie von „ihm" schwanger geworden sind. Die Erwartung an die Frau, entweder enthaltsam zu leben oder aber zu verhüten, ist durch die Jahrzehnte erhalten geblieben. Wenn die Frau schwanger wird, dann hat sie „Schuld". Sie hat den Mann „reingelegt", sie hat es nicht anders verdient. Manche Frauen haben dem Kindesvater Schwangerschaft und Geburt verheimlicht und würden sich nach so langer Zeit möglicherweise immer noch schämen, ihm plötzlich ein „Kind" zu präsentieren. Möglicherweise befürchten sie auch die Auseinandersetzungen darum, hochnotpeinliche Fragen und entsprechende Wiederbegegnungen.

Welche Gründe bei den Müttern wirklich vorliegen, ihren Kindern die Väter nicht zu benennen, könnten nur sie selber sagen!

Alles in allem kann gesagt werden, daß die Kindesväter sich in der Adoptionsszene als unzuverlässig bis zum letzten Moment erweisen. Sie sind nicht präsent, sie sind unsichtbar, sie sind oft auch unnötigerweise geschont worden – und gegen Ende ihres Lebens hin sparen sie sich alle Aufregungen, indem sie entweder leugnen oder Desinteresse zeigen.

„Man müßte diesen Hund einfach abknallen!"

● Mit knapp 16 Jahren erfäht Ute H., daß sie ein Adoptivkind ist – sie hat in dem Schrank ihres Vaters gewühlt und die Akten gefunden! Während die Eltern verreist sind, begibt sie sich auf die erste Suche, die ins Nichts führt.

„21 Jahre später begann ich wieder mit meiner Ahnenforschung. Diese Suche dauerte zwei Jahre. In diesen zwei Jahren bin ich 5920 km gefahren!"

Als sie 16 war, „begann ich meinen richtigen Vater zu hassen. Er hatte ein Kind in die Welt gesetzt und sich nicht darum gekümmert ... Oft ging mir der Gedanke durch den Kopf, was ich wohl machen würde, wenn sich mein richtiger Vater mal gemeldet hätte. Wenn er eines Tages vor meiner Tür stehen würde und sagen würde: ‚Ich bin Hermann B.' Diese oder ähnliche Gedankengänge, die meine richtige Mutter allerdings ausklammerten, hatte ich in den vielen langen Jahren so oft, daß ich manchmal dachte, ich müßte daran ersticken. Wenn er sich gemeldet hätte? Ich hätte ihm ins Gesicht geschlagen. Zwanzig Jahre trug ich diesen Gedanken mit mir rum und mein Haß und mein Zorn sind nicht geringer geworden. Nach zwanzig Jahren machte ich mich wieder auf den Weg ..."

Ute beginnt eine Suche „von Tür zu Tür". Vom Postamt des kleinen Ortes über den Bürgermeister, den Gemeindepastor ... Dieser findet die Familie im alten Kirchenbuch – einen Cousin der Mutter. Dort erfährt sie, daß die Mutter Selbstmord begangen hat.

Mit Hilfe eines kleinen Tricks hilft ihr der Bürgermeister dann weiter, der unter einem Vorwand einfach alle B.s der umliegenden Gemeinden anruft, bis er „den Richtigen" hat.

Dem erzählt er, daß sein Enkel schriftlich nach ihm suche – während die Tochter mitsamt Enkel daneben sitzt und dem Dialog zuhört! Immerhin bestätigt B. am Telephon die Personalangaben und der Bürgermeister erklärt sich zu einem Gespräch bereit, als er spürt, daß der gesuchte Vater wohl ziemlich geschockt ist.

Ute H. schreibt:

„Ob der B. wohl je damit gerechnet hatte, von mir zu hören? Eigentlich müßte er damit rechnen. Was seine Frau wohl sagen wird? ... Es ist aber durchaus möglich, daß er sie belogen hat.

Er wird mich verleugnet haben. Große Vatergefühle hatte er ja nicht, sonst hätte er mich nicht zur Adoption freigegeben."

Utes Phantasien sind mit dem Vater beschäftigt, von dem sie noch kaum etwas weiß. Sie hat nur das Gefühl – seit 20 Jahren – daß sie ihn haßt: „Er ist schlimmer als ein Tier. Hoffentlich hat dieser Anruf eine kleine Panik in ihm ausgelöst! Weiß er doch jetzt, daß es nicht bei diesem Anruf bleibt!

Ob dieser Kerl wohl je daran gedacht hat, was er mir angetan hat? Daß ich mich 20 Jahre damit rumschleppe, wer er ist? ...

Jetzt kann er sich nicht mehr verstecken! Ob sich meine richtige Mutter seinetwegen das Leben genommen hat? In welcher Not mag sie gewesen sein? ...

Einen Denkzettel werde ich ihm verpassen! Das steht fest! Mir wird schon etwas einfallen!"

Nach einiger Zeit ruft Ute den Bürgermeister wieder an. Sie erfährt, daß der Vater die vereinbarten Termine nicht eingehalten hat.

„Ich ließ mir die Telephonnummer von meinem richtigen Vater geben, um selbst mit meinem biologischen Zufallsvater zu reden ... Einige Sätze und kurze Notizen schrieb ich auf einen Zettel, damit kein Leerlauf entstand. Dieses Gespräch mußte hundertprozentig klappen. Ich wollte mit diesem Gespräch erreichen, daß ich ihn mal persönlich sprechen konnte. Und nicht, daß er einfach den Hörer auf die Gabel knallt. Ganz sachlich mußte ich bleiben. Das war aber mein größte Hürde. Die Sachlichkeit. Es ist schon schwierig, mit jemandem zu telephonieren, den man nicht kennt und auf den man eine Riesenwut hat."

Ute bekommt ihren Vater ans Telephon. Sie sagt Name und Herkunftsstadt und dann:

„Ich habe eine Geburtsurkunde, aus der hervorgeht, daß Sie mein Vater sind!"

Pause ... Schweres Atmen ...

„Sie sind doch Herr B.?"

„Das stimmt nicht!"

„Da haben Sie recht, mein Vater sind Sie natürlich nicht! Sie haben mich zufällig gezeugt. Wenn diese Formulierung Ihnen besser gefällt?"

„Das stimmt nicht!"

„Und wieso sind Sie als Vater dann in meiner Geburtsurkunde eingetragen?"

„Das weiß ich nicht."

„Aber Herr B. Ich bitte Sie, das glauben Sie doch wohl nicht wirklich. Mit der Eintragung haben Sie doch die Vaterschaft anerkannt."

Pause.

„Herr B., im Grunde ist es mir auch egal, ob Sie der Vater sind oder nicht. Aber ich hätte Sie doch gerne persönlich gesprochen, da Sie ja mit meiner richtigen Mutter verheiratet waren. Ich hätte schon gern etwas über sie erfahren. Ich denke, diese Gefälligkeit können Sie mir erweisen."

„Das gibt nur Ärger."

„Wieso soll das Ärger geben?"

„So etwas gibt immer Ärger."

Ute vereinbart dennoch ein Treffen mit ihm und holt in der Zeit vor dem Termin im weiteren Bekannten- und Verwandtenkreis in den umliegenden Dörfern Auskünfte über den Vater ein. Das, was sie erfährt, läßt ihre Wut wachsen: er war ein Muttersöhnchen, richtete sich nur nach seiner Mama, die die Schwiegertochter traktierte. Er ließ sie schwer arbeiten beim Großbauern, der ihr nachstellte. Er schlug sie – selbst als sie im sechsten Schwangerschaftsmonat war. Und schnell war die Ehe wieder beendet.

Unterwegs zum Vater „war ich dann so wütend und aufgebracht, daß ich richtig zittrig wurde ... Man müßte diesen Hund einfach abknallen. Egal, was danach passieren würde. Meine Eltern hatten mich immer gelehrt, Achtung vor jedem Menschen zu haben. Ich war im Begriff, es zu vergessen."

Ute geht es sehr schlecht auf dem Wege zum Vater. Sie nimmt vorsichtshalber eine Beruhigungstablette, damit sie die Begegnung durchsteht. Sie hatte den Eindruck, durch eine Nebelwand zu fahren. Vor dem Hause angekommen, bleibt sie erst noch fünf Minuten im Wagen sitzen. Der Vater macht ihr die Tür auf: „Ein Mensch zum Übersehen. Ohne Ausstrahlung! Er war nichts! ... Er konnte mir noch nicht einmal ins Gesicht sehen ... Ich starrte ihn unverwandt an. Mit einer mir fast unbekannten Herzlosigkeit sah ich auf seinen entstellten Mund. Ohne Gefühlsregung nahm ich Notiz von dieser Verstümmelung ... Vielleicht war das die gerechte Strafe Gottes? ... Er war gezeichnet wie ein Stück Vieh. Es tat mir gut. Es befreite mich. Ich war von meiner gedanklichen Kaltschnäuzigkeit total überrumpelt. Aber er hatte es nicht anders verdient ..."

Der Vater leugnet die Vaterschaft. Anhand der Urkunden kommt es zu Rechenstücklein. Der Vater besitzt im Gegensatz zu Ute keine Originaldokumente mehr – die Daten „haben wir in etwa angegeben."

„Ich laß mir nichts anhängen", ist sein Standardsatz, und seine Ehefrau steht ihm bei. Ute will nur einmal von ihm hören, daß er der Vater ist. „Ich wollte, daß er es wenigstens zugibt. Daß er meine Mutter nicht als Hure abstempelt. Herr B. ließ sich nicht beirren. Er wurde „keifig" – und erst als seine Frau in die Küche geht, um den Tee aufzugießen, gibt er Ute die Hand und sagt: „Es stimmt, was in den Papieren steht. *Ich bin es*."

„So war das also. Seiner Frau hatte er nie etwas gesagt! Ich konnte ihn nur noch bedauern."

Dann fragt sie den Vater nach Photos. Er hat bereits am Tag zuvor welche herausgesucht und gibt sie ihr. Er ist in Soldatenuniform, neben ihm seine Frau und seine Mutter.

„In seiner Uniform sah er ausgesprochen gut aus. Jetzt sah ich, wie er tatsächlich mal aussah. Er hatte einen gleichmäßig ausgeprägten Mund. Und ob es mir paßte oder nicht, dieses Bild entsprach nicht dem Wesen dieses Mannes, der vor mir saß. Der meine Mutter quälte. Der meine Mutter betrog. Der mich bis zur letzten Stunde verleugnet hatte. Entsetzt stellte ich fest, daß ich Sympathie für diesen Mann in Uniform verspürte. Seine Augen waren groß, blickten gütig ... Ich hatte vergessen, ihn als Mensch zu sehen. Ich begann meine richtige Mutter zu verstehen, daß sie ihn geheiratet hatte. Mir hätte er auch gefallen ...

Ich schaute wieder zu B. Das Bild entsprach nicht mehr der Wirklichkeit ... Für kurze Zeit hatte ich meinen Haß vergessen. Aber das wird mir nie wieder passieren. Die Ängste meiner Adoptiveltern verstand ich immer weniger."

Während Ute H. gemeinsam mit ihrem Vater und dessen Frau Tee trinkt und Torte ißt, „begann der B. wieder sein Spiel zu treiben. Er ist nicht der Vater. Übrigens wurde ein serologisches Gutachten gemacht. Dabei war er tief errötet und hatte hektische Flecken im Gesicht. Das Theater konnte er seiner Frau vormachen. Mich widerte es nur noch an ..."

Späte Unterhaltszahlungen?

Die Ablehnung einer Kontaktaufnahme dürfte bei vielen Vätern auch mit ihrer Rechtsunsicherheit zusammenhängen. Sie fürchten auch noch 20 oder 30 Jahre später, zu Unterhaltszahlungen herangezogen zu werden, irgendwelche Schulden begleichen zu müssen oder „moralisch" verpflichtet zu werden. Damit keine derartigen Ansinnen an sie gestellt werden, stellen sie sich tot, indem sie keine Briefe beantworten, sich am Telephon verleugnen lassen oder vehement jede Vaterschaft abstreiten, selbst wenn diese dokumentiert wurde.

So haben viele Suchende in den letzten Jahren schon die eindringliche Bitte geäußert, dem Vater beim Finden gleich von vornherein zu sagen, daß sie keine materiellen Interessen hätten! Bei einer einst abgeschlossenen Adoption sind ohnehin alle Unterhalts- und Erbansprüche erloschen! Im Gegensatz zu „abgebenden Müttern" habe ich bis heute auch von keinem „abgebenden Vater" gehört, der den Wunsch geäußert hätte, sein damaliges „Versagen", seine seinerzeitige Unfähigkeit in irgendeiner Weise wieder gutmachen zu wollen. Während Mütter oft dazu neigen, ihre wiedergefundenen Kinder zu „entschädigen", sie zu verwöhnen, sie auch materiell vieles nachholen zu lassen, scheinen Väter eher gegenteilige Neigungen zu haben.

Für viele Adoptierte wird so die „gelungene" Suche nach dem Vater noch einmal zu einer Konfrontation mit der Realität. Wer sich „den liebevollen Vater" wünscht, wird meiner Erfahrung nach immer enttäuscht werden. Lediglich diejenigen Adoptierten, die realistisch an die Vatersuche mit dem primären Wunsch herangehen, die eigene Biographie zu vervollständigen, werden nicht enttäuscht.

Eine Ausnahme von dieser Regel mögen Väter sein, die ihre Kinder vor der Adoption persönlich kannten und auch längere Zeit betreuten und erzogen – wie in dem Fall zu Beginn dieses Kapitels geschildert. Aber sie sind äußerst selten.

Zur Ehrenrettung: Der erfreute Vater

Väter waren schon bei meiner Forschungsarbeit über „abgebende Mütter" ein Problem – es gab sie einfach nicht und deshalb ging es oft den Frauen mit ihren Kindern so schlecht, daß ihnen keine andere Lösung als die der Adoptionsfreigabe blieb.

Väter sind auch bei der ganzen Thematik „ledige Mütter" eine

Schwierigkeiten – sie sind eine „unbekannte Größe", mit der sich schlecht rechnen läßt.

Aber immer, wenn ich so etwas sage und schreibe, meldet sich Protest – selten von Vätern, die das Gegenteil „beweisen" könnten und wollten, öfter aber von Frauen, die doch noch den einen oder anderen liebevollen, sorgenden, zugewandten Vater kennen. Ich kenne auch einige wenige – nicht jedoch in der gesamten Adoptionsszene. Auf ihre *Abwesenheit* dürften Adoptionen hauptsächlich zurückzuführen sein!

Nun hatte ich mir fest vorgenommen, in dieser Arbeit unbedingt einen freundlichen und verantwortungsbereiten Vater (mindestens einen!) zu Wort kommen zu lassen! Und wenn schon nicht direkt, dann wenigstens über die Worte des suchenden Adoptierten. Zum Beispiel so: „Ich habe meinen Vater gefunden und er hat sich riesig gefreut, seine große Tochter endlich einmal kennenzulernen!" Oder: „Ich habe einen prächtigen Vater! Er war so glücklich, daß ich ihn gesucht habe. Wir haben einen guten Kontakt von Mann zu Mann gefunden und machen inzwischen vieles gemeinsam ...!" Oder so ähnliches! Ich muß es meinen Leserinnen und Lesern schuldig bleiben. Ich habe keinen gefunden. Und ich habe keinen suchenden Adoptierten gefunden, der solche freudige Erfahrungen machen durfte.

Also: Wieder keine Ehrenrettung! Vielleicht sollten wir aufhören, die Stecknadel im Heuhaufen zu suchen und stattdessen die Zeit für Bedürftige nutzen.

(Sollte jemand bessere Erfahrungen haben, sollte sich ein „abgebender" Vater hier nicht wiederfinden, dann wäre es schön, wenn er sich zu erkennen gäbe!)

Wie es sein *könnte*, entnehme ich – um einen freundlichen Vatersuche-Abschluß zu finden – einem Märchen: *„Mio, mein Mio"* von Astrid Lindgren:

> „Dort siehst du das Land der Ferne", sagte der Geist ... Es war eine Insel, die im Meer schwamm. Und in der Luft war eine seltsame Musik und ein Duft wie von 1000 Rosen und Lilien. Unten am Meeresstrand erhob sich ein großes, weißes Schloß, und dort landeten wir. Jemand kam den Strand entlang. Es war *mein Vater, der König*. Ich erkannte ihn sofort, als ich ihn sah. Er breitete die

Arme aus, und ich flog an seine Brust. Lange hielt er mich fest. Wir sprachen kein Wort. Ich legte nur die Arme um seinen Hals, so fest ich konnte. ... Wie schön er war und wie seine Kleider glitzerten von Gold und Diamanten! ... Schade, schade, daß Tante Edla ihn nicht sehen konnte! Dann hätte sie begriffen, daß mein Vater kein Lump war.
Aber Tante Edla hatte damit Recht gehabt, daß meine Mutter gestorben war, als ich geboren wurde. Und die dummen Leute im Kinderheim hatten nie daran gedacht, meinen Vater, dem König, Bescheid zu geben, wo ich war. Neun lange Jahre hatte er nach mir gesucht. Aber jetzt bin ich froh, endlich bei ihm zu sein.
Nun bin ich schon recht lange hier. Den ganzen Tag über habe ich es schön. Und jeden Abend kommt mein Vater, der König, in mein Zimmer, und wir bauen Modellflugzeuge und sprechen miteinander.
Ich wachse, und es geht mir gut im Land der Ferne. Und jeden Monat macht mein Vater, der König, einen neuen Strich an der Küchentür, um zu sehen, wieviel ich gewachsen bin ...
„Mio, mein Mio", sagt er, und es klingt so weich und warm. Wenn man darüber nachdenkt, heiße ich überhaupt nicht Bosse.
„Neun lange Jahre habe ich dich gesucht", sagt mein Vater, der König. „Nachts habe ich wach gelegen und gedacht: Mio, mein Mio. Ich muß doch wohl wissen, daß du so heißt."
Da sieht man es. Das mit dem Bosse war so falsch, wie alles andere falsch war – damals in der Upplandsgatan. Und jetzt ist es richtig geworden. Ich liebe meinen Vater, den König, und er liebt mich." (S. 16).

> „Du müßtest wissen, daß ich Dich suche. Du müßtest wissen, daß ich im letzten Sommer in E. war. Du müßtest wisen, daß Deine Mutter von dem Telephonapparat, den Du so gut kennst, mit mir telephoniert hat. Das Versteck in Eurer Wohnung hast Du, denke ich, längst gefunden. In dem Versteck liegen Briefe, die ich den Adoptiveltern schrieb. Das Jugendamt hat sie vermittelt. Du warst zwei Jahre alt, als ich sie schrieb, und ich war zweiundzwanzig Jahre alt ...
> Bei den Briefen wird auch ein Photo von mir liegen ... Mir ist, als kennst Du dieses Photo. Ich meine damit nichts Mystisches, ... Wenn Du angesehen und gelesen hättest, was im Versteck liegt, könntest Du entscheiden, was Du mit meiner Adresse und mit meiner Telephonnummer machst, die Du in der Hand hälst ...
> Wir beide müßten uns sehen, damit wir weitergehen können ohne Fesseln. Damit wir nicht ewig Suchende sind." (Marianne Herzog)

Abgebende Mütter haben es am schwersten, wenn sie ihre früher freigegebenen oder fortgenommenen Kinder suchen wollen. Sie haben – im Gegensatz zum Adoptierten – kein verbrieftes Recht auf Information. Sie haben – im Gegensatz zu den Adoptiveltern – keinerlei Papiere. Sie haben – im Gegensatz zu allen anderen Beteiligten – ein sehr getretenes Selbstwertgefühl.

Sie haben gar nichts, und sie sind nur auf die Hilfs- und Verständnisbereitschaft anderer Menschen angewiesen. Treffen sie dann noch auf einen „Siegelverwahrer", der meint, seine ganze „Pädagogik" an ihnen austoben zu müssen, ist für sie das Ende der Suche gekommen, noch bevor sie richtig begonnen hat.

So hat einmal ein Jugendamtsgewaltiger einer schwer krebskranken Mutter, die vor ihrem (sicheren!) Tode noch einmal die inzwischen 22jährige Tochter wiedersehen wollte, geschrieben:

„Prüfen Sie bitte selbst, was Sie zu der jetzigen Bitte – oder sollen wir besser Sache sagen – veranlaßt. Ist es Sehnsucht nach dem Kind, das Sie einmal geboren haben, sind es Schuldkomplexe, ist es vielleicht Einsamkeit? Es werden uns sicher noch viele, viele Gründe einfallen ... Es stellt sich die Frage, ob es neben der Reue und dem Verlangen nicht noch andere Werte gibt, die das Leben lebenswert und vielleicht auch freudig gestalten lassen. Versuchen Sie bitte für sich selbst, diese Werte wiederzufinden ... Besinnen Sie sich auf Ihre nähere Umgebung ... und sie werden ganz sicher feststellen, daß es Sinnvolleres als die Suche nach einer Vergangenheit oder besser nach einer sicher nur noch imaginären Wiedergutmachung einer Vergangenheit gibt ..."

Meine Interventionen werden im gleichen Stil abgeschmettert: „Was würde Frau K. Wissen über ihr erstes Kind nutzen, gar ein Bild von ihm? Sicherlich nichts ... Sie sprechen von einem moralischen Recht. Uns ist dieser Begriff zu schwammig. Es gibt aber andere Begriffe, die hier speziell angebracht wären: Der Begriff Demut oder Bescheidenheit ..."

Für diese Mutter endeten hier alle Wege! Der Sozialamtmann fühlte sich – wie ich später auf Umwegen erfuhr – mit dieser in Kitsch verpackten Abfuhr „völlig im Recht!"

„Im Recht" sind alle, die Müttern den Zugang zu ihren früher abgegebenen Kindern verweigern – aber nur im streng juristischen Sinne. Ob es so etwas wie ein moralisches Recht gibt, weiß ich nicht – auf alle Fälle gibt es Nächstenliebe, die gebietet, einem jeden Menschen in Not zu helfen – und nicht mit dummen Sprüchen abzuspeisen! (Zumal wenn man als Fachmann/Fachfrau weiß, mit welchen Gewinnungsmethoden manche Mütter früher um ihre Kinder gebracht wurden und ab und zu auch heute noch werden!)

Natürlich haben Adoptierte das Recht, ein persönliches Kennenlernen der Mutter, der Eltern abzulehnen (ebenso wie es die leibliche Mutter umgekehrt auch hat!) – aber erst an diesem Punkt der Suche darf es zu einem „Nein" kommen – nirgends vorher und durch niemand anderen als durch die beiden direkt Beteiligten.

Kindessuche ist die längste Suche. Für manche Mutter beginnt sie mit demTag, an dem sie ihr Kind „losgeworden" ist. Ich benutze diesen Begriff sehr bewußt und nicht als Provokation.

Frauen, die sich bewußt und positiv zu einer Freigabe entschlossen haben, haben zwar auch Probleme mit dem Abschied und mit ihren Schuldgefühlen, aber sie können sich besser damit auseinandersetzen. Je weniger eine Frau an der eigentlichen Freigabeentscheidung beteiligt war, um so eher und intensiver wird sie suchen!

Hier zeigt sich erneut eine Parallele zu den suchenden Adoptierten: Je negativer das gesamte Verfahren verlaufen ist, um so mehr wird nach den biologischen Zusammenhängen und den biologischen Verwandten gesucht! Der unglückliche Adoptierte sucht die Mutter, die im Vermittlungsverfahren verprellte Mutter sucht ihr Kind – und beide sind dabei ausdauernd, hektisch oft, manchmal auch extrem.

Im folgenden schildere ich einige „Fälle", die zeigen, wie Mütter „zu allen Zeiten" suchen: ab Freigabedatum bis zu 36 Jahren nach der Adoption!

Panik

Als Frau Br. vor 12 Jahren ihre kleine Tochter zur Adoption „frei"gab, befand sie sich in eine Ausnahmesituation. Ihr Partner, der Kindesvater, mit dem sie seit mehreren Jahren zusammengelebt hatte, begann sie schon während der Schwangerschaft zu schlagen und zu mißhandeln. Die Attacken steigerten sich von Monat zu Monat. Nach der Entbindung entschied Frau Br., nicht mehr in die gemeinsame Wohnung zurückzukehren. Sie hatte nicht nur Angst um sich selber, sondern auch um das Kind. Ihre persönlichen Dinge ließ sie sich von Freunden aus der Wohnung holen, auf alles andere verzichtete sie aus Angst lieber.

Aber der Abstand half nichts: Er stellte ihr nach, bedrohte sie, verfolgte sie, lauerte ihr überall auf. Sie war nur noch in Panik und konnte keinen Moment ihr Baby aus den Augen lassen aus Angst, der Vater taucht plötzlich auf und entführt es.

Nach mehreren Wochen war sie physisch und psychisch „am Ende". Sie wandte sich hilfesuchend an das örtliche Jugendamt, das aufgrund der nichtehelichen Geburt ohnehin die Pflegschaft hatte. Dort kannte man nur eine Lösung: Die Adoption! Ist das Kind erst einmal fort, braucht die Mutter auch keine Angst mehr zu haben, es zu verlieren!

Erstberatung, Kindesbesichtigung durch die Adoptivbewerber und die Unterschrift vor dem Notar – alles in einer Woche, in der Frau Br. nach wie vor in höchsten Ängsten schwebte (die Polizei wäre die angemessenere Lösung gewesen!) – dann war es vorbei. Das Problem der befürchteten Kindesentführung war gelöst – das Kind war weg! Frau Br. „genoß" ganze 24 Stunden die Angstfreiheit – und dann wurde ihr bewußt, was geschehen war ...

Sie sah ihre Tochter nie wieder!

Sie verbrachte viele Monate in tiefster Depression – teilweise in psychiatrischer Behandlung. Danach war sie so weit wiederhergestellt, daß sie in der Lage war, ins Jugendamt zu gehen, um zu fragen *was* seinerzeit *warum* und *wie* eigentlich entschieden worden war. Die Gespräche waren (wie in diesen Fällen immer!) lapidar und von billigstem Trost: Sie sei noch jung, sie könne doch noch weitere Kinder bekommen ... Sie solle sich nun auf die Zukunft und nicht mehr auf die Vergangenheit konzentrieren ... ihr Kind habe es gut bei seinen neuen Eltern ...

Frau Br. lebte die nächste Zeit „wie gelähmt". Gleichzeitig begann ihre gedankliche Beschäftigung mit der Suche nach dem Kind. Sie hatte nicht die Kraft und nicht den Mut, offensiv zu suchen – zumal sie immer wieder an ihr Kind dachte, von dem sie befürchtete, daß ein Einmischen ihm schaden könnte!

Frau Br. lebt heute mit Mann und zwei Töchtern 700 km entfernt vom Ort des damaligen Geschehens. Die älteste Tochter lebt mit in dieser Familie – im Geiste! Alle Familienangehörigen wissen, daß es noch ein Familienmitglied „woanders" gibt und alle sind sich einig: Wenn die 18 Jahre herum sind, dann wird gesucht! Und gefunden! Und alle sind sich sicher: Sie werden sich mögen und der Mutter wird es besser gehen!

Frau Br. sagt von sich: „Eigentlich bin ich laufend auf der Suche. Kein Jahr hat es mich verlassen: Ich sehe heute noch Mädchen an, die in diesem Alter stehen und sage mir: So mag sie nun aussehen. Ob sie es wohl sein könnte? Kein Mädchengesicht läßt mich unberührt und wenn ich ganz in Ruhe einem Mädchen gegenübersitze – im Zug oder im Bus – forsche ich in ihren Gesichtszügen: Ist da was von mir oder von ihrem Vater? – Heute kann ich das in Ruhe tun, noch vor ein paar Jahren bin ich in Panik geraten, wenn ich glaubte, Ähnlichkeiten gefunden zu haben."

Geplante Entführung

Frau Z. war bereits fünffache Mutter (alle Kinder waren gewollt gewesen!), als sie einen neuen Mann kennenlernte, den sie bald liebte und der ihr die Ehe versprach. Allerdings – so seine Order – solle sie erst einmal Ordnung in ihr Leben bringen! Es waren ihm zu viele Kinder von zu vielen Vätern. Er wolle „ganz neu anfangen!"

Er setzte ihr zu, er bedrängte sie. Zur gleichen Zeit bedrängte auch das Jugendamt die Mutter, das fand (wie Jugendamtsmitarbeiter nicht selten finden!), daß fünf Kinder von drei Vätern unanständig, verantwortungslos, triebhaft und – für die öffentliche Hand – zu teuer sind.

Die beiden Jüngsten waren vier Monate und vier Jahre alt, als die Mutter davon „überzeugt" wurde, daß sie mit fünfen und einer neuen Partnerschaft und einer erneuten Schwangerschaft überfordert sei und ihren Kindern nur schade. Eine Adoptionsfreigabe als Lösung lehnte Frau Z. vehement ab.

Dann sollten die beiden Kinder doch „erstmal zur Pflege", fand die Sozialarbeiterin – und Frau Z., nun unter Druck, unterschrieb. Damit alles seine Ordnung hatte, unterschrieb sie denn gleich auch noch vor dem Notar – und war sich sicher: Die Kinder sind in einer Pflegestelle. Das waren sie auch – allerdings in einer sogenannten Adoptionspflegestelle. Frau Z. brachte die Kinder ins Jugendamt, wo sie abgeholt werden sollten, kehrte nach Hause zurück – und fand, daß sie mit den beiden leeren Kinderbetten nicht gut leben könne. Am nächsten Tag ging sie wieder ins Jugendamt und forderte ihre Kinder zurück. Aber nichts ging mehr! Auch Frau Z. sah ihre Kinder nie wieder.

Erstmal nicht!

Sie hatte jedoch einige Fakten in den Gesprächen der vermittelden Sozialarbeiterin herausgehört, aus denen sie sich zusammenreimte, in welchem Landkreis die Kinder waren. Es war der flächenmäßig größte der BRD.

Frau Z. gebar ihr sechstes Kind, konnte aber dennoch den Verlust der Kinder nicht verwinden (wie es manche Vermittler meinen, raten zu müssen: Ein neues Kind und alles wird wieder gut!)

Zwei Jahre später lieh Frau Z. sich ein Auto, steckte sich Photos der Kinder in die Tasche und fuhr von Kleinstadt zuKleinstadt, von Dorf zu Dorf, von Kneipe zu Kneipe, von Bäcker zu Bäcker, von Haus zu Haus ...

Nach genau neun Monaten hatte sie ihre Kinder gefunden! Sie wußte die Adresse der Eltern. Sie beobachtete – hinter Bäumen stehend – das Haus.

Später rief sie die Adoptiveltern an und erkundigte sich nach dem Ergehen der Kinder (im Jugendamt war sie immer nur mit Plattitüden abgespeist worden: „Es geht ihnen gut!"). Die Adoptivmutter erzählte ihr mehr von den Kindern, u. a. auch, daß der „Große" damals längere Zeit unter einem „Trennungsschock" gelitten habe und wieder begann, einzunässen. Sie waren dann mit ihm in psychotherapeutische Behandlung gegangen.

Vielleicht, so sagte die Adoptivmutter ihr zu, käme sie sie einmal mit den Kindern besuchen. Das geschah aber nicht, Frau Z. wartete viele Monate, ohne ein Lebenszeichen zu erhalten. Sie rief wieder an – und erfuhr, daß der Adoptivvater den persönlichen Kontakt nicht wünsche. Daraufhin griff Frau Z. zur Selbsthilfe: Sie ging zum Rektor der Schule und ließ sich unter einem Vorwand (Tante auf Durchreise) ihre Tochter zeigen. Dieser – sehr hilfsbereit – ließ die Tochter aus der Turnhalle holen. Sie habe doch immer mal die richtige Mutter kennenlernen wollen, sagte Frau Z. zu ihr. Nun stehe diese vor ihr! „Ich bin Deine Mutter. Geht es Dir gut? Ich habe dich nur deswegen hergegeben, daß es dir sehr gut geht!"

Später sagte Frau Z. mir, daß sie es selber nicht gut fand, aber es hätte „etwas geschehen müssen". Sie habe einen Stein ins Rollen bringen wollen. Sie sei mit dieser ganzen Geschichte nicht fertig geworden (verständlicherweise!).

Nach weiteren Monaten ging Frau Z. noch einmal zum Haus der Adoptiveltern. Die Kinder spielten beide draußen und der Sohn habe seine Mutter sofort erkannt, obwohl inzwischen mehrere Jahre ins Land gegangen waren!

„Bist du mir böse?" hat sie ihn gefragt. „Nein." „Bist du traurig?" – In dieser Minute kam der Adoptivvater dazu und herrschte den verwirrten Jungen an: „Jaja, bei uns geht es dir ja auch schlecht!" Dann zog er beide Kinder ins Haus.

Das war das (bisher) letzte Sehen. Frau Z. entschloß sich jedoch zu diesem Zeitpunkt, ihre Kinder zu entführen.

Als sie mich anrief, um mir diesen „Stand der Dinge" zu übermitteln (ich hatte seinerzeit nur Kontakt zu ihr, als es um die Fortnahme der Kinder ging und wußte von ihrer ganzen Suche-Aktion nichts!), habe ich ihr in aller Deutlichkeit klar gemacht, was das bedeuten würde: Kindesentführung, Strafverfahren, unsicherer Ausgang, vorbestraft sein ...

Daß Frau Z. sich „im Recht fühlte", konnte ich gut verstehen. An Paragraphen gemessen war sie jedoch im Unrecht. Das war ihr vorher nicht klar. Sie wollte es sich nun noch einmal überlegen ... ließ sich jedoch dann überzeugen, daß sie all ihren Kindern Schaden zufügen würde, wenn sie diesen Weg ginge.

Sie weiß aber ganz genau: Wenn der Große 18 ist, „dann hole ich ihn mir wieder!"

„Ich leide und trauere um dich ..."

● Erika G. hat vor inzwischen 18 Jahren ihre erste Tochter zur Adoption freigegeben. Es war das geradezu „klassische" Muster: Kindesvater zeigt „kein Interesse", Eltern fühlen sich nicht verantwortlich – nur das Jugendamt weiß „die" Lösung: Adoption:

„Dann redete sie. Sie sprach sehr viel, sagte etwas von Adoption. Es wäre das Beste. Die Adoptiveltern hätten alles, was ich nicht habe. Geld, Garten, Zeit. Und sie würden sich über ein so kleines Baby freuen. Ich könne ja später weitere Kinder bekommen und würde diese Angelegenheit dann schnell vergessen ... Sie wollte mich mit schönen Worten fangen ..."

Frau G. ließ sich fangen – sie hatte nichts entgegenzusetzen, weder Geld noch Garten noch Zeit!

„Nach drei Jahren wurde meine zweite Tochter geboren, nach weiteren drei Jahren kam das dritte Mädchen zur Welt ... Habe ich nun drei oder zwei Kinder? ...

Es waren sieben bis acht Jahre vergangen, seitdem meine große Tochter geboren war. Da entdeckte ich zufällig den Brief vom Jugendamt wieder. Am Tag darauf stand ich in einem Bücherladen und fragte nach einem Buch über Adoption ... Ich spürte, daß ich noch etwas beim Jugendamt zu erledigen hatte und daß so vieles nicht besprochen war. Ich mußte zum Jugendamt, um zu fragen, wie es meiner Tochter ginge. Diesmal würde ich kämpfen, um etwas von meinem Kind zu erfahren ...

Ich ging zum Jugendamt. Diese Wege kosteten mich immer sehr viel Kraft. Immer wieder kam das Bild in mir hoch, daß ich vom Jugendamt einfach nur gebraucht worden war, um ein Kind für Adoptiveltern zu beschaffen.

... Dort saß auch immer noch dieselbe Frau ... inzwischen älter geworden, konnte sie aber immer noch so herrlich reden. Es war genauso wie damals. Aber ich war stärker geworden.

Ich fragte nach Bildern und nach meiner Tochter. Ich wollte wissen, wie es ihr geht, wie sie aussieht ..."

Frau G. schloß sich bald darauf einer Selbsthilfegruppe abgebender Mütter an. Dort machte sie die Erfahrung, daß sie alle die gleichen Schicksale hatten, daß vielen von ihnen Unrecht geschehen war, das sich später nicht wieder gutmachen ließ. Sie wird sicherer durch diese Begegnungen, sie kann das erste Mal über die Freigabe sprechen – auch zu Freunden, die bisher nichts davon wußten: „Ich habe drei Kinder. Das zu sagen, habe ich all die Jahre nie zu sagen gewagt!" Sie begann mit einer Psychotherapie – brauchte allerdings (wie viele andere Frauen in der gleichen Situation) mehrere Anläufe, bis sie eine Therapeutin fand, die mit dem Thema „Freigabe" umgehen konnte.

Nach „unzähligen Briefen und immer wiederkehrenden Kämpfen" im Jugendamt (es dauerte mehrere Jahre!) erhielt Frau G. von ihrer Tochter ein Babybild – das langerkämpfte! Inzwischen war die Tochter schon über 10 Jahre alt. Frau G. spricht mit ihren anderen Kindern über die große Schwester. Sie zeigt ihnen das Photo – aber sie kann ihnen noch immer nicht erklären, wo die Schwester ist.

„Ich weiß aber und habe ein gutes Gefühl dabei, daß Du, meine Tochter, irgendwann einmal Interesse an mir haben wirst und Du Dich dann meldest. Wann das sein wird, weiß ich auch nicht, aber wir haben die Hoffnung, daß Du uns, Deine Geschwister, Deinen Vater und mich kennenlernen möchtest. Dein Bild habe ich in einen Bilderrahmen getan. Er steht auf meinem Schreibtisch. So sind alle drei Mädchen auf den Bildern zusammen. So kann ich wenigstens mit Dir sprechen und Dir in die Augen sehen. Es ist so wichtig für mich.

Noch heute ist der Wunsch nach einem Bild da, wie du heute aussehen magst ... Immer wieder spüre ich Schmerz und Trauer. Ich stelle weitere Fragen an das Jugendamt ... Von seiten der Adoptivstelle kommt so gut wie gar nichts. Ich erscheine aber immer noch dort und gebe meine Briefe und Bilder ab – von mir und den Kindern ... Dieses Jahr wird sie 18. Wenn sich weiter nichts bewegt, werde ich Sie bitten, mir zu helfen, meine Tochter zu finden!"

Schnell und problemlos

● Die Suche von Frau F. nach ihrer Tochter habe ich im Kapitel „Danach" beschrieben. Sie verlief schnell und problemlos, als die Tochter bereits von ihrer Adoptivfamilie abgenabelt war.

Da ich nach dem Finden noch mehrere Jahre lang Kontakt zu Frau F. hatte, konnte ich miterleben, was nach dem ersehnten Finden noch alles folgte: schwere, konfliktreiche Zeiten, die mit dem Gefühl von Glück und Zuversicht abwechselten. Immer aber war und blieb da das große schwarze Loch der 20 Jahre, in denen Mutter und Tochter (unfreiwillig) voneinander getrennt waren.

Alle Tage sind mit Glück erfüllt

● Annemarie R. hatte über meine Arbeit in irgendeinem Regionalblatt gelesen und bot an, mir mit ihren eigenen Erfahrungen zu meiner Forschungsarbeit über „Suchen und Finden" beizutragen. Gleichzeitig bat sie auch um Hilfe bei der Suche nach ihrer Tochter, die sie 35 Jahre zuvor als Kriegsfolge zur Adoption abgegeben hatte.

Sie schrieb, daß sie damals „in beispielloser Not und Armut gelebt" habe. Als Hotelangestellte mit unheizbarer Kammer, in der im Winter das Waschwasser zu Eis gefror, gab es keine Möglichkeit, einen Säugling aufzuziehen.

Natürlich fand die Sozialarbeiterin, daß es für das Kind „nichts Besseres" gäbe als eine Adoption in die USA (vgl. dazu das Kapitel „Suche über Grenzen hinweg"!).

„Ich habe dann unterschrieben. Hörte noch, die Amerikaner hätten eine Kinderschwester aus den USA einfliegen lassen, damit meine Tochter die Überfahrt ohne Schwierigkeiten durchstehen könne.

Danach war alles vorbei – niemals mehr Nachricht!"

Frau R. erkrankte psychosomatisch und war viele Jahre in psychotherapeutischer Behandlung. Als sie immer wieder Versuche unternahm, etwas über das Ergehen ihrer Tochter zu hören, erhielt sie die Nachricht, der Tochter gehe es gut, die neuen Eltern hätten ihr eine neuen Vornamen gegeben und die Akten seien vernichtet. Damit war eine Suche (scheinbar) aussichtslos. Frau R. wurde aufgrund ihrer vielfältigen psychosomatischen Erkrankungen zehn Jahre vor dem eigentlichen Bezug der Altersrente frühverrentet. Ihre größte Sorge war, noch einmal ihre Tochter sehen zu dürfen.

Es hat nur ein Vierteljahr gedauert bis der ersehnte Anruf kam: Die Tochter war in Amerika gefunden – die „Operation Identity" hatte es mal wieder geschafft – es lagen allerdings auch die wichtigsten Daten komplett vor!

Zunächst gab es Verständigungsprobleme – denn die Mutter sprach kein Englisch, die Tochter kein Deutsch. Beide stürzten sich mit Feuereifer auf das Erlernen der anderen Sprache. Sie wechselten Briefe, sie telephonierten, die andere Tochter dolmetschte – und dann kam das erste Wiedersehen. (Siehe dazu auch im Kapitel „Der Moment ...“ den Abschnitt „Samstag 8.45 Uhr“!)

Inzwischen sind fast vier Jahre vergangen. Mutter und Tochter treffen sich trotz der mehreren tausend Kilometer Abstand regelmäßig. Sie verbringen (teilweise auch mit dem Schwiegersohn) ihre Urlaube gemeinsam, sie reisen, sie holen nach! Das vor allem!

Es gab erste Berichte von Frau R., nach denen ich große Bedenken hatte, wie sich dieser zunächst allzu enge Mutter-Tochter-Clinch auflösen würde. In den ersten Wochen konnten sie sich nicht voneinander trennen. Sie gingen Hand in Hand, sie ließen sich nicht aus den Augen ... „Dieses Glück soll nicht mehr aufhören! Ich meine immer noch, ich träume. Ich möchte mein Kind immer nur umarmen ...“ schrieb Frau R. an mich. Ganz offenbar hatten alle beide einen ungeheuren Nachholbedarf an Liebe, Zuwendung, Zärtlichkeit, Austausch.

Inzwischen ist er weitgehend gestillt. Mutter und Tochter feiern alljährlich gemeinsam den Tag des Wiederfindens als zweiten Geburtstag. „Ein unbeschwertes Leben hat angefangen“ schreibt die Mutter – 36 Jahre nach Fortgabe der Tochter und nach 36 Jahren der Verdrängung, Trauer und Verzweiflung.

„Nimm ein Junges vom Wolf ...“

Vom Tag der Freigabe an – bis 36 Jahre danach! Eine ungeheure Spannbreite! Mütter, die zu finden hoffen und Mütter, die (fast) widerrechtliche Schritte einleiten, um die Kinder zu sehen. Mütter, die in ihrem „Kind“ das Pendant finden, den ebenfalls Suchenden und Hoffenden, der alle Bedürfnisse teilt und Mütter, die noch über viele Jahre ringen müssen mit den Konflikten, die durch die unterschiedlichen Erwartungshaltungen entstehen!

Es gibt auch viele Mütter, die *nicht* suchen. Die einen haben Angst, Fehler zu machen, die Familie, das „Kind“ zu stören; die anderen sind von ihrer Rechtlosigkeit im juristischen und moralischen Sinne so überzeugt, daß sie es nie wagen würden. Sie würden sich aber nur allzu gerne finden lassen.

Sicher gibt es unter ihnen auch Mütter, die weder an Suche noch am Finden interessiert sind. Für sie ist die ganze „Geschichte" abgeschlossen. Sie verhalten sich so, wie es für sie in dem ganzen Arrangement einer Incognito-Adoption vorgesehen ist: Mit der Unterschrift ist alles abgeschlossen. Das sind die Mütter, die alleine mit der Maßnahme einverstanden sind und gut damit leben können! Es sind allerdings die Ausnahmen! Diese vorgebliche „Interesselosigkeit" wird ihnen jedoch von allen Seiten übel genommen – nach dem Motto: „Na, bitte! Da sieht man es ja ..."

Ich habe nie eine abgebende Mutter getroffen, die überzeugt und überzeugend von sich sagen konnte: „Für mich ist diese Episode Geschichte. Ich habe es damals so gewollt. Es war auch für mich eine gute Entscheidung und ich konnte gut damit leben. Ich möchte auch nichts wieder aufleben lassen!"

Wenn mir von Betroffenen gesagt oder geschrieben wird, daß die Mutter gefunden sei, aber keinerlei Interesse gezeigt habe, dann wird bei wenigem Nachfragen immer schnell deutlich, wo das Kernproblem liegt (siehe dazu auch im Kapitel: „Wenn Suche mißlingt ..." den Abschnitt „Die Mutter als Tante"). Oft bedürfte es in solchen Fällen nur einer geduldigen Hilfe von außen, der pädagogischen Vermittlung, der „Übersetzungsarbeit" zwischen den beiden, die nicht zueinander kommen können!

Abgebende Mütter haben beim ganzen Suche-Verfahren Angst – genauso wie die beiden anderen beteiligten Parteien:

> „Nimm ein Junges vom Wolf, wenn es noch klein ist, und ziehe es mit einem Rudel Hunden auf, und es wird mit dem Rudel laufen, wenn es erwachsen ist und wird mitlaufen, selbst bei der Wolfsjagd (aus: Sutcliff: Das vertauschte Kind).

Wird es mir noch in irgendeiner Weise „gehören"? Wird es noch Ähnlichkeiten geben? Ist irgend etwas von mir, von dem Vater noch vorhanden, das weitergetragen werden wird? Wird das „Kind" mich wollen, mich mögen? Oder wird es seine Neugier stillen, sich abwenden, mich verleugnen? Wird es mit dem Rudel

Hunde laufen – und bei der Jagd nach Wölfen mitmachen? Wird es einer Schicht, einem Menschenschlag, einer Gruppe angehören, die mich verachtet?

Fast immer geht es gut! Für viele setzt eine Zeit von Glück ein, die immer aber verbunden ist mit Vergangenheitsbewältigung, Trauer, Verlust.

Mütter haben die geringsten Chancen in diesem ganzen Adoptionsspiel. Die weitere Entwicklung dieser sozialen Maßnahmen wird zeigen, ob sie nur durchführbar ist, wenn mindestens eine Beteiligtengruppe „auf der Strecke" bleibt.

Geschwister gibt's gratis dazu!

„‚Ihre Mutter hat sechs Jahre vor ihnen schon ein Kind zur Adoption freigegeben, 1947, mit dem Namen Michael.' Mein Herz hüpfte ganz wild. ‚Ich habe einen Bruder, wo der wohl wohnt, wie der wohl aussieht und sein Leben?' ...

‚Der Mann ihrer Mutter heißt Hans E. Er starb 1972 und hatte drei Söhne, die in Thun heirateten', sagte der Beamte. ‚Was, nochmals drei Brüder!' platzte es aus mir heraus, und ich schrieb mir schnell die Vornamen dieser drei Brüder auf." (Martin Pedersen)

Geschwister sind bei der Suche nach der leiblichen Mutter oft nicht nur so etwas wie ein erfreuliches Anhängsel. Sie ergeben sich sozusagen „automatisch". Hat man die Mutter gefunden, bekommt mancher Adoptierte leibliche Geschwister oder Halbgeschwister frei Haus dazu ... Es sei denn, daß diese ebenso zur Adoption freigegeben worden waren, wie der Adoptierte selber und daß diese eben auch keinen Kontakt mehr zur Mutter hatten. In diesem Fall müssen sie „hinzugesucht" werden.

Für einen Außenstehenden ist es manchmal geradezu rührend, manchmal auch spaßig, mit welcher Akribie Adoptierte sich ihre große Familie peu à peu zusammenstoppeln. Die Mutter ist gefunden – das war das Wichtigste – und sie gibt die weiteren Informationen. Über sie wird der Vater gesucht und der Rest der Familie.

Das Wissen, daß es noch jemanden gibt, in dessen Adern das gleiche Blut fließt (oder wenigstens 50 Prozent davon), daß es noch jemanden gibt, der das gleiche Schicksal erlebt hat, macht manchen Adoptierten geradezu euphorisch. Besonders hier fragt man sich dann, welche Heimatlosigkeit in Adoptierten erzeugt wurde, wie wenig sie sich dazugehörig fühlten und wie sehr sie darauf angewiesen sind, „Koalitionspartner" und Schicksalsgefährten zu finden.

Nicht selten (siehe Kapitel „Vatersuche") werden zu den Geschwistern herzlichere Bande geknüpft als zum Vater: Es ist die gleiche Generation und sie ist unbelasteter von der Vergangenheit mit ihren negativen Erfahrungen und Beziehungen. Mit ihnen kann man „neu anfangen" – oft mehr als mit den Eltern!

In vielen Fällen kommt es zu guten, dauerhaften Freundschaften, in manchen zu tiefen, warmherzigen, geschwisterlichen Zuneigungen.

Aus den Berichten zweier Adoptierter, die ihre Geschwister gefunden haben, möchte ich zitieren. Sie haben ihre Erfahrungen in der Zeitschrift: „Adoptionsdreieck" veröffentlicht.

● „Es ist der 1. März 1991, 12 Uhr mittags, und ich öffne die Post. Dabei ist ein Brief von der Stadtverwaltung K. Ich denke, was wollen die schon wieder? Ich öffne den Brief und halte wieder einen Brief in meiner Hand ... Träume ich? In dem Brief stand: „Sehr geehrte Damen und Herren! Das Standesamt H. teilte mir mit, daß mein Bruder nach dem Tode meiner Mutter in K., ... Straße wohnte. Können Sie mir bitte mitteilen, wo er jetzt wohnt? Besten Dank! Unterschrift ...

Da saß ich und wußte nicht, ob ich lachen oder weinen sollte ...

Wer ist meine Schwester? ...

Was jetzt für mich begann, einem Mann mit 44 Jahren, kann ich nicht beschreiben. Die Vergangenheit bewältigen müssen und niemanden fragen zu können, ist sehr schwer. Ich fand die ersten vier Tage überhaupt keinen Schlaf mehr. Am 9. März ging das Telephon nachts um 1.30 Uhr und es war meine Schwester Regina. In diesem Moment war ich überglücklich ...

Mein Entschluß, meine Schwester persönlich kennenzulernen, war schnell gefaßt. Ich buchte für den 20. Mai München-Dallas!

In den letzten zwei Monaten stellten wir gemeinsam fest, daß wir dieselben Eltern hatten. Meine Mutter und ihr Adoptivvater sind unsere leiblichen Eltern. Die Photos, die wir uns gegenseitig schickten, bewiesen das, und die Familie von Regina bestätigte ihr, daß ihr Adoptivvater unser Vater ist ...

Am 20. Mai bin ich in Dallas gelandet und meine Schwester Regina hat mir einen großen Empfang bereitet. Was ich dabei fühlte, kann ich nicht aussprechen. Es ist meine Schwester, wie ich immer als Junge davon geträumt habe. In den letzten neun Tagen stellten wir so viele Gemeinsamkeiten und Erinnerungen fest. Es ist fast nicht zu glauben ..." (Richard W. in „Adoptionsdreieck" 3/1991)

● Martin W. hat ungleich länger gebraucht, um sich seine Familie „zusammenzustellen". Er lernte schon vor mehr als 20 Jahren seine leibliche Mutter kennen, zu der er jedoch keinen emotionalen Kontakt fand. Aber er bekam einen guten Kontakt zu zwei Schwestern der Mutter, seinen leiblichen Tanten, die ihn dann auch darüber aufklärten, daß er noch weitere Geschwister habe, die auch zur Adoption freigegeben worden waren.

„Im letzten Jahr kam ich durch Zufall an die genauen Geburtsdaten meiner Geschwister, ja sogar in den Besitz von Kopien der Geburtsurkunden. Auch war ich sehr erschüttert; hatte ich bisher von zwei Geschwistern gewußt, erfuhr ich, daß ich noch drei weitere Geschwister habe ... Das traf mich wie ein Hammer! Aber jetzt konnte ich endlich aktiv werden."

Bei deutschen Behörden kann man Herrn W. nicht helfen, da die Geschwister alle in die USA vermittelt wurden. So wendet er sich an mich und die Suche via „Operation Identity" nimmt ihren Lauf. Ein Vierteljahr nach Kontaktaufnahme bekommt er aus den Staaten einen Brief, in dem ihm Leonie Boehmer mitteilt, „daß sie gerade mit der Frau meines Bruders telefoniert hätte. Sie teilte mir seine Adresse und seine Telephonnummer mit. Sie schrieb, daß meine Schwägerin sich sehr über die Nachricht gefreut hat, obwohl sie aus allen Wolken gefallen ist. Andrew (der Bruder) wußte, daß er adoptiert worden war und wollte schon lange nach seiner Herkunft und seiner Familie in Deutschland suchen. Ich kann einfach nicht in Worte fassen, was ich empfand, als ich Leonies Brief las! Meine ganze Familie war vor lauter Freude total aus dem Häuschen. Es war ein richtiger Feiertag."

Nun hebt eine emsige Briefschreiberei von beiden Seiten an, die Post überschneidet sich, weil beide gleichzeitig lange Nachrichten an den anderen geben wollen.

„Es war ein ganz dicker Brief von Andrew gekommen! Es war unglaublich! ... Zum erstenmal in meinem Leben weinte ich hemmungslos. Ich hatte meinen Bruder gefunden! *Endlich!* Und er wollte mich genau so gerne akzeptieren wie ich ihn. Ich hatte nämlich große Angst, ob mich meine Geschwister überhaupt annehmen würden und etwas von mir wissen wollen. Andrew hatte die gleichen Ängste, wie er mir schrieb!"

Ab sofort herrscht ein reger Austausch zwischen den beiden Familien diesseits und jenseits des Atlantiks. Es wird geschrieben, telephoniert, die Töchter freunden sich an (sehen sich sehr ähnlich und sind auch beide im selben Jahr geboren). Und dann fliegt die ganze Familie zu einem ersten Treffen, das zur Zufriedenheit aller ausfällt. Aber noch sind sie nur zu zweit – sie waren aber mehr Geschwister.

„Über all unserer Freude, daß wir uns gefunden haben (Andy dachte immer, er sei ein Einzelkind), haben wir doch auch schon gemeinsam Trauer erleben müssen. Wir mußten erfahren, daß unsere einzige Schwester im Jahre 1980 ermordet wurde. Das war ein sehr schwerer Schlag für uns beide ..."

Leonie Boehmer sucht weiter: Der letzte Bruder fehlt noch. Es besteht eine gute Chance und Herr W. schreibt:

„Hoffentlich ist es mein Bruder und hoffentlich finden wir ihn schnell. Dann wäre es sogar möglich, daß wir drei Brüder im Herbst in Colorado endlich zusammen sind, wie es sich von Anfang an gehört hätte! Ich muß fast 42 Jahre alt werden, um Geschwister zu bekommen! So ein Wahnsinn! Drei Brüder mit drei verschiedenen Namen! Das ist eine Geschichte, wie sie nur das Leben schreiben kann – kein Mensch könnte sich sowas ausdenken!"

Nach einigen weiteren Wochen war auch der dritte Bruder gefunden. Er wußte bis dahin nichts „von und über seine Geschwister", und er war sehr erfreut. Ein Treffen ist in Aussicht genommen.

Bei der Geschwistersuche kann es auch vorkommen, daß der/die Gefundene nicht nur freudig-überrascht ist über den plötzlichen Familienzuwachs, sondern auch erschreckt-überrascht darüber, daß er/sie selber adoptiert worden ist. Es gibt „gefundene" Geschwister, die erst durch ihre biologischen Schwestern und Brüder im hohen Erwachsenenalter aufgeklärt werden, daß auch sie fortgegeben und angenommen wurden (wenngleich es alle in irgendeiner Weise immer ahnten – zumindest jedoch als Dissonanz in ihrem Leben erspürten).

Offenbar ist der Schreck unter diesen Umständen aber schneller zu überwinden und der Lüftung des Geheimnisses die schmerzhafteste Spitze abgebrochen dadurch, daß die Nachricht von Gleichbetroffenen kommt, die überdies gleichzeitig Familie darstellen und weitere Familie mitbringen. Die Frage nach den biologischen Eltern kann oft sofort geklärt werden, ja, manchmal können sie Eltern auch sogleich „präsentiert" werden! Der Schock scheint sich dadurch abzumildern – wenngleich dennoch eine lange Verarbeitungszeit vonnöten ist, diese vielen Umbrüche auch mit dem Herzen und nicht nur mit dem Verstand zu verarbeiten.

Aber nicht jede Geschwisterfindung hat ein solches happy end wie bei den beiden Männern, die ihre Geschichte aufgeschrieben haben.

● Ute H., die auf ihrer Suche den Vater fand, stellte nach weiteren Recherchen fest, daß dieser aus der nachfolgenden Kurzehe ebenso eine Tochter hatte (die er im übrigen genauso leugnete, wie seine Älteste). Sie ist sehr neugierig auf die Zweitfrau (die Drittfrau hatte sie ja beim problemreichen Hausbesuch beim Vater kennengelernt!) und vor allem auf die Schwester. Es wird ein Termin zum ersten Treffen vereinbart:

„Ich fand das super. Das war wie im Kino. Meine Freude über Ilse war natürlich nicht tiefgreifend. Ich wollte sie nur sehen. Es sollte kein Sich-in-die-Arme-Sinken sein …

Natürlich stellte ich sie mir irgendwie vor. Ich war bereit, sie in jedem Fall zu akzeptieren. Egal, wer und was sie war."

Ute H. fährt hin mit einem dicken Blumenstrauß und „in neugieriger Erwartung, was da wohl kommt."

„Und ich konnte nur noch ‚um Gotteswillen' denken. Da stand sie vor mir, meine Halbschwester, die mir nicht ähnlich war. Mit fettigen Haaren! Ungepflegt! Schmuddelig! Mit stark vorstehenden Zähnen ... Wir gingen ins Haus – so ein Durcheinander war für mich kaum vorstellbar. Obwohl wir verabredet waren, hatte sich niemand die Mühe gemacht, etwas Ordnung in dieses Chaos zu bringen ...

Unfaßbar. Wo war ich nur gelandet? Meine Toleranz war vorher grenzenlos, aber dies konnte ich nicht akzeptieren. Ich schämte mich. Mir war es peinlich. Welten lagen zwischen mir und Ilse. Schade, wir würden nie zusammen passen, wenn wir auch zufällig den gleichen Erzeuger hatten ...

Mein Traum von einer Halbschwester war wie eine Seifenblase geplatzt. Ich werde sie vergessen!"

Immerhin hatte die Schwester – vielleicht ebenso neugierig – in ein Treffen eingewilligt. Wenn die Geschwisterkonstellation jedoch eine andere ist, kann es zu stark rivalisierenden Gefühlen kommen, daß ein Kontakt von einer Seite strikt abgelehnt wird.

In den bisher geschilderten Fällen waren alle Beteiligten gleichermaßen betroffen: Sie waren alle irgendwie abgegeben oder verlassen worden – sie hatten dadurch eine ganz wesentliche Gemeinsamkeit!

Keine Gemeinsamkeit dieser psychischen Art haben Geschwister, die ungleich behandelt wurden: der eine wurde fortgegeben, der andere durfte bleiben. Oder: der erste wurde zur Adoption vermittelt, und der darauffolgende wurde behalten, ohne daß sich für einen Außenstehenden die Verhältnisse auch nur geringfügig geändert hätten!

Dieses Faktum ist für manche Adoptierten sehr schwer zu ertragen.

● Polly Toynbee schildert einen Fall, in dem der Adoptierte aufgrund der Ablehnungen von allen Seiten geradezu zu einem fanatischen Sucher wird. Die Mutter lehnt eine Kontaktaufnahme ab, aber er erfährt, daß er noch einen Bruder hat, der nach ihm geboren wurde und der bei der Mutter bleiben konnte. Diesen Bruder will er kennenlernen. Er will wenigstens ein bißchen Familie!

„Sie hatte einen Sohn. Sie hatte ihn doch tatsächlich Thomas genannt. Ist das nicht ein merkwürdiges Verhalten? Wenn man bedenkt, daß ich nach meinem Vater benannt wurde. Jetzt hat sie zwei Söhne, die Thomas heißen! Sie glaubte, mich aus ihrem Gedächtnis auslöschen zu können, indem sie ihm meinen Namen gab. Sie hat bei mir eine geistige Abtreibung vorgenommen und alles meinem Bruder gegeben – alles, sogar meinen Namen!"

Nach der Ablehnung der Mutter, die er geradezu belagert hatte, holt er Erkundigungen über den Halbbruder ein. Er fährt zu der Schule, an der der Bruder als Lehrer tätig ist. Die Mutter hatte brieflich von ihm Schweigen gegenüber jedem Dritten verlangt und so muß Thomas I. sich daran halten. Er will den Bruder aber wenigstens sehen! Er trifft ihn nicht an – auch nicht beim zweiten Besuch in der Schule. Dann plötzlich wird die Schule geschlossen – „aber kurz bevor das geschah, ging ein Freund von Tom, der die Spannung nicht länger ertragen konnte, auf seinen Bruder zu und erzählte ihm alles." Er appelliert an den Bruder, sich mit dem Erstgeborenen zu treffen. Dieser reagiert mit Erschrecken und Erstaunen, als er hört, daß er einen Bruder hat, der im Waisenhaus aufgewachsen ist. Er bat sich Zeit aus, darüber nachzudenken. Er versprach, Verbindung aufzunehmen – aber dann verschwand er und weder Tom noch sein Freund haben je wieder etwas von ihm gehört oder gesehen. Alle weiteren Nachforschungen bleiben ohne Erfolg. Dennoch sucht er weiter, obwohl er weiß, daß der Bruder sich nicht melden wird, daß er an einem Kennenlernen nicht interessiert ist! Wäre er es, dann hätte er längst reagiert. „Vielleicht glaubt er, ich bin hinter meinem Anteil am Geld meiner Mutter her. Das bin ich natürlich nicht, und das würde ich ihm auch sagen!" (Toynbee, S. 120ff.).

Niemand läßt Tom in die Familie! Die Mutter will keinen Kontakt, weil der Ehemann diese Seite der Vergangenheit nicht kennt, der Vater verleugnet ihn und selbst der Bruder – seine Generation – will mit ihm nichts zu tun haben. Er war Mutters Einziger, der alles bekam (selbst den Namen des Erstgeborenen, wie dieser schmerzhaft berührt anmerkt), und er will möglicherweise nicht „teilen" – was auch immer! Er, der Studierte, dem alles ermöglicht wurde, möchte nicht mit dem armen Bruder aus dem

Waisenhaus gleichgesetzt werden – die Mutter hat früh genug die Weichen gestellt. Niemand ist bereit, sie umzulegen und noch spät den Unglücklichen in die Geborgenheit der Familie aufzunehmen, nach der er sich so sehnt, seit er ein kleines Kind war.

Und Familie haufenweise ...

Mit der Mutter und den Geschwistern ist oft auch die ganze *weitere Familie* gefunden. Für Adoptierte eröffnen sich damit völlig neue Lebensperspektiven, die sich erst in ihrer ganzen Ausweitung ermessen lassen, wenn sie ihre Empfindungen in Ruhe und Ausführlichkeit darlegen.

Ebenso wie manche anderen Erkenntnisse in diesem Buch ist das folgende derzeit nur eine Mutmaßung von mir, für deren eindeutigen Beleg mir noch mehr Aussagen fehlen. Es entstand bei mir jedoch nach vielen Interviews der Eindruck, als ob viele Adoptierte sich erst in ihrer *Stamm*familie einer größeren Verwandtenanzahl gegenübersehen, von der sie sich gern gesehen und akzeptiert fühlen. Aus der Triade Adoptivvater/Adoptivmutter/Adoptivkind eröffneten sich durch die Suche plötzlich Großfamilien mit Onkeln, Tanten, Großeltern, Cousin und Cousinen, oft auch noch Geschwistern oder Halbgeschwistern.

In manchen Fällen deuten die Adoptierten an, daß sie mit den Adoptiveltern „ziemlich isoliert" gelebt hätten. Manchmal wird auch deutlich, daß die Adoptiveltern sich von der eigenen Familie absonderten oder abgesondert wurden: „Wir waren die Außenseiter. Mein Mann stammt aus einer sehr kinderreichen, katholischen Familie. Seine Brüder hatten alle mehrere Kinder. Das war dort so üblich. Nur er konnte keine Kinder zeugen und deshalb haben wir adoptiert. Aber dadurch haben wir nie richtig dazugehört und wir konnten auch nicht mitreden. Wir hatten nur ein Kind und das war noch nicht mal das eigene. Natürlich waren wir bei allen Familienfeiern dabei, das schon! Unser Sohn wurde auch von den Großeltern genauso üppig beschenkt wie die anderen Enkel. Aber irgendwie waren wir immer Außenseiter mit unserem Kind!"

Mehr als 40 Prozent aller Adoptierten wachsen als Einzelkinder heran und haben somit schon deswegen weniger Familie. Haben sie jedoch Geschwister, dann sind die Verhältnisse sehr häufig sehr gespannt, wenn es sich um leibliche Kinder der Adoptiveltern handelt, die ein fremdes Kind hinzugenommen haben. Was noch wesentlich problematischer ist: Wenn nach langjähriger ungewollter Kinderlosigkeit ein „Ersatzkind" adoptiert und anschließend spontan ein leibliches Kind erwartet wurde (nach meinen Beobachtungen in ca. 30 bis 40 Prozent aller Adoptivfamilien).

Unter solchen Familienverhältnissen empfinden sich Adoptierte als besonders „anders", als nicht voll dazu gehörend. Es ist zwar ihre Familie, es sind ihre Geschwister – aber letztlich sind sie es doch nicht! Die soziale Zugehörigkeit wird von Adoptierten immer anders erlebt als die biologische, und sämtliche Adoptionsideologen, die das Primat der sozialen Elternschaft über die biologische stellen, mögen zwar sozialpolitisch recht haben. Die meisten Adoptierten erleben es jedoch anders.

Plötzlich „seinem eigen Fleisch und Blut gegenüberzustehen", scheint für sehr viele Adoptierte ein ungeheuer einschneidendes Erlebnis zu sein. Sie empfinden sich plötzlich als nicht mehr so einsam, sie haben plötzlich Anhaltspunkte, wo sie in Wirklichkeit verwurzelt sind. Sie sehen auch andere Schicksale, die dem ihren sehr viel näher sind als die Schicksale der Adoptiveltern mit ihren Familien. Das mag eine Frage der sozialen Umschichtung sein – schließlich ist Adoption noch immer eine soziale Umverteilung von unten nach oben. Adoptivkinder entstammen in der Regel niedrigeren Sozialschichten als Adoptiveltern. Können Adoptierte den Anforderungen dieser Schicht nicht genügen (z.B. durch schulische Leistungen), dann wird für sie erschreckend deutlich, daß sie „eigentlich doch nicht dazugehören", sondern daß ihre Familie ganz woanders ist. Ähnliche Begebenheiten mögen für viele Adoptierte dazu beitragen, daß sie sich plötzlich in ihrer biologischen Familie angenommen und heimisch fühlen, auch wenn sie diese noch nie gesehen haben. Sozial handelt es sich um völlig Fremde, in der Regel haben sich die Verwandten noch nie gesehen. Dennoch wird vielmehr „Verwandtes" festgestellt, als zur Familie der Adoptiveltern, mit der man 15, 20, 25 Jahre lang vertraut gelebt hat.

Mag sein, daß diese Gefühle „eingeredet" sind – wie manche Adoptionsvertreter meinen. Für mich ist ausschlaggebend, was die Adoptierten empfinden und welche Einstellungen sie selber zu dieser Frage haben. In diesem Zusammenhang ist auch wichtig, noch einmal darauf hinzuweisen, daß sich sehr viele Adoptierte erst dann auf die intensive Suche begeben, wenn sie in der Adoptivfamilie keine Wurzeln schlagen konnten und sich dort nicht vollständig verankert fühlten. Da mir durch meine derzeitige Tätigkeit immer nur die Suchenden begegnen, kann ich nichts dazu aussagen, ob die Nichtsuchenden vielleicht andere Einstellungen und Gefühle haben. Es ist beides möglich. Im folgenden gebe ich einige Textauszüge aus Briefen oder Teile aus Interviews wieder, um das Empfinden von Adoptierten darzustellen, das sie hatten und haben, nachdem sich ihre leibliche Familie komplettiert hat.

Ein Adoptierter im Alter von 28 Jahren schreibt mir, daß er seine Mutter vor etwa einem halben Jahr gefunden hat. Er hatte sich eine sehr herzliche und warme Aufnahme von ihr versprochen, hat sie doch aber als kühler erlebt, als er es wünschte. Beide haben einen regelmäßigen Kontakt zueinander und wenn sie sich einmal mehrere Wochen nicht sehen, dann wird zumindest telephoniert oder eine Karte geschrieben. Das sei aber nicht das gewesen, was er sich von seiner leiblichen Mutter versprochen habe. Er habe jedoch einen großen Trost: Er habe noch mehr Familie hinzugewonnnen. Das sei ihm ganz besonders wichtig für sein eigenes Kind, das inzwischen drei Jahre alt ist.

● „Zu meinen Adoptiveltern hatte ich nach meinem Auszug nur noch sehr geringen Kontakt. Es war nie ein besonders herzliches Verhältnis gewesen, wenngleich ich ihnen immer sehr dankbar gewesen bin dafür, was sie alles für mich getan haben. Sie waren es ja auch, die mir überhaupt das Abitur und das Studium ermöglichten. Bei meiner leiblichen Familie wäre das nicht möglich gewesen. Trotzdem hat es mir nicht weh getan, als ich dann auszog. Manchmal hatte ich auch das Gefühl, daß es ihnen ganz recht war. Irgendwie hatten sie ihre Pflichten erfüllt, und ich konnte gehen. Entsprechend ist nun auch unser Verhältnis. Natürlich sehen wir uns ab und zu mal, aber Besuche sind immer seltener geworden. Sie waren auch nicht mit meiner Heirat einverstanden. Ich habe meine Frau schon im Studium kennengelernt, und das war ihnen nicht recht. Ich sollte erst das Studium beenden und meine Karriere ansetzen, bevor ich mich fest binde. So ging es aber alles schneller, als sie dachten, und wir mußten dann auch heiraten. Unser Kind war schon unterwegs. Auch das hat meinen Adoptiveltern nicht gepaßt. Sie fanden das irgendwie sehr unangenehm, obwohl sie es nie so deutlich sagten. Aber ich merkte, daß sie mich dafür immer ein Stück verachteten. So hat sich das Verhältnis dann noch mehr abgekühlt. Unser Kind betrachten sie auch nicht so richtig als Enkelkind, obwohl es ja ihr einziges ist. Aber ein Enkelkind ist vielleicht noch vielmehr an die Biologie gebunden als das Kind. Ich weiß es nicht, aber ich habe manchmal den Eindruck, wenn ich meine Adoptiveltern so reden höre.

Als ich dann meine Mutter fand, hatte ich auch das Gefühl, die biologische Verbindungslinie zwischen meinen Vorfahren und meinen Nachkommen über mich hergestellt zu haben. Auf einmal war die durchbrochene Linie wieder ganz. Meine leibliche Mutter hat auch ein sehr viel besseres Verhältnis zu ihrem Enkelkind als meine Adoptiveltern. Ich glaube manchmal auch, daß sie ein besseres Verhältnis zu ihm hat als zu mir. Das freut mich für unser Kind natürlich ganz besonders. Es hat zwar richtige Eltern, aber es hatte doch nie richtige Großeltern. Und die braucht man auch. Nun ist da eben die Großmutter auf der anderen Seite. Daß ich ein bißchen zu kurz komme dabei, kann ich gerne schlucken.

Aber was ich eigentlich erzählen wollte: Ich habe ja plötzlich noch mehr Familie bekommen. Alle haben sie mich mit offenen Armen aufgenommen. Ich bin mir bis heute nicht klar darüber, wer von der Adoption wußte, also von meiner Existenz, und wem ich plötzlich auf dem Präsentierteller dargeboten wurde. Ich habe auch nie danach gefragt. Mir ist es einfach wichtig zu wissen, daß alle mich mögen und daß sie auch meine Frau und das Kind voll akzeptieren, so daß wir alle richtig zusammengehören. Irgendwie habe ich immer noch nicht durchschaut, wer alles dazu gehört. Es ist eine sehr weit verzweigte Familie, die gute Kontakte zueinander hat. Viele wohnen in Süddeutschland, so daß ich sie noch gar nicht kennengelernt habe. Ich habe auch keine Eile, ich will alles sehr vorsichtig angehen lassen. Außerdem bin ich ja beruflich derzeit sehr eingespannt. Aber es ist schon ein gutes Gefühl, so plaziert zu sein, so dazu zugehören und zu wissen: Da hast du deine Familie, die du im Grunde genommen nie gehabt hast."

Bei solchen und ähnlichen Aussagen wurde mir in den Briefen und Interviews immer ganz besonders deutlich, welche Entwurzelung Adoptierte erleben können. Sie fühlen sich gelegentlich wie „frei im Raume schwebend" (Adoptierte, 23 Jahre alt). Scheinbar eröffnen sich Chancen für eine Be-Wurzelung erst durch das Kennenlernen der Familie und die liebevolle Aufnahme, die viele in ihr finden. Möglicherweise tragen sie durch ihre hohe Erwartenshaltung dazu erst bei. Weil sie es so möchten, haben sie es auch so!

Der Moment aller Momente – Das erste Treffen

● Frau T. (35 Jahre) hat gegen eine Gebühr von 100 Dollar die Adresse und Telephonnummer ihrer Mutter bekommen, nach der sie mehrere Jahre erfolglos gesucht hatte. Sie überlegt keine Minute, sie ruft sofort an: Jenseits des Atlantiks wird der Hörer aufgenommen und eine Frauenstimme meldet sich.

„Beate?"

„Ja!"

„Ich bin Gudrun!"

Stille

„Gudrun ..." und Schluchzen.

„Sind Sie Frau Beate M.?"

„Ja!"

„Soll ich dir schreiben?"

„Ja, schreiben!"

Da habe ich wieder aufgelegt und seitdem geht es mir besser als alle Jahre meines Lebens zuvor!"

Zu diesem Kapitel werde ich nichts schreiben und kommentieren. Die Schilderungen der Betroffenen sprechen für sich. Hinter diesen Momenten stehen oft jahrzehntelange Sehnsucht und Verzweiflung, oft auch jahrelanges Suchen. Und in der ersten Begegnung löst sich eine lang aufgestaute Angst: Wie wird es sein? Werde ich geliebt? Werde ich (noch einmal) verstoßen?

Rosa Rosen

● „Wir hatten uns vor dem alten Rathaus an dem kleinen Brunnen verabredet. Der ist so klein, daß man sich dort nicht verpassen kann. Ich war schon lange vorher da. Ich hatte es vor Nervosität zu Hause nicht mehr ausgehalten. Ich bin hektisch hin- und hergerannt, habe immer auf die Uhr geguckt. Wenn sie bloß kommt, wenn ich sie bloß nicht verpasse, wenn sie es sich bloß nicht anders überlegt hat, wenn nur ihre Adoptiveltern nicht plötzlich einen Rückzieher gemacht haben.

Ich sollte nach 21 Jahren meine Tochter wiedersehen, die ich im Alter von zwölf Tagen abgegeben hatte. Und die ich nicht einen Tag in meinem Leben vergessen konnte. Die Adoptionsvermittlungsstelle hatte für mich den Kontakt hergestellt und ich war selig, als ich die Zusage und den Termin bekam. Wir hatten als Erkennungszeichen ausgemacht, daß jede von uns eine rosa Rose in der Hand halten sollte. So ein Kitsch - aber im Grunde war alles Kitsch, alles. Ich wußte aber, daß ich die Rose nicht brauche, um meine Tochter wiederzuerkennen. Ich war mir sicher: Ich werde es spüren, daß sie es ist. Als es schon fünf Minuten über die Zeit wurde, war mir fast schlecht vor Angst. Und da sah ich sie auf der anderen Straßenseite - sie stand am Zebrastreifen und wartete, daß sie rüberkonnte. Ich wußte sofort, daß sie es ist. Auf die Rose habe ich erst geachtet, als sie vor mir stand.

Wir sahen uns an, als sie langsam auf mich zukam. Ich war nicht in der Lage, auch nur einen Schritt zu tun. Ich war wie versteinert. Ich glaube, sogar mein Herz hatte aufgehört zu schlagen.

Dann stand sie direkt vor mir und sagte nur: „Mutter!" Ganz leise und ruhig. Und da war es mit meiner Fassung vorbei. Wir fielen uns beide in die Arme und haben uns ganz ganz lange festgehalten, ohne ein einziges Wort zu sagen. Plötzlich fing ich an - das merkte ich erst später - sie ganz langsam zu schaukeln, und sie hat es sich gefallen lassen. Und dann haben wir uns losgelassen - nach einer Ewigkeit. Wir waren beide völlig verheult und schnieften. Darüber mußten wir dann so lachen. Und dann mußte ich meine Tochter gleich um was bitten: Ich habe doch nie Taschentücher bei mir. Wir haben uns dann beide lauthals geschneuzt und darüber mußten wir wieder lachen. Und dann sagte meine praktische Tochter: So, und was machen wir nun? So, als ob wir uns gerade mal eben nach dem Einkaufen in der Stadt getroffen hätten!"

Baby als Schutzschild

• Ein Sohn, 27 Jahre alt: „Wir hatten miteinander am Telephon einen Termin vereinbart. Meine Mutter wollte gerne, daß ich zu ihr nach Hause komme, weil sie sich nicht wohlfühlte. Ich denke, sie wollte den Heimvorteil für sich. Mir war es nicht ganz recht, aber ich habe zugestimmt. Ein neutraler Ort wäre mir lieber gewesen. Ja, und dann stand ich vor ihrer Wohnungstür und habe geklingelt. Ich hatte unglaubliches Herzrasen. Und irgendwie kriegte ich plötzlich eine enorme Wut. Ich weiß nicht warum. Das war wohl so eine Abwehrreaktion, damit es nicht alles zu sentimental wurde. Ich hatte noch nicht den Finger vom Klingelknopf, da ging die Tür schon auf. Wir standen uns wortlos gegenüber. Haben nur geguckt. Es war endlos. Keiner sagte was und ich dachte immer: Mensch, tu doch was. Es war fast unerträglich. Da habe ich ihr einfach meinen Sohn entgegengehalten, den ich auf dem Arm hatte. Sie hat ihn mir wortlos abgenommen und hat ihn ganz fest an sich gedrückt und hat zu weinen angefangen. Da war ich froh, daß das Kind zwischen uns war. Und dann ist sie zur Seite getreten und hat gesagt: „Komm!" Das war alles.

Als ich in ihr Wohnzimmer kam, war das Eis gebrochen. Aber wir haben uns nicht in den Arm genommen oder so. Das hätte ich nicht gekonnt. Sie war erstmals nur eine alte Frau für mich, von der ich wußte, es ist meine Mutter. Sie war mir nicht fremd, aber auch nicht vertraut.

Sie ließ meinen Sohn die ganzen zwei Stunden nicht mehr los, und es war komisch: Der kleine Kerl muß mit seinen elf Monaten etwas gespürt haben. Er war ganz ruhig und schmusig und schmiegte sich immer wieder an sie. Ja, so war das bei mir. Wie das Ganze ohne meinen Sohn gelaufen wäre, weiß ich nicht!"

Samstag, 8.45 Uhr

• Das Telephon weckt mich (Sw.) aus tiefstem Wochenendschlaf. Am anderen Ende der Leitung ist eine schluchzende Frauenstimme. Ich kann sie vor lautem Weinen nicht verstehen – und überlege schon erschreckt, wer in unserer Familie verunglückt oder verstorben sein könnte. Dann fragt sie mich zweimal nach meinem Namen – es ist also nichts Privates. Und dann: „Ich habe sie. Ich habe sie gefunden! Leonie hat meine Tochter gefunden. Nach 30 Jahren habe ich meine Tochter gefunden!"

Sie weint und schluchzt und kann nicht mehr weitersprechen, die 55jährige Mutter, die vor 30 Jahren aus materieller Not ihre Tochter in die USA vermitteln lassen mußte.

Ein paar Wochen später kommt dann ihr Bericht: „Das Jahr 1989 brachte in mein Leben großes Glück! Die Hoffnung, mein Mädchen wiederzufinden, war nur noch ganz vage in mir gewesen. Zu lange hatte ich vergeblich nach ihr gesucht. Doch am 18. Februar 1989 bekam ich sie wieder. Im Mai kam sie mit ihrem Ehemann nach Deutschland. Es war eine unbeschreibliche Freude. Ein Gefühl von Unwirklichkeit gemischt mit Angst, es könnte alles nur geträumt sein. Dann saßen wir uns gegenüber und hielten uns an den Händen. Damals konnten wir nur mit einer Dolmetscherin, meiner älteren Tochter, unsere Fragen und Gedanken austauschen ...

Ich erhielt eine Einladung von meiner Tochter und ihrem Ehemann. Wegen der hohen Flugpreise wollte ich noch Zeit gewinnen, um Geld von meiner Rente zu sparen. Da schickte mir mein Schwiegersohn einen Scheck für den Flug. Er sagte, das sei doch selbstverständlich. So flog ich nach Texas. In Dallas angekommen, sah ich mein Mädchen mit ihrem Ehemann am Ausgang stehen. Sie hatte Blumen in der Hand. Wir kamen in das Haus meiner Kinder. Auf dem gedeckten Tisch standen zwei Torten mit den Aufschriften: „Glück, Mama!" und „Willkommen!" Wir haben uns umarmt und gelacht und geweint. In meinem hübschen Zimmer standen noch mehr Blumen und ein Willkommensbrief der Adoptionsmutter. Das fand ich ungemein liebenswert. Alles in allem: Ein Ausnahmezustand. Wieder kam das Gefühl auf: „Ist das alles Wirklichkeit?"

„Wie tief der Schmerz nach 23 Jahren ...“

• „... Über die telephonische Auskunftsstelle erfuhr ich nun endlich, was ich über zwölf Jahre gesucht hatte: Die jetzige Adresse meiner leiblichen Mutter.

Ich war überzeugt, daß sie mich kennenlernen wollte. Dennoch hatte ich Angst vor dem nächsten Schritt. Was, wenn sie mich nicht sehen will? ... Daher überredete ich eine Kollegin dazu, den ersten Anruf zu unternehmen. Dieser verhieß Gutes, ich solle am nächsten Morgen selber nochmal anrufen. ... Es läutet. Einmal, zweimal und eine Stimme meldet sich: „Ja, ich bin es.“ Meine erste Frage war: „Möchtest du mich kennenlernen?“ – „Ja, ich habe schon lange auf dich gewartet!“ ...

Um 17.35 Uhr näherte ich mich der Restaurantterasse. Ein kurzer Blick – da war sie ... Ängstlich erwiderte sie meinen Gruß und stelle mir den neben ihr sitzenden Ehemann vor. Daß ihr Mann dabei war, hat mich verwirrt, wäre ich doch gerne mit ihr allein gewesen. Das Gespräch entwickelte sich langsam, vorsichtig tastend, aber mit wachsendem Vertrauen. Meine Mutter sprach über mein erstes Lebenszeichen seit 23 Jahren. Dieser Anruf offenbarte ihr die wirkliche Existenz von mir. Über all diese Jahre hatte sie ihre Gefühle verdrängen und unterdrücken müssen. Dieser Anruf bewirkte in ihrem Leben einen Bruch. Der ausgelöste Schock war heftig, war doch für sie dieses Telephongespräch wie die zweite Geburt von mir ... Unser erstes Treffen dauerte fast vier Stunden. ... Am nächsten Montag, kaum war ich von der Arbeit zuhause, klingelte das Telephon. Es war meine Mutter“ (Martin Studer 1991, S. 159 ff.).

Die Vertrauensperson

• „... Deshalb folgt jetzt alles noch einmal der Reihe nach:
8.11. morgens um acht Uhr bekam ich einen Anruf ihrer Vertrauensperson, daß Friedel mich sucht und gefunden hat und wir uns doch vorerst mal treffen sollten. Das geschah einen Tag später, am

9. 11. Sie ist ihre Lehrerin und Freundin des Hauses. Sie brachte Fotos von Friedel mit und nahm Fotos von mir, um sie meiner Tochter zu geben.
10. 11. Am Bahnhof sahen wir uns dann zusammen mit der Vertrauensperson, die uns dann drei Stunden allein ließ. Wir machten einen längeren Spaziergang am vernebelten und verlassenen Seeufer. Ich erwartete Anschuldigungen, aber wir fanden nur Gemeinsamkeiten. Sie erzählte von ihrem Zuhause. Ich sollte von ihrem Vater erzählen, was ich aber nicht schaffte. Zum Abschluß gingen wir noch in ein Café um uns aufzuwärmen und dann wollten wir uns wieder mit der Vertrauensperson treffen. Wir standen im Bahnhofsgelände und sahen sie und die Eltern, was nicht vereinbart war, auf der anderen Straßenseite stehen. Friedel wollte nicht, daß wir uns heute schon treffen und wollte sich von mir verabschieden. Dann kam die Vertrauensperson über die Straße und beredete Friedel, daß wir uns kurz begrüßen. So geschah es. Der Mann redete und redete voll Verlegenheit und die Mutter stand wie versteinert daneben ...
17. 11. Nach vorheriger Vereinbarung kam Friedel diesmal in meine Wohnung, wo sie dann meine ältere Tochter mit deren kleiner Tochter zusammen antraf. Das war eine Flasche Champagner wert. Wir waren mehrere Stunden zusammen, sahen uns Photos an und sprachen von der Vergangenheit. Den leiblichen Vater beider Töchter haben wir noch ausgespart ...

Ich bin so glücklich. Sie ist so hübsch und intelligent, wie ich es mir nur wünschen konnte, und das, obwohl sie mir ähnlich sieht. Ich hätte am liebsten losgeheult. Nachdem ich das schnell weggedrückt hatte, war es so, als ob wir uns seit ewig kannten ..."

Nach Hause

● „Es war ganz eigenartig. Ich hatte richtig Angst vor dem ersten Treffen mit meiner Mutter. Sie lebte nicht in so guten Verhältnissen, das hatte sie mir schon am Telephon gesagt und ich kann mit sowas, also mit Armut, nicht so gut umgehen. Außerdem hatte sie mir gesagt, daß sie schon lange verheiratet ist und daß ihr Mann da sein wird, wenn ich komme. Das hat mich noch mehr unsicher gemacht. Aber schließlich hatte *ich* sie gesucht, und *ich* wollte sie kennenlernen.

Also die Gegend, in der sie lebte, die war nicht sehr berauschend. Aber dann kam ich in ihre Wohnung und hab gedacht, ich komme nach Hause. Alles war so schön und sie hatte alles für mich hergerichtet – einen Kaffeetisch mit Blumen und einem kleinen Geschenk an meinem Platz. Und ihr Mann stand da, vor dem ich so Angst gehabt hatte, und war so lieb. Ein ganz stiller Mann, der immer nur freundlich guckte. Gesagt hat er fast gar nichts, aber irgendwie war zu merken, wie er mit seiner Frau, also meiner Mutter, mitfühlte.

Ja und sie ... also es hört sich irgendwie blöd an – aber ich kam wie nach Hause. Ich war sofort vertraut mit ihr, ich habe sie richtig als meine Mutter erkannt. Und als wir anfingen zu reden, da war es, wie wenn ich nur zum Urlaub weggewesen wäre" (Frau, 27 Jahre alt).

„Voll auf dem Bauch gelandet"

● „Ich hatte mich auf das erste Treffen mit meiner Mutter lange und intensiv vorbereitet. Ich wußte ja nur sehr wenig von ihr und wollte natürlich vor allem viel über sie und auch über meinen Vater erfahren.

Ich hatte mir vorgenommen, sachlich und kühl zu bleiben – nur kein Gefühl. Das kann ich nicht ausstehen und schließlich sind wir ja Fremde. Da mag ich das sowieso nicht.

Ich wollte mich auch nicht einwickeln lassen, das hatte ich fest im Hinterkopf und ich dachte: Wenn die anfängt zu heulen, dann gehe ich wieder. Das kann ich nicht ab! Dafür bin ich nicht der richtig Typ.

Ach ja, und dann hatte ich sie mir irgendwie so verhärmt vorgestellt. 49 Jahre, Kittelschürze, ein bißchen strähnige Haare – nicht so ungepflegt, nein, aber eben eine Frau aus dem Volke, wie man so sagt. Ich wußte zu dem Zeitpunkt auch nicht, ob sie beruflich was macht oder so.

Naja. Ich kann es ja gleich sagen – ich bin voll auf dem Bauch gelandet.

Wir hatten uns in einem kleinen Café verabredet, das um 19 Uhr schließt und wo ab 18 Uhr kaum noch Gäste sitzen. Wo man also Ruhe hat. Ich hatte das so eingerichtet, damit nicht eine Endlossitzung daraus wird – wenn sie schließen, dann müssen wir eben gehen. Fertig. Na, das war jedenfalls alles nichts!

Erstmal sah sie total anders aus. Sie ist zierlich und schlank und eine sehr gepflegte Frau. Schöne Haare, meine Haarfarbe. Hatte 'ne modische Brille, aber alles sehr dezent und ein elegantes Kostüm. Ich kann sowas beurteilen, meine Adoptivmutter hielt sehr darauf! Sie war sehr zurückhaltend und leise – also keine überflüssigen Gefühle, kein Überschwang und Tränen – also das kann ich mir zu ihr sowieso nicht vorstellen. Eine sehr beherrschte Frau! Und irgendwie ganz seltsam – sie war mir auf Anhieb sympathisch, obwohl sie so zurückhaltend war. Oder vielleicht deswegen, ja, das stimmt.

Also keine Frau, die einen vereinnahmt. Sie stellte ein paar Fragen – wie es mir ergangen ist – und sie ließ mich reden und hörte sehr aufmerksam und intensiv zu. Sie hat so eine eigenartige Form des Zuhörens – geht völlig mit. Sowas kenne ich gar nicht. Im Elternhaus – naja, da hat man sich nach so vielen Jahren auch nichts mehr zu sagen, ich war auch schon lange gelöst. Und im Kommilitonenkreis, da ist sehr viel an Oberflächlichkeit, alles small talk. Ganz nett, aber unverbindlich.

Und sie – sie ganz anders. An ihren Zwischenfragen habe ich gemerkt, wie sie mitgeht. Aber kein Ausfragen. Das hatte ich mir ja auch vorgenommen: Ausfragen lasse ich mich nicht, und ich lasse auch nichts auf meine Adoptiveltern kommen – also, falls sie da was vorhatte. Aber auch damit hatte ich mich getäuscht. Überhaupt: Es kam nichts Schlechtes, nichts Negatives. Irgendwann am Ende hat sie gesagt, wie froh sie ist, daß ich es so gut in meiner Familie hatte. Da bekam ich richtig ein warmes Gefühl.

Zwischendrin hatte ich gedacht: Ist das ihre Art, dich einzuwickeln? Aber das war nur ein Stolpern über mich selber. Ich hätte so gerne mein Programm durchgezogen, und sie hat mir allen Wind aus den Segeln genommen.

Als die Bedienung an den Tisch kam und sagte, sie wollten schließen, da war ich sauer auf mich, daß ich dieses Arrangement so eng getroffen hatte. Ich hatte fast das Gefühl, daß sie es auch so ahnt. Aber vielleicht war sie ja eingangs auch froh – sie wußte ja auch nicht, was sie antreffen würde. Ich glaube heute, daß ich am Telephon ganz schön arrogant gewesen bin. Tut mir heute leid.

Die nächsten beiden Treffen haben wir wieder in diesem Café verabredet gehabt – aber eher am Nachmittag. Vormittag kann sie nicht, sie ist berufstätig – als Directrice oder sowas. Wir haben immer noch Abstand zueinander, aber der wird immer geringer.

Ich bin gespannt, wie sich zwischen uns alles weiterentwickeln wird. Bisher hat mich diese Frau nur positiv überrascht" (Mann, 25 Jahre alt).

Davongeschwommen

● „Das erste Mal? O Gott!" Sie lacht. „Das erste Treffen? Da sind wir bald in Tränen davongeschwommen, mitten auf dem größten Platz der Stadt. Ich weiß bis heute nicht, was wir gesprochen haben. Ist vielleicht auch besser so. Das war bestimmt alles nur für die Minute gedacht. Ja und mehr war auch nicht, wir hatten nur 20 Minuten Zeit. Dafür haben wir jetzt um so mehr! Wir treffen uns jede Woche einmal und sind wie ganz dicke Freundinnen, nicht wie Mutter und Tochter. Sie ist ja auch nur 17 Jahre älter als ich" (Frau, 21 Jahre alt).

Wortlos nebeneinander

● „Heute ist einer der wichtigen Tage in meinem Leben gewesen. Der Weg bis hierhin war beschwerlich und schmerzhaft. Die Wartezeit bis zum heutigen Tag wurde immer bedrängender. Aber nun ist es soweit: Die erste Begegnung zwischen mir und meiner leiblichen Mutter hat stattgefunden. Mir ist ein Fels vom Herzen. Welch ein Gefühlssturm folgte! Meine vorgängige Angst verschwand, und es folgten Momente der Trauer über die Situation. Aber bald folgte ein stilles Einverständnis, eine gewisse Vertrautheit ...

Pünktlich um 16 Uhr sollte ich mich auf dem Sozialamt in M. einfinden zur ‚ersten Begegnung' mit meiner leiblichen Mutter. Vor lauter Aufregung saß ich bereits eine halbe Stunde zu früh auf dem Stuhl im Wartezimmer. Fünf Minuten nach mir trat eine Frau ein. Ein einziger Blick genügte, um zu wissen, daß diese Frau meine Mutter sein mußte.

Die Frau schaute mich ebenfalls an und setzte sich, ohne ein Wort zu sagen, neben mich. Ich war wie versteinert und wortlos saßen wir nebeneinander. Die Minuten schienen nicht zu verstreichen. Ich konnte diesen Zustand äußerster Spannung kaum mehr aushalten, brachte es aber nicht fertig, etwas zu sagen oder mich von der Stelle zu rühren. Einzig meine Gedanken schossen wild und unkontrolliert umher: Wie sollte ich diese Frau, meine Mutter, überhaupt begrüßen? ‚Sie' oder ‚Du', ‚Mutter' oder ‚Luciana'? Würde sie sich überhaupt freuen? Würde sie mich denn so akzeptieren, wie ich bin, oder enttäuscht sein nach all den Jahren?

Dann endlich war es 16 Uhr. Wir saßen immer noch schweigend nebeneinander, als der Sozialarbeiter hereinkam und uns aus dem Schweigen erlöste ...

Mit großer Betroffenheit hörte ich Luciana zu, wie und was sie aus ihrer Vergangenheit erzählte ...

Nach zwei intensiven Stunden mußten wir unseren Gesprächsort ins nahe Café verlegen. Es gab so vieles zu erzählen. Nach drei weiteren Stunden verabschiedeten wir uns am Bahnhof mit Freudentränen in den Augen" (Marisa Mastel 1991, S. 192f.).

„Eine Mum, die aussah wie ich!"

● „Sie war eben meine Mutter, ganz einfach meine Mutter, mehr kann ich dazu nicht sagen. Ich hatte das Gefühl, nur ein paar Wochen von ihr getrennt gewesen zu sein und nicht 27 Jahre. Wir wußten alles voneinander, einer wußte, was der andre empfand.

Sie sagte, sie würde mich immer erkannt haben, auch wenn ich irgendwo eine Straße entlanggegangen wäre, selbst dann, wenn ich ganz anders aussehen würde. Sie sagte, sie würde ihr eigenes Kind erkennen, ganz instinktiv. Man könnte sagen, daß zwischen uns sofort eine innige Beziehung entstand. Es fiel mir gar nicht schwer, mich an sie anzukuscheln. Ich hatte zwar mein ganzes Leben lang eine Mum gehabt, eine gute Mum, aber jetzt hatte ich eine Mum gefunden, die aussah wie ich, die fühlte wie ich und genau verstand, worauf es bei mir ankam" (Toynbee 1989, S. 101).

Schöne Weihnachten

● „Der erste Kontakt? Och, der war ganz einfach: Als ich endlich die Adresse von meiner Mutter hatte, habe ich – es war der vierte Advent – eine schöne Weihnachtskarte gekauft und draufgeschrieben: „Schöne Weihnachten wünscht Dir Dein Uwe". Und die Telephonnummer! Ich dachte – sie wird's schon wissen! Und zwei Tage später klingelte das Telephon und eine Frau sagt: „Ja, ich bin es. Ich habe Deine Karte bekommen!" Das war's. Sie hat mir später erzählt, daß sie keine Sekunde überlegen mußte, woher der Gruß kommt. Ich habe sie gefragt, warum denn nicht und sie hat gesagt, weil sie täglich drauf gewartet hat" (Mann, 23 Jahre alt).

Aufschneiden und Abschätzen

● „Das Treffen mit meiner Tochter war – ja, es war alles! Es war sehr schön und sehr traurig und sehr aufrührend und auch sehr eigenartig. Das ist mir aber erst Wochen später klar geworden, als ich mehr wußte.

Ein paar Tage nach dem 18. Geburtstag meiner Tochter – ich habe immer dran gedacht und immer frische Blumen gekauft – rief mich ein junges Mädchen an und sagte, sie soll von meiner Tochter anrufen, sie sei eine Mitschülerin. Sie sollte mich fragen, ob ich mich mit ihr treffen würde. Ich war sehr überrascht. Ich hatte immer gehofft, sie eines Tages wiederzusehen – aber irgendwie ... ich hatte mir alles anders vorgestellt.

Ich habe natürlich eingewilligt, habe nur gebeten, daß es ein Treffen unter vier Augen sein soll. Das ging dann ganz schnell – ein paar Tage später haben wir uns im Strandcafé getroffen. Ich war sehr zwiespältig: ein schönes Mädchen, sehr gepflegt – aber unglaublich arrogant. Ich habe die ganze Zeit versucht mir einzureden, daß das Unsicherheit ist bei ihr – aber das war es nicht nur. Letztlich hat sie mich abgefragt: Wie war dieses, wie war jenes, wo ist mein Vater? Mich hat sie kaum fragen lassen – natürlich, sie hat von der Schule erzählt – Renommiergymnasium – und ein paar Sätze zu den Eltern, beide Ärzte. Ich hatte ja keine Informationen, wohin sie gekommen war, aber sowas hatte ich mir schon gedacht. Irgendwie lag bei ihr so die Frage in der Luft: Na, was sagst du dazu!? Hast du was ähnliches zu bieten?

Ich will ihr nicht Unrecht tun, aber es war ein Aufschneiden und ein Abschätzen. Wenn ich ehrlich sein soll – sie hat mir nicht gefallen. Ich habe gedacht – das ist nicht meine Tochter, das habe ich nicht gewollt. Davon laufen schon genug rum. Seht her, wer ich bin! Das ist ein Menschenschlag, mit dem ich immer Probleme hatte. Ich komme aus bescheidenen Verhältnissen – der Krieg hat bei meinen Eltern nichts übriggelasen. Ich habe mich hochgearbeitet und bin stolz auf das, was ich geschafft habe. Aber man darf doch nie vergessen, daß andere Menschen schlechter dran sind und eben anders leben. Aber das ist eben so diese Schicht. Mich stört nur unsäglich, daß meine Tochter nun auch so eine geworden ist.

Wir haben etwa anderthalb Stunden miteinander gesprochen oder besser, sie hat mich ausgefragt und dann hat sie sich verabschiedet. Als ich fragte, ob wir uns mal wiedersehen, hat sie über die Schulter so ein kaltes „Vielleicht" geworfen – und weg war sie.

Das ist mehrere Monate her. Bis heute habe ich nie mehr was von ihr gehört und auch nicht von der Freundin. Ich habe immer noch sehr gemischte Gefühle. Einerseits hoffe ich, daß sie den Kontakt wieder auf nimmt. Ich kann es ja nicht, ich weiß ja noch nicht mal, wie sie heißt und wo sie wohnt. Andererseits denke ich: Nein, es muß nicht sein. Sie hat ihre Neugier gestillt an mir. Sie hat sich geholt, was sie haben wollte, und mehr ist bei ihr nicht. So der Typ: Ich nehme mir, was ich will – ohne Rücksicht auf andere. Nein, so will ich keine Kontakte mehr.

Ich hoffe auf später. Wenn sie zehn Jahre älter ist und reifer und vielleicht auch schon ein paar Enttäuschungen in ihrem Leben erlebt hat, dann erinnert sie sich vielleicht wieder. Vielleicht können wir dann was miteinander anfangen. Aber so?" (Frau 42 Jahre alt).

„Es ist, als hätte ich früher nicht richtig gelebt. Als hätte ich nur gewartet. Ich war wie blockiert. Heute bin ich frei und aktiv. Wen ich bedenke, wieviele Jahre ins Land gegangen sind, in denen ich nur auf Sparflamme gelebt habe ..." (Frau, 32 J. nach der Suche der Mutter)

Für manche Adoptierte, abgebende Mütter und Adoptiveltern ändert sich nach der Suche und dem Finden nichts oder nur Geringfügiges, das sich im Alltagsleben kaum widerspiegelt. Aber es gibt - nicht selten! - Menschen, für die das Wiederfinden „eine zweite Geburt" bedeutet, eine deutliche Zäsur in ihrem Leben!

- „Endlich war das eingetroffen, was ich 35 Jahre lang erhofft hatte. Mein Sohn hat sich gemeldet. In mein Leben ist Ruhe eingekehrt. Ich weiß, daß es ihm gut geht. Nun kann ich in Frieden sterben" (abgebende Mutter nach der Suche, 67 Jahre alt).

- „Ich hab mich nie so gut gefühlt, wie seit dem Treffen mit meiner Mutter. Auf einmal sieht mein Leben anders aus, klarer, unbeschwerter. Es ist, als ob ich erst jetzt richtig atmen könnte!" (Adoptierte, 28 Jahre).

- „Mit allem, was ich auf meiner Suche getan habe, habe ich Lawinen losgetreten und das lang Verschüttete, das da zum Vorschein kam, das muß ich erst verkraften ... Meine Suche ging in rasendem Tempo. Richtig aktiv gesucht habe ich nur ein paar Wochen, gefunden habe ich sehr viel. Ich konnte teilweise nicht mehr so schnell hinterherwachsen, ich wurde überrollt von all dem, was sich durch wenige Schritte ins Dunkel meiner Existenz in Bewegung setzte. Was sich in meinem Verhalten geändert hat: Ich fühle mich selbstbewußter und mutiger. Ich nehme nicht mehr so leicht Lügen in meinen Beziehungen hin, versuche es mehr mir als anderen recht zumachen. Ich bin realistisch geworden und gebäre nicht mehr so viele Phantasiegestalten. Ich bin energischer geworden, lasse mir weniger Schuldgefühle aufladen. Ich habe mehr Selbstvertrauen" (Adoptierte, 38 Jahre alt).

Mit dem Erleben, das von manchen Adoptierten (vor allem Frauen, die mehr zu seelischen Reflexionen zu neigen scheinen und mehr Übung in Selbstbeobachtung haben!) sehr anschaulich geschildert wird, ändert sich bei vielen auch das Verhalten. Nicht nur im mitmenschlichen Bereich erproben sie ihre neu gewonnene Stärke, sondern sie verändern auch Maßgebliches an ihrem Leben:

- Viele nehmen ihren ursprünglichen Vornamen wieder an oder fügen ihn zumindest als Doppelnamen dem Adoptionsvornamen hinzu.
- Einige nehmen ihren Geburtsnamen, den Namen der leiblichen Mutter wieder an – das betrifft vor allem unverheiratete Frauen.
- Menschen, die ins Ausland vermittelt wurden und durch die Adoption die dortige Staatsangehörigkeit erhielten, beantragen ihre erste Staatsangehörigkeit zurück oder bemühen sich um eine Doppel-Staatsangehörigkeit.

Bei all diesen Veränderungen scheinen die Adoptierten keinerlei Probleme bei den Behörden zu bekommen. Ich erfahre laufend von vollzogenen Personenstandsänderungen, ohne je zu hören, daß je ein entsprechendes Begehren abschlägig beschieden worden ist.

Den Adoptierten geht es hierbei nicht um Nostalgie, und es sind auch nicht (nur) die Menschen, die ein überwiegend negativ verlaufendes Adoptionsverhältnis beklagen. Ihnen geht es um anderes: Sie wollen ihre ursprüngliche *Identität* zurückhaben. Sie wollen sich so wieder herstellen lassen, wie sie geboren wurden: als deutsche Annemarie Schneider, und sie wollen nicht mehr Leslie Howard aus den USA sein!

Im vergangenen Jahr allein erfuhr ich von sechs Suche-Fällen mit USA-Beteiligung, von denen drei Adoptierte anschließend ihre Staatsangehörigkeit haben ändern lassen – wenngleich mit demselben schlechten Gewissen dem aufnehmenden Staate gegenüber wie den aufnehmenden Adoptiveltern. „Ich will nicht undankbar sein, aber ich bin eben Deutsche!"

Ich kenne alle Einreden zu diesen Vorgängen, die vor allem von manchen Adoptiveltern und deren Funktionären ausgehen – aber niemand (!) redet den Adoptierten diese Maßnahmen ein oder ermuntert sie dazu! Sie entspringen ganz offenbar dem eigenen Bedürfnis nach Ganzheit, nach ungebrochener Identität, nach Wiederherstellung eines Ursprünglichen, das als nur unterbrochen erlebt wird und nun wieder aufgenommen wird. (Ähnlich den abgebenden Müttern, die nach 20 Jahren die Mutter-Kind-Beziehung wieder an dem Punkt aufnehmen möchten, an dem sie seinerzeit unterbrochen worden ist.)

Dankbarkeit für die Aufnahme in der amerikanischen, schweizer, deutschen ... Familie und dem entsprechenden Staat: Ja! *Aber:* innere Heimkehr zu dem, was ich früher einmal war.

Hinter diesem Empfinden steht Not. Der Adoptierte, der sie erlebt, ist noch gebrochen und jeder Beteiligte sollte alles tun, diese seelische Not, die Wirrnis, das Durcheinander zu lichten und zu lindern und dem Menschen die Identität zu ermöglichen, in der er sich „eins mit sich selber fühlt!" Dabei kommt es nicht darauf an, ob diese Erleben von irgendwelchen psychologischen Schulen und Theorien als „richtig" erkannt und abgesegnet ist, sondern ausschließlich auf das Empfinden und die Wünsche der Betroffenen.

An diesem Punkt wurde auch mir sehr deutlich, wie sehr auch Adoptivkinder „Leihkinder" sind – während dieser Begriff immer nur für Pflegekinder verwendet wird. Während bei letzteren die leiblichen Eltern das Kind „herleihen" und zurückverlangen können, empfinden manche Adoptierte sich als temporär ausgeliehen, sind dankbar für die Chancen dieser Leihzeit und kehren heim, wenn die Möglichkeit sich ergibt.

Ehekrisen und Kindersegen

Das Finden löst aber auch noch andere, nach außen hin schwer wiegendere Ereignisse im Leben mancher Adoptierten aus:

- Ehen gehen auseinander
- (scheinbar) biologische Kinderlosigkeit ist geheilt, und die Kinder purzeln nur so.
- Gewollte Kinderlosigkeit wird schlagartig bendet.
- Umzüge, Kündigungen, Abbrüche, Veränderungen ... bestimmen das neue Leben.

Insbesondere die Verhältnisse in den Partnerschaften von Adoptierten scheinen durch den Sucheprozeß und das Finden erheblichen Belastungen ausgesetzt zu werden.

Dabei ist es nicht die äußere Situation, die etwas ändert, sondern die neue Identität, ein völlig neues Ich-Erleben, das den Adoptierten so durchgreifend verändert, daß der Partner plötzlich „einem ganz neuen Menschen" gegenübersteht. Allerdings habe ich das nur in Partnerschaften von adoptierten Frauen beobachtet.

● „Ich war plötzlich kein Niemand mehr. Ich war plötzlich ‚Wer' – und das konnte mein erster Mann nicht akzeptieren."

● „Ich habe mit den ersten Kontakten zu meiner Mutter, die sehr positiv waren, einen spürbaren Wandel durchgemacht. Ich habe enorm an Selbstwertgefühl hinzugewonnen und das hat meine Ehe nicht ausgehalten. Mein Mann mußte immer dominieren, und das konnte er halt nur, solange ich klein und unsicher war. Auf einmal war ich das aber nicht mehr, und das konnte er nicht verstehen. Es hat böse Kämpfe gegeben, und er hat schwer auf meine Mutter geschimpft. Er hat ihr alle Schuld gegeben an diesen Veränderungen. Er hat auch versucht, meinen Adoptivvater gegen mich aufzuhetzen, aber der hat sich Gottlob da rausgehalten. Es war eine böse Zeit – zumal meine Mutter sich dann auch wirklich schuldig fühlte am Scheitern meiner Ehe.

Also das war damals schon eine ganz widerlich verzwickte Geschichte. Es hat lange gedauert, bis sie verstanden hat, daß sich hier was ganz anderes abgespielt hat. Mein Mann ist regelrecht ausgerastet, er hat mir ein perverses Mutter-Verhältnis unterstellt und ähnliches. Irgendwann habe ich dann den Knoten durchgehauen und bin gegangen. Ich bin heute sehr dankbar für diese ganze Entwicklung. Sie hat mich um Jahre weitergebracht. Vorher stagnierte alles – da hatte ich kaum noch Entwicklungschancen" (Adoptierte, 37 Jahre alt).

Zu einem anderen Suche-Fall schreibt mir die Sozialarbeiterin, mit der ich zusammengearbeitet hatte:

- „Die Mutter scheint jetzt ihr Leben wieder völlig in der Hand zu haben ... Die Tochter dagegen hat sehr viele Probleme zu überwinden, nicht nur durch die Adoption (die Leute hätten nie ein Kind annehmen dürfen!), sondern auch mit ihrer Ehe. Sie ruft mich jetzt mindestens zweimal die Woche an ..."

- „Bevor ich Ihnen den Stand der Dinge mitteile, zuvor noch etwas über mich selbst, über mein Empfinden nach all den turbulenten emotionalen Ereignisse. Für mich war es einerseits aufklärend, über mich etwas zu erfahren, und ich freue mich darüber, daß ich nun nicht mehr in ein düsteres Loch schaue, wenn ich zurückdenke. Andererseits werde ich das Gefühl nicht los, irgendwie benutzbar zu sein, weil wurzellos und als Zufallsprodukt von niemandem gewollt.

  Ich war sehr anpassungsfähig, außerordentlich kritiklos und insofern ist aus meiner Suche nach meiner Identität auch für mich ein Problem entstanden, auch im Zusammenleben mit meinem Mann. Ich fühle heute, daß ich überhaupt kein eigenes Ego hatte und mich nicht durchsetzen konnte, und ich befürchte, obwohl mein Mann mich liebt, daß auch er aufgrund der von mir ausgehenden ‚Wellen' irgendwann der Reaktion erliegt, mich abzulehnen" (Adoptierte, 32 Jahre).

- Bei Lucie begann es unmittelbar nach dem ersten Telephonkontakt zur Mutter in der Ehe zu kriseln. Sie hatte spontan ihren Job gekündigt, um sich einem Deutschintensiv-Kursus unterziehen zu können, damit sie die Mutter verstehen könnte, wenn diese das erste Mal in die USA zur Tochter käme ... Ihr Mann fühlte sich übergangen. Sie hatte ihn nicht gefragt, und er war auch sehr gekränkt, als sie sehr schnell einen Gegenbesuch bei der Mutter plante – ohne ihn. Bis dato war sie noch nicht einmal alleine in die Nachbarstadt gefahren! Und nun arrangierte sie eine Interkontinentale Reise! Sie ent-flog ihm geradezu!

Erst nach etwa einem Jahr nahmen die hektischen Aktivitäten zwischen Mutter und Tochter ab, als die ganze Situation sich konsolidiert hatte und Mutter und Tochter sich gegenseitig sicher sein konnten. Der gekränkte Ehemann hatte allerdings so lange abgewartet und als sich die Familienszene wieder beruhigte, konnte eine neue Form von Eheleben beginnen. Für ihn war es eine harte Prüfung, und auch Lucie war sich darüber im klaren, daß sie ohne Besinnen ihre Ehe aufs Spiel gesetzt hatte. Hätte jemand von ihr eine Entscheidung zwischen Mutter und Ehemann gefordert, Lucie hätte sich ohne Bedenken für die Mutter entschieden – eine unreife, wenngleich aus der Biographie verständliche Entscheidung!

Aber auch, wenn sich keine äußerlich umwälzenden Ereignisse ergeben, wird das Leben aller Beteiligten heftig durcheinandergewirbelt. Im folgenden skizziere ich einen „Fall", der Elemente birgt, von denen fast jede Adoptionsgeschichte mehr oder weniger stark betroffen ist.

Balanceakt

● Frau F. hat ihre 22jährige Tochter gesucht und sehr schnell gefunden. Die Adoptiveltern hatten „mitgespielt" – der Vater überzeugt und sachlich, die Mutter mit erheblicher Mühe.

Die Tochter war bereits einige Jahre vom Elternhaus abgenabelt und studierte 200 km entfernt, war verlobt und hatte sich – altersentsprechend – ihr eigenes Leben eingerichtet.

Für die *Adoptivmutter* kam mit dem Auftauchen der leiblichen Mutter die große Unsicherheit: Bleibt mir mein Kind oder verliere ich es? Neben dieser Frage, die fast alle Adoptivmütter beschäftigt, hatte sie aber auch noch mit einer Problematik zu kämpfen, die ebenfalls viele Adoptiveltern angeht und auf das Arrangement Adoption ganz allgemein zurückzuführen ist: mit dem deutlichen Altersunterschied zwischen leiblicher und Adoptivmutter. Viele leibliche Mütter sind zum Zeitpunkt von Geburt und Freigabe 18 bis 22 Jahre alt; viele Adoptiveltern sind 32, 34, 36 Jahre alt, wenn sie das Kind aufnehmen – es liegt also eine ganze Generation zwischen ihnen!

Zur prinzipiellen Verlustangst kommt die eigene Altersproblematik: die 65jährige Adoptivmutter – am Ende ihres Lebens angekommen, leicht gehbehindert, mit zahlreichen altersbedingten gesundheitlichen Störungen – trifft (ungewollt!) auf die 40 Jahre alte leibliche Mutter: aktiv, sportlich, chic, unternehmungslustig ... Sie hat die Hälfte des Lebens noch vor sich – und sie hat eben auch noch viele Jahre eines Lebens mit der „gemeinsamen" Tochter vor sich!

Eine Auseinandersetzung mit der Vergangenheit, der nur noch kurzen Zukunft, dem Alter, dem Gebrechen ... bekommt angesichts der leiblichen Mutter eine völlig neue Qualität. „Eifersucht" ist hier ein zu billiger Klischeebegriff, kommt den Gefühlen wohl aber recht nahe, wobei Neid auf die Jugend der anderen unbewußt eine große Rolle spielen wird. Sie haben den gleichen Status: Sie sind beide Mütter derselben 22jährigen Tochter – und doch trennen sie aufgrund des Altersunterschiedes Welten! – Eine sehr schwierige Situation und eine Lebenskrise, die durchlebt werden muß, um zu neuen Formen zu finden.

Die abgebende Mutter – überglücklich, die Tochter gefunden zu haben und von ihr akzeptiert zu werden – kämpft mit ganz anderen Problemen: Sie sieht nach 21 Jahren ihr „Baby" wieder: eine erwachsene Frau. Jeder Mutter wird in dieser Situation schmerzlich bewußt, was sie mit dem Verstand lange „weiß" – es aber nie er-lebt hat: diese Jahre sind vorbei: 21 Jahre lang habe ich nichts von meinem Kind „gehabt", habe es nicht begleitet, ernährt, erzogen ... Diese Zeit ist unwiderbringlich dahin! Gleichzeitig – überwiegend unbewußt ablaufend und deshalb dem Verstehen und Reagieren so schwer zugänglich zu machen – besteht das Gefühl, aufholen, nachholen, wieder gutmachen zu müssen:

- Die verlorene gemeinsame Zeit muß nachgeholt werden,
- gemeinsame Gespräche, das Teilen von Gefühlen, von Erlebnissen müssen noch erfolgen.

- Und all das, was die Mutter dem Kind nicht geben konnte: Liebe, Zärtlichkeit, Geschenke, Geld …

Nun soll das Kind endlich alles haben!

An diesem Punkt kommt es zu Abwehrreaktionen der *Tochter*: Sie will ihre Mutter, sie möchte die Kontakte, aber sie will nicht plötzlich wieder „Kind" sein müssen. Sie will weder überquellende Zärtlichkeit noch die Geschenke, noch übermäßig viele Kontakte, noch die permanente Selbstvorwürfe und depressiven Äußerungen der Mutter.

Sie will erwachsen bleiben, abgelöst vom Elternhaus - und nicht in eine neue Mutter-Kind-Bindung gezogen werden. Sie will nicht Objekt von Schuldgefühlen sein, will sich nichts (in dieser Situation) bezahlen lassen, sie will auch ihre Adoptiveltern nicht kränken, indem sie „zuviel" Zeit mit der leiblichen Mutter verbringt.

Für die Tochter beginnt ein jahrelanger Seilakt: das Seil, auf dem sie balanciert, ist das Leben einer selbständigen 22jährigen, die an ihrer Zukunft baut - die Abstürze rechts und links sind die Abhängigkeiten von der leiblichen Mutter und die Verletzungen der Adoptiveltern.

In Briefen und Telephonaten hält die Tochter die Balance: Die Briefe an die leibliche Mutter sind liebevoll, ausführlich - aber immer auch deutlich Abstand signalisierend. Immer wieder - als Erwiderungen auf Briefe und Anrufe der Mutter - schreibt sie sinngemäß: „Ja, du bist meine Mutter, ich bin auch froh über den Kontakt, aber …" Und dieses Aber ist es, das die Mutter immer wieder in Selbstzweifel stürzt, in Schmerzen des Abgewiesenseins und in erneute Verlustängste.

Daß hier Verstand (Wissen) und Gefühl miteinander ringen, wird immer wieder deutlich: „Ich weiß ja, daß es so ist, aber …"

In diesem Falle ist über viele Jahre die Balance gehalten worden: Die Tochter blieb autonom, sie pflegte liebevolle Kontakte zu beiden Elternhäusern, sie teilte ihre Zeit „gerecht" auf. Sie hat sich klug und einfühlsam verhalten - und ihre Probleme geschickt gemeistert. Die Verletzungen der leiblichen Mutter sind geblieben. Immer wieder brechen sie auf - wenngleich die Angst vor dem erneuten Verlust geschwunden ist. Was bleibt, ist die Trauer um die verlorenen Jahre ...

Auch bei der Adoptivmutter ist innerlich Ruhe eingekehrt – auch sie braucht keine Angst mehr zu haben, das „Kind" zu verlieren. Die Hochzeit der Tochter haben dann alle gemeinsam gefeiert!

Neue Fragen und kein Ende

Adoption ist nicht mit dem Vertrag nach der Freigabe des Kindes abgeschlossen. Sie ist auch nicht beendet mit der Volljährigkeit oder dem Finden der leiblichen Eltern: Sie ist ein lebenslanger Prozeß – für manche auch ein Lebenszeit-Trauma!

- Marisa ist vor 25 Jahren adoptiert worden. Vor sechs Monaten hat sie ihre Mutter gefunden und nun schreibt sie:

„Je länger ich mich mit dem Wesen Adoption befasse, desto enger schlingen sich seine Arme um mich. Natürlich, ich bin viel befreiter, seit ich meine Mutter gefunden habe, seit ich die quälenden Fragen in bezug auf sie entschlüsseln konnte. Und doch brennt das Thema mehr und mehr.

Das Verrückte an der ganzen Sache ist, daß es mitnichten zu einem Abschluß der Unruhe kam. Sie hat sich verlagert. Neue Fragen tauchen auf. Was tun andere, die diesen Weg gehen oder gegangen sind! ...

Und wieder die alte Frage: Welches ist eigentlich der Sinn meines Lebens? (...) Ich denke, es ist der Weg der Wandlung, des unaufhörlichen Suchens," (Marisa Mastel 1991, S. 198).

Wie es Adoptiveltern mit der Suche ihrer Kinder geht

Gerne hätte ich einmal zum Thema „Suchen und Finden" alle betroffenen Personen aus den drei Gruppen gehört:

- das „Kind", das sucht und findet,
- die abgebende Mutter, die gefunden wird und
- die Adoptiveltern, die diesen Schritt begleitet haben oder aber vor vollendete Tatsachen gestellt wurden.

Was haben sie alle empfunden bei diesem so einschneidenden Erlebnis? Wie wurden sie mit ihren Erwartungen, Ängsten, Enttäuschungen fertig? Mit wem konnten sie darüber sprechen? Wie verliefen gemeinsame Gespräche? Gab es ein Treffen aller – und wie wurde dieses erlebt?

Es ist mir nicht gelungen – trotz vieler Bemühungen. Die Adoptiveltern blieben für mich bis auf ganz seltene Ausnahmen eine tabula rasa. Wenn ich von ihnen hörte, dann *über* sie. Die Adoptierten berichteten über Zusammenarbeit, Hilfe, Ablehnung und Reaktionen. Aber diese Berichte waren „gefiltert" durch das eigene Erleben, durch Scheu und z.T. auch durch jahrelange Mißverständnisse und Mißverhältnisse.

Fast alle Aussagen müssen Annahmen und Interpretationen mit hypothesenartigem Charakter bleiben. Nur relativ wenige Äußerungen lassen Vermutungen zu – Teile eines Puzzles, von dem man Umrisse und Andeutungen erkennt, nicht jedoch die Einzelheiten und Feinheiten.

Sicher hätte ich in manchen Fällen direkt nachfragen können. Aber die Problematik dieses ganzen Geschehens verbietet ein die Neugier befriedigendes, lediglich die Arbeit komplettierendes Fragen. In einigen, mir geeignet scheinenden Fällen habe ich die Adoptierten (in einem Fall auch die abgebende Mutter) gefragt, ob sie einen Kontakt herstellen könnten. Aber es gelang nie.

Erst nach dem Tod ...

> „Nach einem Konzert, das ich mit meiner Mutter zusammen anhörte, fragte ich sie auf dem Nachhauseweg: ‚Was würdest du eigentlich denken, wenn ich den Wunsch hätte, meine leibliche Mutter zu suchen?‘ Meine Mutter bekam Tränen und antwortete mir: ‚Tu uns das bitte nicht an oder warte, bis wir gestorben sind – das könnten wir nicht verkraften.‘ Ich war erschlagen von dieser Antwort ...“ (Marisa Mastel)

Etwa zwei Drittel aller Adoptierten scheinen sich erst nach dem Tod ihrer Adoptiveltern oder aber des einen, des wesentlichen Adoptivelternteils auf die Suche nach der eigenen Geschichte zu begeben.

Meine ursprüngliche Vermutung, hierbei handele es sich um das Schaffen von Eltern-Ersatz („habe ich die einen schon nicht mehr, so will ich wenigstens die anderen kennenlernen!“, erwiesen sich in fast allen Gesprächen als falsch. Sie warten bis nach dem Tod, weil sie niemandem wehtun wollen (bewußt und unbewußt!). Sie möchten auch die Konflikte nicht austragen müssen, die sie unweigerlich auf sich zukommen sehen.

Da nach dem früheren Adoptionsrecht die Adoptiveltern ohnehin sehr viel älter waren, als sie es biologisch hätten sein können, sterben sie oft schon, wenn die Adoptivkinder Anfang bis Mitte 20 sind. (Nach dem neuen Adoptionsrecht von 1977, das altersmäßig eine biologisch-mögliche Elternschaft vorsieht, wird sich dieser Aspekt bedeutend ändern und wird in die Überlegungen zur Aufklärung, offenen Adoption und Sucheproblematik einbezogen werden müssen.)

Daß den noch lebenden Adoptiveltern (oder auch nur noch Elternteilen) die Suche verschwiegen wird, habe ich öfter erlebt als den Fall der offenen Ansprache dieser Aktion. Die Begründungen lauten alle sehr ähnlich:

- „Meine alte Dame ist jetzt 78. Warum soll ich sie noch beunruhigen? Ich weiß auch gar nicht, wie sie das aufnehmen würde. Aber bestimmt könnte sie es nicht verstehen.“ (Mann, 30 Jahre alt).

Das Problem mit der Dankbarkeit

Und immer wieder kam das Argument der *Dankbarkeit*! Immer wieder wurde die Suche-Thematik in Verbindung damit gebracht, daß man sich nach all diesen Jahren nicht „so undankbar" zeigen dürfe und „einfach suchen": „Sie hätten mich für undankbar gehalten und das bin ich ja wirklich nicht!" „Nein, ich kann Menschen, die mich damals aufgenommen haben, nicht weh tun. Ich muß ihnen dankbar sein für das, was sie an mir getan haben und kann nun nicht einfach zu meiner Ursprungsfamilie zurückkehren – und darauf würde das ja letztlich hinausgelaufen sein!"

- „Als die Frage nach meiner biologischen Mutter aktuell war, akzeptierte ich die Adoptiveltern nicht mehr. Wenn wir Krach hatten, entschuldigte ich sie oft, sie waren ja nicht meine richtigen Eltern. Trotzdem war die Angst groß, die Liebe der Adoptiveltern zu verlieren. Damals entstand das Motto: ‚Immer lieb und dankbar sein.' Ich dachte mir, wenn ich keine Schwierigkeiten mache, so haben sie keinen Grund, mich nicht mehr zu lieben.

  Vielleicht war die Dankbarkeit eine unbewußte Erwartung meiner Adoptiveltern, die sie aber nie aussprachen" (Ji Yuhn Engel, S. 101).

Liebe und Zärtlichkeit wird *manchmal* von Adoptierten angesprochen, Dankbarkeit aber *immer* und in diesem Zusammenhang auch oft die Abhängigkeit durch Dankbarkeit! Adoptierte fühlten sich durch die ihre eigene Dankbarkeit und durch die von den Adoptiveltern (vermeintlich?) erwartete Dankbarkeit so eingeengt in ihren Entscheidungen, so gebunden, daß sie es nicht schafften, ihren eigenen Bedürfnissen nachzugehen – und die *Adoptiveltern erleben zu lassen, daß die Suche und das Finden nichts* an ihrer gemeinsamen Geschichte und ihren Beziehungen *zerstört*! Lieber wurden Illusionen aufrecht erhalten und lieber lebten alle weiterhin in der Angst vor *möglichen* Folgen einer *möglichen* Begegnung ...

- „Ich habe zu meiner Adoptivmutter nie ein so gutes Verhältnis gehabt. Mit meinem Adoptivvater hätte ich darüber sprechen können, das weiß ich. Aber der ist schon lange tot. Aber meine Mutter würde ein ziemliches Theater machen. Sie findet mich sowieso undankbar und da käme die ganze Diskussion wieder hoch, die wir schon tausendmal geführt haben" (Frau, 34 Jahre alt).

- „Ich weihe meine Adoptiveltern nicht ein. Vielleicht später. Noch habe ich meine Mutter ja nicht gefunden. Warum soll ich sie damit jetzt schon beunruhigen? Vielleicht geschieht ja gar nichts. Wenn ich meine Mutter gefunden habe, kann ich darüber immer noch nachdenken." Auf Nachfragen: „Meine Eltern waren immer sehr zurückhaltend, wenn es um meine Adoption ging. Ich habe früh gelernt, nicht allzu viel zu fragen. Ich habe das oft zu spüren bekommen, wenn ich mal Fragen hatte und ich habe es dann einfach gelassen. Ich glaube nicht, daß sie jetzt, wo sie noch älter geworden sind, mit diesem Thema lockerer umgehen können." (Frau, 29 Jahre alt).

- „Bei uns wäre alleine das Anschneiden dieses Themas auf einen endgültigen Bruch hinausgelaufen und auf den wollte ich es denn doch nicht ankommen lassen. Irgendwie war es mir damals wichtiger, mit meinen Eltern einigermaßen gut auszukommen. Ich habe auch gedacht, suchen kann ich später immer noch. Sie waren ja schon ziemlich alt und mein Vater war recht klapprig. Da will man ja auch nicht noch Schuld auf sich laden" (Mann, 27 Jahre alt).

- „Ich wollte meine Adoptivmutter einfach nicht traurig machen! Sie hatte ohnehin über die ganzen Jahre Angst, daß eines Tages meine Leibliche vor der Tür stehen könnte. Sie wußte, daß das eigentlich nicht passieren konnte, aber irgendwie war da diese Angst in ihr. Ich war ihr einzigesKind, und nachdem mein Adoptivvater uns verlassen hatte, hatte sie ja auch nur noch mich. Irgendwie dachte ich immer, das kannst du nicht machen, sie hatte es doch sowieso nicht so leicht im Leben" (Frau, 36 Jahre alt).

Diese Form von Dankbarkeit zeigt eine bestimmte Form von Kommunikation, von Beziehung und ihren Störungen, wie wir sie in biologisch begründeten Familien selten erleben. Natürlich wird auch von leiblichen Kindern Dankbarkeit erwartet – aber selten in diesem alles übertönenden Ausmaß, das den Adoptiveltern oft nicht einmal bewußt wird. Häufig finden wir in Adoptionsverhältnissen auch eine typisch verschobene Kommunikation vor: „Eigentlich brauche ich ja nicht besonders dankbar zu sein, denn schließlich haben meine Eltern mich für sich gewollt. Aber sicher erwarten sie Dankbarkeit, weil ich ja ein fremdes Kind bin, für das sie sich geopfert haben. Also muß ich dankbar sein!"

Ob über diese Frage in manchen Adoptivfamilien gesprochen wird, blieb mir unklar. Daß Adoptiveltern (in Auseinandersetzungen) das Kind als undankbar bezeichnen, kommt häufig vor – und bei Adoptierten dürfte dieser Vorwurf auf einen viel bereiteren Boden fallen als bei leiblichen Kindern, deren Selbstwertgefühl ausgeprägter ist, die zu wissen meinen, was ihnen „zusteht" und bei denen das Gefühl fehlt, „eigentlich" hier nicht dazu zu gehören.

Daß sich in jeder Kindererziehung Gefühle des Ausgenommenwerdens einstellen, daß Kinder alles als völlig selbstverständlich annehmen, was ihnen geboten wird (und das, was man ihnen nicht bieten will, auch noch!), gehört in jede Elternklage. Die Problematik in der Beziehung ergibt sich jedoch dann, wenn Eltern entweder nicht in der Lage sind, Grenzen zu setzen und einzuhalten oder aber wenn sie sich ihrer Gefühle nicht sicher sind und befürchten, daß die Ablehnung eines Wunsches ihnen als Versagung ausgelegt werden könnte, weil sie „ja nur Adoptiveltern sind"! Sie nehmen nicht selten einen empörten Vorwurf des Kindes gedanklich vorweg und machen ihn zu ihrem eigenen.

„Meine leibliche Mutter würde mir bestimmt erlauben ..." oder: „Wenn ich richtige Eltern hätte, würden sie mir dieses und jenes bestimmt kaufen, ihr gönnt mir ja nur nichts, weil ich nicht euer richtiges Kind bin ..." sind Anteile in der Kommunikation, die viele Adoptiveltern hart treffen, weil sie sich ihrer Elternrolle nie so sicher sind, als wenn sie biologische Eltern des Kindes wären!

Dieses Denkschema führt in eine Falle – und die Kinder (insbesondere die Pubertierenden) erspüren mit nachtwandlerischer Sicherheit die Ambivalenzen, die latente Inkonsequenz, die Unsicherheit. Neben dem Gefühl von „Sieg" stellt sich eine Empfindung ein, die in etwa wie folgt lautet: „Eigentlich wollen sie ja nicht. Aber weil sie denken, ich könnte denken, was ich nicht denken darf, tun sie es doch! Sie opfern sich also gegen ihre Überzeugung, weil ich ja nur adoptiert bin. Also muß ich ihnen auch dankbar sein ... was ich eigentlich gar nicht bin, denn schließlich haben sie mich gewollt und mich auch gar nicht gefragt."

Viele Adoptierte kommen nicht allein durch intensives Nachdenken oder durch ihr eigenes Empfinden zu dem Schluß, ein bestimmtes Dankbarkeitsverhalten (Anpassung!) an den Tag legen zu müssen! Sie bekommen über viele Jahre diese Botschaft mehr oder weniger verdeckt mitgeteilt – vor allem zu dem Zeitpunkt, an dem sie zaghaft ihre Fühler in Richtung Herkunftsfamilie ausstrecken.

Die Antworten auf ein vorsichtiges Herantasten sind in ihren verbalen Aussagen sehr vielfältig – in ihrer Botschaft jedoch einheitlich und eindeutig!

● „Meine Mutter brach sofort in Tränen aus, als ich das erste Mal den Wunsch äußerte, meine leibliche Mutter kennenzulernen. ‚Dafür habe ich dich nicht großgezogen', hat sie geschluchzt, und ‚Ich habe immer geahnt, daß du dich mal so undankbar zeigen wirst'. Da habe ich dann nie mehr was gesagt und habe noch jahrelang gewartet."

● „Meine Mutter hat erstmal so getan, als ob sie nichts gehört hätte. Ich habe dann auch sofort mit dem Thema aufgehört, weil das immer gleich so eine Spannung gab, die ich nicht aushalten konnte. Aber abends, als ich im Bett lag, habe ich gehört, wie sie mit meinem Vater darüber gesprochen hat. Was er sagte, konnte ich nicht verstehen. Das klang eher wie ein beruhigendes Murmeln. Aber meine Mutter ist schier hysterisch geworden. Sie hat sich ungeheuer aufgeregt. Ich habe nicht alles verstanden, was sie gesagt hat, aber das Wort „undankbar" kam immer wieder vor.

Als ob das was damit zu tun hätte ... Ich habe im Bett gelegen und Schweißausbrüche bekommen. Ich habe mich so schuldig gefühlt. Ja, und eigentlich auch undankbar, obwohl ich das in Wirklichkeit doch gar nicht bin. Ich weiß, was ich ihnen alles zu verdanken habe. Und ich bin ja auch froh darüber. Das ist ihnen doch nicht immer leicht gefallen, das weiß ich auch ... Aber ich habe nie wieder geschafft, davon anzufangen. Mit meinem Vater hätte ich ja gerne gesprochen, aber der hing so sehr an meiner Mutter, der hätte es nicht für sich behalten können!"

● „Ich war damals in einer Phase, wo ich nur gefordert habe. Ich war sehr aggressiv damals und ich dachte immer nur: Ich muß mir alles holen, was mir zusteht. Ich will nicht mehr auf die Almosen warten.

Wieso das so war, weiß ich nicht mehr. Das hing wohl auch mit der Entwicklungszeit damals zusammen und mit dem ständigen Ärger, den es zu Hause gab. Ich hatte das Gefühl, ich darf überhaupt nichts. Jedenfalls habe ich dann eines Tages ohne Vorankündigung beim Abendessen gesagt: ‚Ich will meine Eltern kennenlernen.' Erstmal kam da gar nichts. Großes Schweigen. Alle hörten auf zu essen. Und dann sagte mein Vater ganz ruhig: „Die kennst du doch. Die sitzen hier mit dir am Tisch!"

Das hat mich stinksauer gemacht, der hat doch genau gewußt, was ich meine. Und dann fing meine Mutter an zu heulen. Die war immer so ein Tränentier. Immer wenn es um meine Adoption ging, fing sie damit an. Also wie mich das angemacht hat damals, das kann ich gar nicht beschreiben. Ich bin regelrecht ausgerastet. Es gab dann ein ziemliches Theater. Wie es ausging, weiß ich nicht mehr richtig, aber mein Vater brüllte, meine Mutter heulte, und ich bin dann abgehauen. In Erinnerung ist mir nur geblieben, daß es immer wieder um Undankbarkeit ging. Und ich habe immer dagegen angeschrien, daß sie total auf dem falschen Dampfer damit sind und daß sie doch nicht die Spur von 'ner Ahnung haben ... Ja, so war das damals. Und dann war das Thema out. Mega-out. Tot. Nix. Finito. Nie wieder.

Das war mir klar: Das kannst du nicht wieder anfangen. Da mußt du abwarten. Da mußt du erstmal total zurückstecken.

Und ich hab' da ja auch alles aufgeschoben, obwohl es muß mich irrsinnig geärgert hat, daß ich nachgegeben habe. Aber irgendwie spürte ich: Das sitzt bei denen so tief, so tief!"

Viele Adoptierte reagieren – was ihren Umgang mit dem Thema Suche und leibliche Eltern anbelangt – ausgesprochen *aggressionsgehemmt*, d.h., daß sie nicht in der Lage sind, auf eine Sache zuzugehen, sie „in Angriff zu nehmen", aktiv zu werden. Ihre Rücksichtnahme auf die Eltern, ihre Bereitschaft, sich des Familienfriedens wegen zurückzunehmen, sich aus Dankbarkeit unterzuordnen, hemmen sie, Schritte nach vorn zu tun, die in der Lage wären, Licht in das Dunkel ihrer Vergangenheit zu bringen.

„Das war wie die berühmte Schere im Kopf. Kaum denkt man was, schon kommt die Zensur und schnippelt!"

Verschweigen

Ist die Hemmung nicht allzu ausgeprägt oder ist der Wunsch, der Drang, seine Herkunft zu klären größer als Rücksichtnahme und Dankbarkeit, dann beginnen Adoptierte „heimlich" zu suchen.

Im Grunde wäre es nicht erwähnenswert, denn sie suchen alle erst, wenn sie bereits volljährig sind. Andernfalls würde wahrscheinlich auch niemand „Offizielles" dabei helfen. Es gibt wahrscheinlich in diesem Alter mehr Berufliches und Privates, von dem Adoptiveltern ohnehin nichts mehr erfahren. Aber bei diesem Thema geht es aufgrund der gemeinsamen Wegstrecke, der Problematik, der Tabuisierung des Themas um etwas, was beide Teile eng aneinander bindet. So wird die Suche zu einem Faktor im Leben der Suchenden, der nicht nur über lange Zeit bestimmend, sondern der auch einer besonderen Geheimhaltung unterzogen wird. Natürlich sind damit auch immer Lügen verbunden und diese wiederum vertiefen die Schuldgefühle – und damit die Kluft zu den Adoptiveltern.

Wenn es um das Verschweigen ging, entstand bei mir oft der Eindruck, als ob sich hier das Pendant zum ursprünglichen Verschweigen der Adoption fand. Diese war den Adoptierten erschreckend oft sehr spät oder gar nicht von den Eltern mitgeteilt worden. Häufig wurde sie nur durch Zufall entdeckt oder - bei anfänglichem „Verdacht" - durch Fragen geschickt eingekreist und aus den Eltern herausgefragt. Und selbst dort, wo über die Adoption als juristische Tatsache noch gesprochen wurde, wurde die Situation gespannt, wenn es um die konkreten Figuren der leiblichen Eltern ging.

Adoptiveltern verschweigen aber *auch* manchmal aus (falsch verstandener) Rücksicht. Sie wollen dem Kind nicht weh tun – ebenso wenig wie das Kind später ihnen.

Aber wollen Kinder diese Rücksicht überhaupt? Ist Wahrheit nicht einfacher zu ertragen? Ute H. beschreibt diesen ganzen Wirrwarr der Gefühle und ihre Überlegungen zwei Jahre nach Beginn der abenteuerlichen Bemühungen:

● „Dieses Wissenwollen, dieses Verlangen, was ich 21 Jahre unterdrücken mußte, habe ich nun in diesen zwei Jahren ausgelebt. Es fiel mir etwas leichter, nach meiner richtigen Mutter zu fragen, ohne gleich das Gesicht und Entsetzen meiner Adoptivmutter zu spüren, und doch war alles sehr schwer für mich. Das Wort Adoption ist nie zwischen uns gefallen."

Ute H. sitzt auf dem Friedhof, auf dem ihre leibliche Mutter begraben ist. Sie weint. Der Schmerz sitzt sehr tief und läßt sie nicht los. „War es der Schmerz, der so schwer zu ertragen war, den meine Eltern von mir fernhalten wollten?"

Auch als Ute ihre Familiengeschichte lange kennt und mit fast allen Menschen aus der Blutsverwandtschaft gesprochen hat, kann sie nicht offen mit der Adoptivmutter über Adoption und Suche sprechen. Sie veranlaßt ihren Sohn, die Oma nach einem ganz bestimmten Photo zu fragen. das ihre leibliche Tante zeigt, wie sie inzwischen weiß. Sie will damit das Gespräch erzwingen. Aber die Adoptivmutter sagt: „Es ist eine Bekannte!"

„Meine Mutter hatte nicht den Mut zur Wahrheit, und ich war ihr fast dankbar dafür. Für ein ausführliches Gespräch war einfach zuviel Zeit vergangen. Meine Eltern waren jetzt siebzig, und vielleicht hatten sie es auch tatsächlich vergessen. Heute konnte ich doch nicht einfach sagen: Hört mal her, seit zwei Jahren beschäftige ich mich mit meinen richtigen Verwandten. Seit zwei Jahren treffe ich mich mit immer anderen Cousins und Cousinen meiner richtigen Mutter. Seit fast zwei Jahren fahre ich im Schnitt alle zwei Monate nach W. und Umgebung und treffe mich mit ehemaligen Nachbarn, um etwas über meine Herkunft zu erfahren. Und passe dabei höllisch auf, nicht von euch gesehen zu werden. Weil ich dann keine Erklärung hätte, daß ich zwar in W. war, aber nicht, um euch zu besuchen! Daß ich mich seit zwei Jahren schäme? Daß ich seit zwei Jahren ein schlechtes Gewissen habe? Und wie ich mir Gedanken mache, wie ich alles wieder gutmachen könnte? Und ich nicht einmal sagen könnte, was ich gutmachen sollte?"

Adoptiveltern sperren sich

Fast stereotyp muten manche Begründungen an, die Adoptiveltern bemühen, um die Suche nach den leiblichen Eltern zu verhindern oder zu erschweren. Im folgenden gebe ich Zitate weiter, aus denen Unruhe, Angst und Unwillen der Eltern, aber auch Ratlosigkeit, Mutlosigkeit und Zorn der Adoptierten über den Verlauf zum Ausdruck kommen.

- „Bitte raten Sie mir, was ich tun kann. Meine Adoptivmutter gibt an, nichts über meine leibliche Mutter zu wissen. Sie habe auch nie irgendwelche Papiere in Händen gehabt, aus denen was hervorgehen könnte für meine Suche" (Frau, 26 Jahre alt).

- „Meine Adoptiveltern mauern total. Meinem Adoptivvater kann ich mit diesem Thema überhaupt nicht kommen. Er wird sofort stinkwütend und spricht dann ein paar Tage lang nicht mehr mit mir. Bei meiner Mutter ist das anders – aber letztlich will sie auch nicht. Sie beruft sich immer auf ihren Mann – aber da sie sonst ganz eigenständig denkt, glaube ich ihr diese Rücksichtnahme nicht" (Frau, 27 Jahre alt).

- „Meine Mutter hat sofort angefangen zu weinen, und das kann ich überhaupt nicht ausstehen. Irgendwie heulen Frauen ja immer schneller, das kenne ich von meinen Freundinnen. Aber bei der eigenen Mutter ist man ja da doch noch ein bißchen empfindlicher, nicht? Einmal habe ich gesagt, laß uns ruhig darüber reden und weine bitte nicht gleich wieder – das hat schon genügt, daß die Tränen wieder flossen-

Naja, es drängt ja nichts. Jetzt bin ich 19 Jahre alt ohne dieses Wissen geworden, die paar Jahre werde ich schon auch noch schaffen."

Auf Nachfrage: „Nein, ich lasse das nicht ganz sausen. Aber im Moment lebe ich ja noch mit meiner Adoptivmutter und da könnte ich eine Suche auch gar nicht verheimlichen. Vielleicht wenn ich mal ausziehe – da fühle ich mich auch nicht mehr so verpflichtet als dankbarer Sohn" (Mann, 19 Jahre alt).

- „Ich habe meine Adoptivmutter nur deswegen eingeweiht, weil ich noch Informationen von ihr wollte. Ich wußte, daß sie mehr weiß, als sie mir immer gesagt hat und ich dachte, nun bin ich erwachsen, nun kann ich mit ihr von Frau zu Frau sprechen. Ich dachte, sie wird einsehen, wie wichtig es für mich ist, meine leiblichen Eltern kennenzulernen.

Aber sie war sehr ablehnend. Sie ist sehr grob geworden. Sie wisse nicht mehr, als sie mir schon immer gesagt hätte. Und was ich von dieser Frau überhaupt wolle. Ich solle sie doch in Ruhe lassen. Schließlich hätte sie mich damals ja nicht haben wollen. Sie hat sich sehr erregt, und ich habe sie später auch nie wieder gefragt. Ich habe meine Mutter dann auch ohne ihre Hilfe gefunden. Das war zwar viel mühsamer, als wenn sie mir gleich gesagt hätte, was sie weiß. Von meiner richtigen Mutter habe ich dann nämlich erfahren, daß meine Adoptivmutter sehr genau über ihren weiteren Verbleib informiert war. Meine Mutter hatte ihr sogar einmal geschrieben. Mir hätte das sehr geholfen, wenn ich das gewußt hätte, auch bei der Suche. Denn irgendwie denkt man ja immer: Will sie mich überhaupt kennenlernen oder in was für eine Situation platze ich da rein?" (Frau, 32 Jahre alt).

- „Heute habe ich noch einmal mit meiner Mutter gesprochen. Ich habe ihr ganz freundlich gesagt, daß ich meine Schwester suche. Kein Wort von meiner richtigen Mutter, weil sie sonst ausrastet. Ich wollte wissen, ob ihr noch irgendwelche Namen einfallen. Meine Adoptivmutter wußte auf einmal nicht mal den Namen von meiner Oma, neben der sie mal gewohnt hatte. Ich sagte ihr das und daß sie mal den Namen M. erwähnt habe. Sie wurde sauer. Sie regte sich wieder furchtbar auf und sagte: Wie, suchst du noch immer? Ich sagte ihr, daß das jeder versteht, nur sie nicht. Dann habe ich aufgelegt. Ich war auf einmal so kraftlos, so enttäuscht" (Frau, 33 Jahre alt).

- „Seit Jahren versuche ich ab und zu bei Feiern, wenn meine Adoptivmutter einen Schwips hat, etwas aus ihr rauszukriegen. Erfolglos. Dabei bleibe ich immer sehr taktvoll. Sie hat nur einmal gesagt, daß sie dafür gesorgt hat, daß meine Mutter fort kam. Mehr nicht" (Frau, 28 Jahre alt).

- „Bei uns war das ganz komisch. Wir haben Freunde, die auch ein Adoptivkind angenommen haben, das ist zwei Jahre älter gewesen als ich. Und die fing ganz schön früh schon mit allem an, mit Freunden und so. Und dann kam sie auch eines Tages an wegen ihrer Mutter. Unsere beiden Adoptivmütter haben ja immer alles durchgequatscht über uns, da waren sie sich auch immer einig. Jedenfalls hat meine Mutter dann mal zu mir gesagt: ‚Also daß du gleich Bescheid weißt, sowas gibt es bei uns nicht. Fang nicht mit solchen Geschichten an. Deine Eltern sind wir und andere hast du nicht. Wenn du andere hättest, hätten wir dich ja nicht zu nehmen brauchen. Ist das klar?' Na, das war klar. So war bei uns überhaupt immer der Ton: Ist das klar? Und wehe, nicht!

  Sie ist keine schlechte Mutter, das kann ich nicht sagen. Aber wenn nicht alle nach ihrer Pfeife tanzen, dann kann sie ganz schön zickig werden.

  Also erstmal mache ich gar nichts. Es hat ja noch Zeit, und ich bin im Moment auch nicht auf Zoff mit meiner Mutter aus. Im Moment läuft mal alles ganz ruhig. Da will nicht ich diejenige sein, die Unruhe in die Familie bringt" (Frau, 20 Jahre alt).

- „Ich komme nicht so richtig weiter. Ich glaube, daß meine Mutter eine ganz andere Meinung hat als mein Adoptivvater. Der ist so ein ganz ruhiger, der sich nicht so schnell erschüttern läßt. Aber meine Mutter hat nun mal die Hosen an in dieser Ehe und was sie anordnet, das gilt. Und dann kuscht mein Vater auch. Also mit ihm würde ich da schon was regeln können in Sachen Suche, aber er würde nie was gegen den Willen meiner Mutter tun. Dafür ist ihm sein ruhiges Leben viel zu lieb" (Frau, 23 Jahre alt).

- „Mit 13 merkte ich, daß irgendetwas in unserer Familie nicht so war, wie es sein sollte. Mein Gefühl sagte mir immer wieder: deine Eltern sind nicht deine Eltern ... Mit 15 war ich innerlich bereit, meinen Vater darauf anzusprechen. Mit ‚innerlich bereit' meine ich, daß ich keine Angst mehr hatte – Angst vor der Antwort. An einem Abend – nur mein Vater und ich waren zu Hause, fragte ich ihn direkt, ob ich ihr Kind sei. Und wie ich vermutet hatte, bestätigte er mit, daß ich ein Adoptivkind sei bin. Auf meine Frage, wer meine richtigen Eltern seien, lautete seine Antwort: ‚Ich werde alles in die Wege leiten, daß du nie erfahren wirst, von wo du herkommst" (Maja Merian, in: Schärer, S. 141).

Gerne hätte ich mit all diesen Eltern oder auch Müttern einmal gesprochen. Viele von ihnen hätten sicher der Hilfe bedurft, vielleicht einfach in Form von verallgemeinernder Aufklärung: Jeder Mensch möchte seine leiblichen Vorfahren kennenlernen. Daran ist nichts Besonderes, das ist kein Verrat und vor allem läutet dieses Kennenlernen nicht das Ende einer 20jährigen Eltern-Kind-Beziehung ein. Vorausgesetzt, daß diese je entstanden ist. Jugendliche und Jungerwachsene müssen ihr eigenes Leben führen und lösen sich. Sie finden andere Menschen und sie fragen die Eltern nicht mehr, ob diese einverstanden sind. Sie müssen ihre eigenen Wege gehen, stolpern, fallen, sich wieder aufrappeln. Man kann sie nicht mehr beschützen, wenn sie nicht mehr beschützt sein wollen! Und jedem Elternteil – auch dem biologischen – geht es so, daß es zu einer vorübergehenden Vereinsamung kommt, wenn die Kinder aus dem Hause gehen. Diese Krise ist die Chance zu einem Neubeginn – und dieser Neubeginn kann durchaus alle neu hinzugewonnenen Menschen der eigenen Kinder miteinbeziehen. Auch die leibliche Mutter!

Adoptiveltern werden eingeweiht

● „Also bei uns, da hat es keine großen Diskussionen gegeben," hat mir Sabine erzählt, 22 Jahre alt, Studentin. „Irgendwie war das bei uns eine klare Sache. Ich wußte von Anfang an, daß ich adoptiert war. Daran habe ich nie was gefunden. Für unsere Familie war das normal. Mein Bruder war ja auch adoptiert. Unsere Eltern haben daraus nie einen Hehl gemacht. Ich weiß noch, daß ich in der Pubertät unbedingt zu meiner Leiblichen abhauen wollte. Ich war sicher, daß die mit mir besser könnte. Heute kann ich nur darüber lachen und mit meinen Eltern kann ich auch gut drüber sprechen. Die müssen damals ganz schön was mitgemacht haben! Wie sie damals reagiert haben, weiß ich nicht mehr – wahrscheinlich haben sie abgewinkt, denn sonst wäre ich losgegangen.

Dann trat diese ganze Frage irgendwie in den Hintergrund. Ich hab dann Abi gemacht, das war ja ein ganz schöner Schlauch, denn ich war nie 'ne Leuchte. Nach dem Abi habe ich dann erstmal ein bißchen gejobt, um wieder zu mir zu kommen und dabei kam mir auch die Idee an meine Leibliche wieder stärker. Ich habe das dann mal beim Abendbrot gesagt – irgendwie war das gar keine Sache bei uns – das lief ganz natürlich – und da hat mein Vater nur gesagt. ‚Na, denn man los. Was brauchst du denn noch? Ich hab gesagt ‚Geld, wie immer'. da haben alle gelacht, denn ich war berühmt dafür, daß ich immer klamm war. Und dann hat mein Vater mir die paar Papiere gegeben, viel war's ja nicht gerade. Naja, 'ne Überraschung war's auch nicht. War ja nichts Neues für mich, außer dem Nachnamen und der Stadt, in die meine Mutter kurze Zeit drauf dann gezogen ist.

Also irgendwie hatte ich mir ja auch alles viel, viel schwieriger vorgestellt. Ich bin zur Stadtbücherei hin, dort liegen alle Telephonbücher von Deutschland-West aus – und da hatte ich sie. Also total unprosaisch. Ein bißchen mehr Spannung hätte ich mir schon gewünscht. Ich habe sie dann gleich angerufen, und wir haben uns verabredet. Am Abend habe ich das dann den Eltern erzählt und die waren ganz zufrieden, daß das so gut geklappt hat.

Nein, keine Eifersucht, nichts! Meine Eltern ruhen irgendwie in sich selber. Die finden ohnehin immer, daß sie die besten sind. Das finde ich ja manchmal ganz schön nervig – aber in dieser Beziehung ist das wohl ganz gut gewesen. Die haben nie einen Gedanken daran verschwendet, daß man sie mal schlechter finden könnte. Das ist echt beneidenswert. Aber von Vorteil, nicht?

Nach meinem ersten Treffen hab ich dann mal gesagt, wollt ihr sie eigentlich mal kennenlernen? Da waren beide sich einig und sagten, das fänden sie gut, aber die Entscheidung sollte meine Leibliche treffen. Für die wäre das schwieriger! Ist ja auch wahr. Wenn ich sie das nächste Mal sehe, werde ich sie fragen. Ich fände das super – denn irgendwie gehören ja alle zu mir, und ich würde ihr auch gerne mal zeigen, wo ich aufgewachsen bin. Meine Eltern werden ihr ganz sicher sehr ruhig und positiv begegnen. Naja, können sie ja auch – sie waren in dem ganzen Spiel ja auch die Sieger, da kann man leicht großzügig sein!"

Zwei Adoptivmütter melden sich

Als ich schon die Hoffnung hab' fahren lassen, noch je die Stellungnahme der dritt-beteiligten Gruppe am Suche-Geschehen, der Adoptiveltern, zu erhalten, erreichen mich zwei verschiedene Äußerungen. Sie sind „anders" als das, was ich von und über Adoptiveltern höre, aber gerade deswegen sind sie wichtig und deswegen sollen sie hier Aufnahme finden.

„Jetzt erst ist die Adoption für mich abgeschlossen." Eine Mutter von zwei noch jungen Adoptivkindern schreibt über ihre Bemühungen, mit den abgebenden Müttern ihrer Kinder in Kontakt zu kommen, um die ganze Adoptionssituation für alle transparenter und erträglicher zu machen. Sie erfährt zwei sehr unterschiedliche Reaktionen – aber beide tragen zu größerer Offenheit bei und zur besseren Möglichkeit, mit den Kindern darüber zu sprechen. Und deshalb ist die Aktion auch zukunftsweisend – sowohl für die Adoptierten, als auch für die leiblichen Eltern.

Frau G. schreibt an mich (und erlaubt den Auszug aus ihrem Brief):

● „Nach der Adoption von Anna habe ich angefangen, jedes Jahr einen Brief zu schicken an das Amt, wo ihr Wohlergehen geschildert wird. Am Anfang dachte ich, die Briefe können da liegen, bis sich die leiblichen Eltern melden und etwas wissen wollen, an eine Kontaktaufnahme hatte ich noch nicht gedacht.

Dann kam Silvio, er hatte keinen Namen, den Vornamen durften wir wählen. Die Vermittlerin war damals sehr neu im Amt, Silvio war ihre erste Vermittlung, sie nahm die Sache mit der Incognitovermittlung locker (zum Glück); so hörte ich – als Silvio zwei Tage alt war – die Stimme der leiblichen Mutter indirekt am Telephon, denn die Vermittlerin rief die Mutter in unserer Gegenwart an und fragte sie nach einer Formalität. Ich hörte, wie die Mutter sagte – mit trauriger Stimme: „Ich wünsche den Adoptiveltern viel Glück mit dem Kind." Mich hat das erschüttert, diese traurige Stimme hat mich seither begleitet, ich habe sie gehört, als Silvio zum ersten Mal gelächelt hat – mich angelächelt. Durch dieses Mithören am Telephon wurde mir klar, wirklich klar, daß Silvio eine leibliche Mutter hat, daß Silvio schon neun Monate mit ihr gelebt hat, daß sie traurig ist, daß sie eine Geburt hinter sich hat, daß sie verletzt ist. – Als ich ihre Stimme hörte, war ich sprachlos, ich wußte noch nicht, daß ich ihre Stimme bald wirklich hören würde, daß ich mit ihr sprechen könnte. Als Silvio fünf Wochen alt war, kam die Vermittlerin und besuchte uns, sie brachte uns ein Photo mit von der Leiblichen und ihrem Erstgeborenen. Ich erschrak wieder, da sah ich sie; dieses Gesicht gehört also zur traurigen Stimme, da sitzt sie und trinkt – auf dem Photo – Kaffee. Silvios leibliche Mutter, die leibliche Mutter meiner Tochter Anna – sie begleiteten mich. Silvio ist mein zweites Kind. Beim ersten Kind war noch alles ganz anders.

Anna hat uns aus dem Zustand der Kinderlosigkeit erlöst; sie war wie Däumelinchen, ganz ganz winzig (bei der Geburt 1 kg schwer); winzig klein und unser größtes Glück. So plötzlich war sie da, nun endlich hatten wir ein Kind, so wunderbar friedlich, so ruhig. Ich konnte es nicht fassen. Nach dem langen Warten endlich ein Kind, nach so viel Prüfung – was wurden wir nicht alles gefragt; endlich hatten wir sie. – Und welche Angst hatte ich, sie könnte mir weggenommen werden, ich hütete sie wie meinen Augapfel; in jeden Laden nahm ich sie mit, nie ließ ich sie allein. Mißtrauisch betrachtete ich die hochgewachsenen schlanken Damen in der Straße: Ist es Annas leibliche Mutter? Kommt jemand und nimmt sie mir weg? Ängstlich habe ich mein Glück gehütet. Beim Adoptionsamt besser sich nicht melden; keine Nachricht ist immer gut."

(Nach der zweiten Kindesaufnahme wird Frau G. wider allen Erwartungen doch noch schwanger.)

„Drei Tage vor Livias Geburt ging ich mit Silvio zum Standesamt um seine Geburtsurkunde zu holen. Anna war im Kindergarten, so waren wir zu zweit; etwas dickbäuchig und kurzatmig saß ich im Flur und wartete mit Silvio, bis die Urkunde fertig war. Der Flur war lang, da kam eine Frau, mit einem Kinderwagen und einem Büblein an der Hand, ich phantasierte vor mich hin: Das könnte ja Silvios Mutter sein, die wohnt ja auch in N. Die Mutter mit den zwei Kindern kam näher, ich dachte: Die gleicht aber wirklich Silvios Mutter, wie ich sie von dem Photo kenne und der dreijährige Junge gleicht dem F., Silvios Bruder. Die Mutter ging ins Amt, sagte zum Bub: F., paß auf S. auf – ein Blick zu mir, ja, ich würde auch ein bißchen aufpassen, ist ja klar. Da sah ich also die drei Kinder vor mir: F. (drei Jahre), Silvio (zwei Jahre) und S. (ein Jahr), alle drei sich gleichend, wie ein Wunder, ich konnte mich nicht sattsehen: S. hatte ähnliche Pünktchen um den Mund wie Silvio vor einem Jahr, sie sah aus wie Silvio, als er ein Jahr alt war, zum Verwechseln. Ich war sprachlos, es war wie ein abgehobener Traum, fünf lange Minuten. Silvio hat seine Schwester gestreichelt und gesagt: liebes Baby. Die Mutter kam zurück, hatte ihre Formalitäten erledigt (später hatte sich herausgestellt, daß sie die Geburtsurkunde von S. geholt hat). Ein kurzer Blick auf mich, Tschüs, und sie ging. Ich war wie gelähmt, habe nichts gesagt, im Augenblick – erst als sie den langen Flur hinuntergegangen war, bin ich aufgewacht, ihr nachgerannt, Silvio auf dem Arm, aber ich habe die drei nicht mehr eingeholt, sie waren untergetaucht in der Menge. Zurück zum Amt habe ich zur Frau im Büro gesagt: ich weiß, sie dürfen nichts sagen, aber finden sie es nicht auch seltsam, daß gleichzeitig die Mutter und die Adoptivmutter hier auftauchen an einem heiterhellen Montag. Die Frau sagte zu mir: Ich darf ja nichts sagen, aber seltsam finde ich das auch. – Auf dem Heimweg dachte ich immer wieder an diese Begegnung: das war also die Frau, deren Stimme ich gehört habe, deren Bild ich seit fast zwei Jahren habe, die ich mit mir herumtrage, an die ich so viel denke. Das ist sie also: eine liebe Mutter. Noch am gleichen Tag ging ich zu einer Sozialarbeiterin, die ich bei meinen vielen Telephonanrufen wegen Silvios Adoption irgendwann mal im Hörer hatte: eine Sozialarbeiterin, der ich sehr dankbar bin, weil sie sich hat erweichen lassen und mir Auskünfte über Silvios Mutter und Eltern gegeben hat. Immer wieder habe ich sie angerufen, und ich habe ihr Briefe geschickt, die sie an Silvios leibliche Mutter geben sollte. Frau W. hat auch immer die Briefe der Mutter gegeben und mir gesagt, daß die Mutter sich freut, einmal im Jahr etwas von Silvio zu hören. Ich habe die Briefe für Silvios Mutter immer an zwei Stellen geschickt: ans Adoptionsamt und an Frau W. vom Sozialamt. Und ich dachte: einer wird ankommen. Und so war es auch. Leider kam Frau W. an einen neuen Arbeitsplatz, als Silvio zwei Jahre wurde. Aber Frau W. hat mir ein tolles Abschiedsgeschenk gemacht, sie hat mir gesagt, wie Silvios Mutter nach ihrer Heirat mit dem Vater ihrer drei Kinder heißt. Eine grobe Amtsverletzung. Ich hab den Zettel aufbewahrt und mir gedacht: Das wird Silvio die Suche später sehr erleichtern. Andrerseits ist jetzt die Vermittlung weggefallen, ich hatte keinen mehr, von dem ich sicher wußte, er ist eine Brücke …

Schließlich habe ich mir ohne viel zu überlegen das Telephonbuch geschnappt, Silvios leibliche Mutter gesucht, gefunden und angerufen: Liebe Frau M., darf ich einmal im Jahr einen Brief an Sie schreiben und Ihnen erzählen, wie es Silvio geht? – Ja, das darf ich, sie freut sich darüber. Mit viel Schwung im Herzen hab ich ihr geschrieben. Als sie den Brief hatte, hat sie mich angerufen, sie hätte sich gefreut. Wir haben angefangen, miteinander zu sprechen, viel erzählt – im Hintergrund ihre Kinder und meine Kinder. Mehrmals haben wir telephoniert. Dann habe ich vorgeschlagen: Wollen wir uns sehen? Ja, das wollen wir. – Liebe Frau Swientek, Sie können sich nicht vorstellen, wie aufgeregt ich war. Ich habe mich so verfahren wie noch nie im Leben; eine ganze Stunde zu spät bin ich gekommen, wo ich sonst pünktlich bin. Und wie aufgeregt war sie: Wir beide saßen da, tranken Kaffee, uns zitterten die Tassen in den Händen. Sie hatte gewartet und dachte wohl: Die hat mich zum Narren gehalten, die kommt gar nicht. Und ich dachte mir: Ich dummes Huhn habe mir die Adresse falsch gemerkt und jetzt muß ich sie ewig suchen und finde sie nie, nie wieder. Unsere Kinder waren dabei, aßen Schokolade, vergnügten sich, merkten nichts von der Aufregung. Die Begegnung war schön, es war schön, einfach zusammenzusein; ich merkte, wie mein Bedürfnis nach Informationen schmolz in diesem Glück des einfachen Zusammenseinkönnens, meine Fragen waren plötzlich unwichtig. Beglückt gingen wir nach Hause, wir sagten, wir wollen uns wiedersehen. Es verstrich ein Jahr, ich habe es nicht gewagt, mich wieder zu melden. Für mich war es ein angstvolles Jahr: Was denkt sie über mich, will sie mich wirklich wiedersehen? Wie können wir uns nahe sein, ohne daß wir über die Grenzen gehen? Wie nahe können wir uns sein? Das habe ich noch vergessen: wir sprachen bei unserer ersten Begegnung immer wieder über Silvios Anfang, die Geburt, seinen Anfang bei uns, wie er war, wie es für sie war, wie schwer es war. Ein Jahr später haben wir über dasselbe wieder gesprochen: wie schwer es für sie war, wie es war, wie hart. Und wie leicht es für uns war, wie er zu uns kam, wie er aussah, wie ein Stern zu uns geflogen. Wie anders für sie und für uns. – Das Jahr verstrich, ich habe ihr wieder geschrieben, wie verabredet, wieder hat sie angerufen, wieder haben wir uns gesehen. Diesmal habe ich mich nicht verfahren, auch die Kinder haben sich gefreut, ich habe Silvio nicht viel erklärt; als ich ihm am Morgen sagte, wir fahren zu B. meinte er: ist das meine andere Mutter? Ja, sagte ich. Gut, sagte er, fahren wir hin. B. hat mich bei ihren Kindern als „Tante" vorgestellt, ich mußte lachen. Sie selbst kommt mir vor wie meine jüngere Schwester, ich bin auch fast ein bißchen wie ihre Tante. Und wir haben nun verabredet: Wir sehen uns wieder, wir schreiben uns wieder. Jetzt ist Zuversicht in mir: Es wird nicht versanden, ich werde nicht auf Ablehnung stoßen, Silvio wird später einmal mit offenen Armen empfangen werden, seine Geschwister wissen, daß es ihn gibt, und er wird seine Verwandten kennenlernen können. Welch ein Glück. Und welch ein Glück ist es, daß er bei uns aufwachsen darf, daß er zu uns gehört und wir zu ihm. Jetzt erst ist für mich die Adoption abgeschlossen. Jetzt erst habe ich das Gefühl, es ist gut so, wie es ist. Und es ist da nicht mehr die traurige Stimme, nicht mehr diese Angst vor dem Ungewissen, nicht mehr dieses auch Bedrohliche des Bevorstehenden."

Nach diesen guten Erfahrungen möchte Frau G. auch Kontakt zur Mutter ihres anderen Adoptivkindes aufnehmen. Dieser Versuch wird aber von allen Seiten falsch verstanden und stürzt die Adoptivmutter in arge Zweifel, ob sie richtig gehandelt hat:

„Der Fehler war: es war zu schnell, es war ohne die Hilfe des Amtes, es war ohne die Vorgeschichte wie bei Silvio. Schon als ich den Brief an Annas Vater einwarf, hatte ich ein angstvolles Gefühl. Wochenlang kam nichts, ich dachte schon: die Adresse war falsch ... Annas Eltern waren schockiert von der Nachricht, der Vater hat der Mutter den Brief an den Arbeitsplatz geschickt, sie hat den Brief gelesen und das Photo von Anna angeschaut, das ich mitgeschickt hatte und ist vor Schmerz, Schreck und Trauer zusammengebrochen. So hat es mir das Adoptionsamt erzählt, denn die Eltern haben sich beim Amt über uns beschwert, weil wir uns nicht an die Regeln der Incognitoadoption gehalten haben. Ich habe einen maßlosen Schreck bekommen und bereue diesen Schritt sehr. Ich war vom Amt alleingelassen worden, habe für die Suche meinen ganzen Mut und viel Kraft gebraucht, ich habe diesen Fehler gemacht, der mir sehr leid tut. Ich habe einfach nicht mehr an eine Unterstützung durch das Amt geglaubt; das Amt hatte mir gesagt, Annas Mutter wolle über Anna nichts hören, nichts von ihr wissen und auch keine Briefe. Deshalb habe das Amt die Briefe auch nicht weitergeleitet. Bei Silvio wußte ich aber, daß das nicht stimmt, und so war ich eben mißtrauisch und habe etwas hinter dem Rücken des Amtes getan. Annas Eltern haben uns dann angerufen, ein Freund von ihnen hat mit mir gesprochen. Sie sagten, daß sie es falsch fänden, wenn ich Anna sagen würde, sie hätte noch andere Eltern, so sei es nicht gedacht gewesen. Ich würde das Kind verletzen, wenn ich das sagen würde. Und sie wollen keinen Kontakt. Ich habe gesagt: gut, dann werde ich es auch nicht mehr tun. Und ich respektiere das. Und ich kann Anna jetzt besser sagen, wie es sich verhält. Vorher hatte ich immer das Gefühl, im Schaum zu rühren, wenn ich mit Anna über ihre leiblichen Eltern sprach. Jetzt habe ich eine Geschichte, eine plausible und eine, die ich selbst erfahren habe. Das war die Geschichte von Anna."

Dennoch – die Adoptivmutter weiß jetzt mehr. Sie kann mit der Adoptionsthematik offener umgehen. Daß die abgebende Mutter so stark negativ reagiert hatte, dürfte damit zusammenhängen, daß die Fakten um die Freigabe völlig verdrängt worden sind. Verarbeitet hat sie anscheinend gar nichts – und es ist die Frage, ob man hier von freiwilliger, bewußter, positiver Entscheidung sprechen kann. Trotz dieser „Zwangs"-Konfrontation hat die Aktion von Frau G. auch für die leibliche Mutter etwas Gutes: Es wird ihr später leichter fallen, ihr Kind zu suchen, wenn sie es möchte. Sie hat nicht nur einen Anhaltspunkt (Name und Adresse sowie Telephonnummer), sondern sie weiß, daß die Adoptiveltern ihrem Kontaktwunsch kaum ablehnend gegenüber stehen werden.

„Die leibliche Mutter unseres Sohnes" – zwei Mütter begegnen sich!

Die Adoptivmutter eines schon älteren Sohnes – gleichzeitig sehr aktiv in einer Schweizer Eigeninitiative – ruft in einem Artikel im Verbandsheft zu mehr Offenheit auf und beschreibt ihre eigenen Erfahrungen mit *ihrer* Suche nach der Mutter ihres Sohnes.

Mit drei Jahren wurde der Sohn „sachte" über seine Herkunftsgeschichte informiert, die er erst sehr viel später akzetieren kann. (Eine Besonderheit in dieser Familie: „Aus Respekt vor der leiblichen Mutter" (!) dürfen beide Kinder den Vornamen behalten, den die Mutter ihnen gegeben hatte). Als der Sohn älter wird, fragt er – wie alle Kinder in dem Alter – nach dem großen Warum.

Seine Vorstellungen von der Mutter werden trotz aller positiven Stellungnahme der Adoptivmutter von Skepsis geprägt.

„Eines Tages änderte sich plötzlich die Situation. Er sprach in einem andern Ton von seiner leiblichen Mutter, hoffte, daß es ihr gut gehe, daß sie vielleicht verheiratet und glücklich sei.

Wie fast jedes Jahr fragte mein Sohn an seinem 13. Geburtstag, ob seine Mutter wohl an ihn denke. Von Frau B. (Sozialarbeiterin) wußte ich, daß sie sich kurz vorher telephonisch nach ihm erkundigt hatte. Spontan berichtete ich vom Telephongespräch und gab auch weiter, was ich von Frau B. erfahren hatte. Unter anderem hörte er, daß seine Mutter, jetzt 36jährig, auf die Matura hin arbeite. Er freute sich darüber riesig, wollte noch alles Mögliche in Erfahrung bringen und etwas Erstaunliches geschah: Er gab sich auf einmal den Ansporn, in der Schule seinem Potential gemäß ein guter Schüler zu werden. Als Adoptivmutter war ich hin- und hergerissen zwischen großer Freude über all das Positive, das ich erfahren hatte, spürte aber auch Angst. Wer war diese Frau? Meine Konkurrenz? Wollte sie ihr Kind zurück? Wie hatte sie die letzten Jahre nach dem Hergeben ihres Kindes verkraftet? War sie mit den Auskünften über unsere Familie zufrieden?

Das Unbekannte erlebte ich plötzlich als Gefahr. Dabei hatte ich mich jahrelang sehr positiv mit dieser Frau befaßt. Jetzt, da sie real greifbar wurde, kamen bei mir Verlustängste auf, die jedoch durch Gespräche mit Frau B. weitgehend abgebaut werden konnten.

Zwei Jahre später, Frau B. hatte mit der Mutter unseres Sohnes zweimal Kontakt, vereinbarten wir, über die Adoptionsstelle Photos auszutauschen. Unser Sohn war einverstanden, er wollte sogar etwas schreiben und das Bild zum Geburtstag schicken. Doch da gab es einige Hürden zu nehmen. Wie sollte er die Anrede schreiben, wie unterschreiben? Nach langem Studieren entstand eine Karte ohne Anrede, jedoch unterschrieben mit ‚Dein …', was mich seltsam berührte, aber es schien für ihn zu stimmen.

Was unser Sohn beim Anblick des Bildes seiner leiblichen Mutter empfand, weiß ich nicht. Ich ließ ihn damit allein, ich wollte ihn keineswegs durch meine Anwesenheit beinflussen. Er tat so, als berühre ihn die ganze Sache nicht. Nach Wochen merkte ich jedoch, daß er jedes Detail ihres Gesichtes mit der Lupe auf Ähnlichkeit untersucht hatte.

Auch ich setzte mich mit dieser Photographie auseinander, versuchte mich mit diesem Gesicht, das Züge unseres Sohnes trägt, vertraut zu machen. Im Einverständnis meines Sohnes hatte ich vor, seine leibliche Mutter zu treffen. Ich war erfüllt von einer großen Unruhe und spürte eine Beklemmung auf diese Begegnung hin, die mich sehr umtrieb.

Am Telephon nahmen wir als erstes unsere Stimmen wahr, die wir gegenseitig als sympathisch erlebten. Ich spürte sofort ein großes Bedürfnis, diese andere Frau kennenzulernen und sie am Schicksal ihres Sohnes teilhaben zu lassen. Jegliche Angst war verflogen. Wir trafen uns am Bahnhof und erkannten uns sofort. Die Ähnlichkeit der leiblichen Mutter mit unserem Sohn war verblüffend, obwohl ich nicht genau sagen konnte, was es war.

Unsere beiderseitige Nervosität gab den Einstieg ins Gespräch. Während vier Stunden, bis zur Erschöpfung, haben wir im Erzählen 16 Jahre Vergangenheit versucht aufzuhellen. Anhand des Photoalbums, das ich mitgebracht hatte, tauschten wir aus, was sich all die Jahre bei ihr und bei uns abgespielt hatte. Sie gab immer wieder ihrer Freude Ausdruck, daß jetzt ein Kontakt zu ihrem Kind, wenn auch indirekt, möglich sei, denn sie habe seit der Weggabe ihres Kindes (eine tragische Geschichte für sich) jeden Tag an ihr Kind gedacht. Sie hatte immer große Angst, daß mit ihrem Kind etwas nicht stimmen könnte, daß es möglicherweise krank oder behindert sei. Vermutlich war es das, was mich diese Mutter nicht loslassen ließ, ich spürte, daß sie mit ihrem Kind immer noch sehr verbunden war.

Für die leibliche Mutter war die Zeit nach der Freigabe des Kindes stehengeblieben. Für sie war ihr Sohn noch immer ein Baby. Sie erzählte vom Schock, den sie erlebte, als sie auf dem Photo gewahr wurde, daß ihr Kind kein Kind mehr war, sondern ein fast erwachsener junger Mann.

Wir verabschiedeten uns, beide sehr froh über den guten Kontakt, den wir gefunden hatten. Ich überließ ihr das Photoalbum, damit sie sich mit den fehlenden Jahren ihres Kindes auseinandersetzen konnte.

Unser Sohn war begierig darauf, alles, was ich erfahren hatte, möglichst genau weitererzählt zu bekommen. Die kleinste Kleinigkeit war wichtig. Ich konnte ihm viel Überraschendes berichten. Seine wahre Herkunftsgeschichte erwies sich als völlig anders als seine negativen Phantasien. Er war stolz darauf, daß sein Vater aus einem anderen mediteranen Land stammte, als er vermutet hatte. Das neue Wissen verhalf ihm zu einem neuen Selbstwertgefühl. Er ist heute stolz auf seine Herkunft ...

Für mich ist erstaunlich, daß ich seit der Begegnung mit der leiblichen Mutter unseres Sohnes viel weniger Schwierigkeiten habe, ihn loszulassen und ihn als erwachsen anzusehen, meine Verlustängste kann ich viel besser bewältigen.

Wir beiden Mütter treffen uns alle paar Monate. Nach dem Wunsch unseres Sohnes haben wir uns schon bei uns zu Hause getroffen, ohne daß sonst jemand von der Familie anwesend war. Die Mutter sollte die Umgebung ihres Sohnes kennenlernen, sein Zimmer, seine Haustiere ... Es mag erstaunen und unverständlich sein, daß sich die leibliche Mutter und der Sohn noch nie gesehen haben. Was er im Moment weiß, genügt ihm vollkommen. Mir machte diese Haltung zuerst große Mühe. Ich hätte der Mutter sehr gerne ermöglicht, daß sie sich kennenlernen können, sie wünschte sich das sehr. Erst seit ich mir seine feste Ansicht, er habe sich für eine Mutter entschieden, wieder vergegenwärtigt habe, ist mir klar geworden, was hinter dieser Verweigerung steht.

Unser Sohn hat Angst, von zwei Müttern vereinnahmt zu werden, deshalb schottet er sich ab, wohl wissend, daß die beiden Mütter sich gut verstehen und im Hintergrund vorhanden sind – jederzeit abrufbar. Unsere Geschichte hat vorläufig ein offenes Ende. Sie ist unüblich, aber so individuell wie alle Adoptionsgeschichten sind ...

Ich möchte allen Adopptiveltern Mut machen, ihre Kinder bei der Suche nach ihren Wurzeln zu begleiten. Aus meiner Erfahrung ist es von großer Wichtigkeit, daß leibliche Mütter nicht völlig verdrängt und ins Abseits gestellt werden, denn sie spielen in der Phantasie unserer Adoptivkinder eine große Rolle.

Auch wenn wir es nicht wahrhaben wollen, die leibliche Mutter ist mehr als die Frau, die unser Kind geboren hat, sie ist Mutter und sie existiert – irgendwo" (A. M.).

Versöhnung

Die Angst von Adoptiveltern, ihre Kinder zu verlieren, wenn diese ihre leiblichen Angehörigen gefunden haben, ist ungeheuer stark ausgeprägt. Sie scheint auch diejenigen Eltern heimzusuchen, die mit viel Verstehen und guter Einfühlung ihre Kinder durch alle problematischen Jahre der Adoption geführt haben.

Sie sollten aber wissen, daß ihre Kinder ganz anders über dieses Problem denken, daß sie nie die Absicht haben, ihre Adoptiveltern zu ersetzen oder zu entthronen. Kinder, die *bewußt* mit zwei „Elternschaften" aufgewachsen sind, können auch als junge Erwachsene mit diesem Thema umgehen. Sie haben keine Probleme damit, eben zwei Elternpaare zu haben. Die Beziehungen werden nie identisch sein – ebensowenig, wie sich die Gefühle in verschiedenen Freundschaften im Laufe des Lebens gleichen!

Adoptierte schaffen es selten, ihre Eltern zu beruhigen über das, was sie planen. Die „Vorwegängste" der Eltern sind meist so ausgeprägt, daß sie sich einen positiven Verlauf nicht vorstellen können. Die Verlustangst überschwemmt alle Gefühle – und oft auch den Verstand.

Weil Adoptierte das wissen oder ansatzweise schon erlebt haben, suchen manche ohne vorausgehende Informationen – und weihen dann erst die Eltern ein. Wie sie das tun und was sie sich dabei denken, hat Martin Studer anschaulich in seinem Suche-Bericht geschrieben. Möge er Adoptiveltern ein Teil ihrer Angst nehmen!

● „Kaum waren zwei Monate seit dem ersten Treffen mit meiner leiblichen Mutter vergangen, drängte es mich, darüber meine Adoptiveltern zu informieren ... An einem Wochenende fragte ich meine Eltern ohne Vorwarnung, ob ich die schriftlichen Unterlagen über meine Adoption einsehen könne, da ich meine

Mutter finden wolle ... Ihre Angst drückte sie in Fragen aus. Vor allem Mutter befürchtete, ich würde das Zuhause wechseln und sie damit ins Abseits drängen. Nach längerer Diskussion überreichten mir die Eltern alle geforderten Schriftstücke, obgleich mit unguten Gefühlen. Jetzt war der richtige Zeitpunkt gekommen, ihnen mitzuteilen, daß ich mich mit meiner leiblichen Mutter bereits mehrmals getroffen hatte ... Mit dieser Taktik wollte ich meinen Eltern aufzeigen, daß sich die Beziehung zu ihnen nicht verschlechtert hatte. *Im Gegenteil, die Beziehung zu meinen Eltern hat gewonnen,* weil mich jetzt die Suche nach meiner Herkunft nicht mehr belastet. Zu dieser Erkenntnis sind nach anfänglicher Skepsis auch sie gelangt. Sie haben ihre Verlustangst überwunden und können sich heute besser in meine Situation einfühlen." (Martin Studer, S. 167).

Wer suchen will, muß wissen!

Über Aufklärung von Adoptivkindern kann hier nicht vertiefend eingegangen werden, weil das den Rahmen dieses Buches sprengen würde. (Vgl. dazu Swientek „Was Adoptivkidner wissen sollten und wie man es ihnen sagen kann", 1993. Dieses Buch befaßt sich wie ein Ratgeber ausführlich mit dieser Thematik.)

Dennoch sollen ein paar Hinweise die Richtung angeben, die das Gespräch mit Adoptivkindern betrifft.

- Im Mittelpunkt einer jeden Erziehung steht die Wahrheit und Wahrhaftigkeit zwischen Erzieher und Erzogenem. Einem Kind seine Herkunft zu verschweigen und so zu tun „als ob", ist eine Lebenslüge, die sich auf die Kommunikation der Familienmitglieder und die ganze Biographie des Kindes auswirkt.
- Wenn Eltern ihre Kinder nicht „aufklären", tun es andere: Adoption ist nicht geheimzuhalten! Es gibt Menschen, die darüber Bescheid wissen, es gibt Akten und Dokumente – und Eltern sind im Verstecken nie so gut, wie Kinder im Finden!
- Ähnlich der Sexualerziehung ist die „Aufklärung" nicht ein einmaliges Ereignis, sondern ein lebenslanges Gespräch zwischen den Beteiligten.
- Ein Adoptivkind, das in den Kindergarten kommt, sollte über seinen Status aufgeklärt sein. Der späteste Zeitpunkt ist jedoch die Einschulung! (Hinter dieser Forderung steht das Wissen über die Informiertheit von Kindergarten, Schule, Nachbarn, Verwandten, Freunden ...)
- Das erste Gespräch darüber findet statt, wenn das Kind die erste Frage stellt. Wird diese Frage mit einer Lüge beantwortet (aus Schreck!), dann ist dem weiteren Lügen Tür und Tor geöffnet, weil zusätzlich zu dem „Belastenden" dann auch noch die Unwahrheit eingestanden werden muß.
- Die erste Frage des Kindes ergibt sich in der Regel, wenn ein Kind eine hochschwangere Frau sieht. „War ich auch mal in deinem Bauch?" Einem Vorschulkind kann diese Frage ohne Probleme wahrheitsgemäß beantwortet werden – es hat noch

keine Urteile und Vorurteile über die unterschiedlichste Familien- und Gesellungsformen. So wie es selber aufwächst, so ist es richtig! Das „unrichtig" kommt (in der Familie) erst hinzu, wenn es mit Hemmungen, mit Ausweichen, Stottern, Verlegenheit, sichtbarer Mühsal ... dargeboten wird.

- Ein Kind in diesem Alter kann gut akzeptieren, daß Familien auf unterschiedlichste Weise zusammenkommen. Es kann das aber nur akzeptieren, wenn die aufklärenden Eltern selber vorurteilsfrei sind und nicht glauben, daß die „heile" und biologiosche Vater-Mutter-Kind-Familie das non plus ultra ist.
- Ein einmal informiertes Kind wird weiterfragen. Je nach eigenem Wissenstand und Interesse wird es seine Fragen erweitern. Es gibt keinen Grund, etwas zu verschweigen oder die Unwahrheit zu sagen. Wenn ein Kind (z.B. aus Zeitgründen) auf später vertröstet werden muß, müssen die Eltern die Thematik wieder aufgreifen!
- Insbesondere Kinderbücher von guter Qualität können eine große Hilfe bei den Gesprächen sein. Sie zeigen dem Kind nicht nur, daß dieses Thema auch andere betrifft, sondern sie bieten einen guten Gesprächseinstieg zwischen Eltern und Kind: Verbindungslinien, Vergleiche, Gemeinsamkeiten, noch unbekannte Fakten ...
- Wenn Adoptiveltern locker und offen mit diesem Thema umgehen können, wird es für die Kinder kein Problem. Können sie es nur schlecht, dann sollten sie sich professionellen Rat einholen. Noch besser: Gespräche mit anderen „Normal"-Eltern und Adoptiveltern. Im Austausch von Ängsten und Erfahrungen wird vieles einfacher zu bewältigen. Sollten Eltern überhaupt nicht über die Adoption sprechen können oder wollen, dann sollten sie sich (vorher!) überlegen, ob sie überhaupt als Adoptiveltern geeignet sind! Und sie sollten daran arbeiten, welche Bedeutung Kinder, Familie, Ehe, Sexualität ... überhaupt für sie haben!
- Ob Kindergarten und Schulen über den Adoptionsstatus Bescheid wissen müssen, ist fraglich. Ein „normales" Kind benötigt keinen „Bonus", der es in eine nicht immer nur positive Rolle drängt. Bei Kindern mit „Besonderheiten" (z.B. star-

ken Verhaltensauffälligkeiten aufgrund längerer Heimunterbringung oder mehrfacher Familienwechsel) sollte die zuständige Pädagogin Bescheid wissen. Die Adoption überall bekanntzumachen, um das eigene (soziale) Image zu heben, verbietet sich von selber. (Leider nicht immer!)

- Ein Adoptivkind in der Pubertät wird möglicherweise größere Pubertätsprobleme haben und machen als ein leibliches. Zu seiner entwicklungsbedingten Verunsicherung kommt die Verunsicherung über seine Biographie, die Abstammung, die Fortgabe. Das ohnehin angeknackste Selbstwertgefühl des 13–17jährigen kann noch empfindlicher reagieren, wenn die Adoption als problematisch erlebt wird.
  Daß Kinder in diesem Alter ihren Eltern sagen: „Du hast mir gar nichts zu sagen!“ kommt in den besten Kreisen vor! Das sagt *jeder* Jugendliche irgendwann mal – weil er meint, nun habe nur noch er alleine über sich zu bestimmen. Adoptiveltern werden von diesem Ausspruch in besonderer Weise getroffen: Wenn sie kein stabiles Selbstwertgefühl als „richtige“ Eltern entwickelt haben, kann es über diesem oder ähnlichen Aussprüchen zu massiven Störungen der Beziehung kommen.
- Pubertierende wollen nicht nur genaue Daten über ihre leiblichen Eltern erfahren, sondern sie oft auch schon suchen. Wenn ein vertrauensvolles Eltern-Kind-Verhältnis besteht, in dem man voneinander weiß, daß Versprechen eingehalten werden, dann können Eltern ihrem Kind sagen, daß es jetzt noch nicht suchen kann, daß sie ihm aber helfen werden, wenn es volljährig wird. In der Zwischenzeit sollten sie sich (falls sie das nicht schon vor der Inpflegegabe des Kindes getan haben) bei Behörden und der Vermittlungsstelle „klug fragen“ über alles, was der Jugendliche später wissen sollte.
- Wenn sich in Zukunft eine Öffnung der Adoption einbürgert, wird eine (gemeinsame) Suche auch wesentlich unproblematischer sein als heute: Die Eltern werden wahrscheinlich über das Leben der Mutter und ihre Adresse informiert sein – genau wie umgekehrt die Mutter über das Leben ihres Kindes bei den „neuen“ Eltern! (ggf. weiterhin unter der Wahrung des Incognito!).

- *Grundregel* also muß sein: *Offenheit, Wahrheit, Vertrauen!* Wenn sie befolgt wird, kann es kaum zu solchen Pannen und Verrenkungen aller Beteiligten kommen, wie sie in diesem gesamten Buch über alle Kapitel verstreut sind!

Wenn alle diese „Regeln" befolgt sind, wenn ein grundlegendes Vertrauen herrscht zwischen den Eltern und den Kindern, wenn keine verqueren Erwartungs- und Dankbarkeitshaltungen die Beziehung stören und wenn die leiblichen Eltern nicht über all die Jahre als potentielle Gefahr und als (gebärfähige!) Konkurrenz betrachtet wurden – – – ja, dann könnte es eigentlich mit einer gemeinsamen (!) Suche oder mit einer Suche mit Unterstützung der Adoptiveltern nicht schwer sein. Leider habe ich wesentlich mehr Schilderungen von Adoptierten über ihre Bemühungen bekommen, die zu schroffer Abfuhr, mütterlichen „Nervenzusammenbrüchen", Beschwörungen, so etwas zu unterlassen und Beschimpfungen führten, als positive Beispiele, in denen Eltern die Nöte ihrer Kinder nachempfanden und sie aus ihrer Elternherrschaft entließen – ins Leben, das eben auch aus den leiblichen Eltern besteht.

Kurioses und Tragisches am Rande der Suche

Mich erreichen öfter Briefe von Suchenden, die auf den ersten Blick kurios erscheinen, beim genauer Hinsehen aber auch viel individuelle Tragik hinter diesen von Adoption geschädigten Biographien vermuten lassen.

- So schreibt eine Mutter an das zuständige Jugendamt, daß sie ihre Söhne sucht, die vor rund 40 Jahren adoptiert wurden. Ihre Darstellungen an das Amt – auch diejenigen später an mich – sind verworren, schwer zu „entziffern". Die Biographie erscheint wie ein einziges Knäuel aus Unglücken, Unfällen, Unrecht, Vergewaltigungen, Verlusten... Nirgends etwas Positives, nirgends etwas, was gut verlaufen wäre.

Das Jugendamt ist in außergewöhnlicher Weise offen und zugewandt, sucht uralte Unterlagen (auch nach 40 Jahren gibt es diese manchmal noch, weil niemand Zeit hatte, die alten Bestände zu sichten und auszusortieren) heraus und macht alle denkbaren Daten der Mutter zugänglich – für den ersten Sohn! Für den zweiten ist erstmal nichts möglich: Die Mutter erinnert sicht *nur noch vage an das Geburtsdatum und den Vornamen, den sie damals dem Sohn gegeben hat!*

Dennoch verspricht der Jugendamtsmitarbeiter zu helfen – er richtet Suchanfragen an das Standesamt. Die Suche wird schwierig werden – denn wer sich an die Daten seiner Kinder kaum noch erinnert, hat auch keine Personalunterlagen mehr!

Aber wir alle werden für diese unglückliche Mutter versuchen, *Wunder* zu vollbringen! (P. S. Das Wunder ist vollbracht!)

- Ebenso tragisch sind Briefe von Menschen, deren seelisches Befinden so schwer gestört ist, die sich fast wahnhaft über ihre Fremdadoption ein Lebensmärchen zurechtgelegt haben, an das sie fest glauben. Diese „Märchen" muten an wie die Wünsche und Phantasien von adoptierten *Kindern,* die von Prinzessinnen abstammen möchten, weil sie damit ihre vermeintliche Minderwertigkeit kompensieren. Normalerweise weichen diese Wünsche jedoch in, spätestens nach der Pubertät den Realitäten: „Meine Eltern waren (und sind) ganz normale, gewöhnliche Leute – Menschen wie du und ich!“

Bleibt die seelisch-geistige Entwicklung jedoch aus irgendwelchen Gründen stehen, wird die Fremdplazierung nicht verarbeitet, als angstauslösend und „wesensfremd“ erlebt, kommen weitere psychische schwere Belastungen hinzu (wie z. B. schwere Kindesmißhandlung ,sexueller Mißbrauch, konfliktreiche Todesfälle ...), die zu einer psychischen Überforderung führen, dann werden Träume fixiert und in die Realität überführt. Dann hat der Adoptierte (unbewußt!) das Gefühl, nur im Traum weiterexistieren zu können, weil die Realität nicht mehr gelebt werden kann.

Ebenso wahnhaft wie manche Geisteskranke Stimmen hören oder sich verfolgt fühlen, es aber nicht fassen können, daß andere davon frei sind und deshalb auch die Schilderungen anzweifeln, gibt es Adoptierte, die behaupten, aus Königshäusern, großen Adelsfamilien oder Gelddynastien zu stammen.

Eine junge Frau hat mich und andere Menschen aus der Adoptionsszene sehr in Verwirrung gebracht mit ihrer Abstammung aus einem europäischen Königshaus, in das noch ein zweites Adelshaus und ein Multikonzern eines Drittlandes verwickelt waren. Es tauchte plötzlich ein fremder Mann aus einem anderen Land auf, der ihrer Freundin Erklärungen zur Adoption abgab, die noch verwirrender waren. Dann verschwand er so urplötzlich, wie er gekommen war. Im Hintergrund stehen Pflegeeltern, die die Einweisung in eine psychiatrische Klinik betreiben (möglicherweise ist das die einzig realistische Information!). Das tun sie jedoch, um auf diese Art an das sehr hohe Erbe zu kommen! Auch von vertauschten Kindern ist die Rede, von einer Kindesbestattung unter fremdem Namen, um das Erbe zu sichern – und alles verbunden mit der Aufforderung an uns, doch nun endlich tätig zu werden, die Geschichte zu ordnen und der Adoptierten zu ihrem Geburtsrecht zu verhelfen, bevor es zu spät sei!

Im nächsten Brief wird die Geschichte noch erweitert und damit noch mysteriöser: Nun ist noch ein Bruder aufgetaucht, ein Arzt in ihrer Heimatgemeinde. Diesen hat sie schon auf die gemeinsame Familiengeschichte angesprochen. Aber „er macht nicht mit". Über diesen könne man was erreichen, es sei bekannt, „daß er nicht der Sohn von seinem sogenannten Vater ist". Sie fährt fort: „Das Außergewöhnliche und fast unglaubliche an meiner Geschichte ist, daß wir die Kinder eines Königpaares sind. Zu allem Elend heißt es auch noch, daß unsere Eltern keine Kinder haben, was aber nicht den Tatsachen entspricht. Es war nur eine Vorsichtsmaßnahme, die meine Eltern treffen mußten, um größeren Schaden zu verhindern."

Kontakt hat sie zu dem besagten Königshaus inzwischen auch aufgenommen – allerdings nun plötzlich einem anderen als noch drei Monate zuvor. Aber „leider wird auch diese Post abgefangen und kontrolliert."

In solchen Fällen ist – vor allem der großen räumlichen Distanzen wegen – sehr schwer zu helfen! Da bei diesen Krankheitsbildern eine Krankheitseinsicht in der Regel fehlt (sonst würde es auch nicht zu solchen Phantasien und Forderungen kommen!), ist mit der Klientin nicht offen zu sprechen. „Das stimmt ja gar nicht", würde vielleicht tiefer in eine Krise führen und ein Auseinanderdröseln des Falles, um die Unlogik zu „beweisen", würde nur zu immer neuen, „beweisenden" Argumenten und Arrangements führen müssen. Nur ein gut ausgebildeter Psychiater und Psychotherapeut könnte hier vor Ort (!) mildernd eingreifen.

In diesem Fall habe ich mich in die „Sachlichkeit" gerettet: Ich bin auf den Wunsch eingegangen, habe den Brief und sein Anliegen ernst genommen, habe aber – wie von allen Suchenden – die entsprechenden Unterlagen angefordert. Denn ohne diese ist *keine* Suche möglich: weder im Obdachlosenlager noch im europäischen Hochadel!

● Eher ins Kuriose gehört ein Fall, den eine Kollegin anläßlich einer Fortbildung mitteilte: Eine Mutter kam zu ihr in die Beratungsstelle. Sie habe einst drei Kinder in Pflege bzw. zur Adoption gegeben, die sie jetzt zurückholen wolle. Dafür brauche sie aber eine größere Wohnung, denn vier Personen paßten nicht in ihr Ein-Zimmer-Appartment! Die Sozialarbeiterin solle ihr doch bitte:

a) bei der Suche nach den Kindern behilflich sein und
b) gleich eine entsprechende Bescheinigung für das Wohnungsamt ausstellen.

In eben dieser Reihenfolge wurde denn auch gearbeitet! Keller und Böden der Behörde durchforstet – aber es fand sich keine Akte dieses Namens und somit auch keines der drei Kinder. Nach weiteren Recherchen stellte sich dann heraus, daß diese Frau nicht nur nie Kinder fortgegeben, sondern nie welche geboren hatte!

Sie hatte sich auf diese etwas ausgefallene Weise lediglich eine größere Wohnung verschaffen wollen (was bei nur einem Zimmer ja auch durchaus verständlich ist!). Man muß ihr zugestehen: Sie war auf der Höhe der Zeit! „Suchen" ist im Moment gerade en vogue!!

Eigene Erfahrungen aus fünf Jahren Mit-Suche: Resumé und Ausblick

Nachdem meine Forschungsarbeit zu den abgebenden Müttern abgeschlossen war, wandte ich mich der Suche-Thematik zu. Allerdings bedurfte es dazu keines besonders heftigen Entschlusses – „meine" Mütter spannten mich sehr schnell für ihre Pläne und Aktivitäten ein!

Meine Rolle war in erster Linie immer nur die der Zuhörenden, der „Ratenden", auch der Tröstenden. Durch die erste Untersuchung war ich bereits auf manches bittere Schicksal gefaßt. Manche „Fälle" muteten so unglaublich an, daß ich sie erst glauben konnte, wenn die Mütter mir ihre Schriftwechsel, Akten und Gerichtsurteile brachten. So war ich für die „Suche" innerlich gerüstet. Auch hier gab es tragische Biographien und ich mußte erneut feststellen, wieviele Mütter nach der Freigabe vor 10, 20, 30 Jahren in mir die *erste* Gesprächspartnerin zu diesem Problem hatten.

Völlig neu für mich waren die Begegnungen mit Adoptierten auf beruflicher Ebene.

Daß Adoption nicht das non plus ultra zur Lösung sozialpolitischer Probleme ist, war mir spätestens nach mehrjähriger Arbeit mit abgebenden Müttern bewußt. Dort, wo eine ganze Bevölkerungsgruppe durch eine Maßnahme zugunsten zweier anderer Gruppen geschädigt „auf der Strecke bleibt", läßt sich nicht von befriedigender Regelung sprechen. Um so größer war meine Verblüffung festzustellen, daß offenbar auch die anderen Beteiligten nicht immer ohne Blessuren aus dieser Konstruktion hervorgehen: Adoptierte, die sich ungeliebt und abgelehnt fühlen und deshalb nun „endlich eine Mutter" suchen – nämlich ihre leibliche – und Adoptiveltern, die es in 20 Jahren nicht geschafft haben, die Wahrheit zu sagen, weil sie sich selber vor der Wahrheit scheuten: der Wahrheit, trotz Adoption (biologisch) kinderlos geblieben zu sein! Das ungewollt kinderlose Ehepaar wird nicht zu Vater und Mutter, nur weil es adoptiert hat. Da kann der Primat der

„sozialen Elternschaft" von den Betroffenen und ihren Verbänden noch so sehr betont werden: das Erleben (und entsprechend Verhalten) ist ein anderes. Die tiefe Verletzung der Unfruchtbarkeit und Unfähigkeit wird nicht geheilt durch eine Adoption. Die Adoption ist allenfalls ein Pflaster auf der nicht heilenden Wunde.

Fachlich ausgedrückt lautet diese Tatsache: Die Kinderlosigkeit ist das Stigma, die Adoption (nur) das Stigmamanagement. Und zu den Management-Techniken gehört laut Goffman das „Täuschen" als ein Mittel der „Informationspolitik: „*Wem* erzähle ich *was*? Wem muß ich anderes als die volle Wahrheit erzählen und wie tue ich das zu welche Gelegenheit, um weiterhin als „normal" zu gelten? Denn „normal" zu sein (so zu sein wie alle!) – oder wenigstens als so angesehen zu werden – ist (fast) immer das Ziel aller Menschen in der Interaktion, weil nur der „Normale" „dazugehört"!

Also ist nicht nur eine Gruppe – die abgebenden Mütter – durch die Maßnahme für die nächsten Lebensjahre verstört. Der Adoptierte ist verletzt über das „Nein", das einmal in seinem Leben zu ihm gesagt wurde und scheinbar auch verletzt durch mangelnde und mangelhafte Zuwendung und Offenheit (Vertrauen!) in der neuen Familie. Und die Adoptiveltern – ohnehin nicht „geheilt" von ihrem Leiden, sehen sich nicht selten um ihr Leben, ihre Freizeit und Freiheit oder sogar um ihr Erbe und den „guten Namen" gebracht...

„Als Mittel zur Lösung anderer gesellschaftlicher Probleme im Sinne eines „Social Engineering" (etwa: Soziale Manipulation/Beeinflussung) schafft sie (die Adoption-Sw.) neue Probleme, die unter Umständen schwerwiegender sind als die, die gelöst werden sollen," schreibt Golomb in einer umfassenden Studie zur Adoption, in der er alle betroffenen Parteien erfaßt hat. Dem ist nichts hinzuzufügen!

Geahnt, angedeutet wurde diese Erkenntnis schon lange – aber erst durch präzise Ermittlungen und vor allem durch Befragen der *Betroffenen* (und nicht nur ihrer „Betreuer" und „Verwalter"!) werden die Schäden in ihrem Ausmaß deutlich.

Neu war für mich auch, wie differenziert selbst noch sehr

junge Adoptierte ihr Aufgespaltensein in zwei Familien beurteilen und wie sehr sie bemüht sind, keiner der Familien wehzutun: Keine klaren Stellungnahmen, sondern vorsichtiges Abwägen, Taktieren, „Diplomie" - weit über ihr Alter hinaus. Der eigene Schmerz, die Zerissenheit werden unterdrückt. Würde über Negatives gesprochen, wären Beziehungen gefährdet. Und das ist das, was ein Adoptierter am wenigsten gebrauchen kann: noch einmal und noch mehr Konflikte, Abgelehnt-werden, Nicht-aufgenommen-sein. Das Selbstwertgefühl vieler Adoptierter scheint mir sehr brüchig. Ich bin auffallend vielen „Störungen" im sozialen Bereich begegnet, die vor allem mit Abstand und Nähe sowie mit Vertrauen verknüpft waren.

Viele heißen erstmal Meier

Ich kann diese Verhaltensweisen bislang nicht empirisch und statistisch belegen, sie bleiben im reinen Beobachtungsbereich, fielen mir jedoch immer wieder unübersehbar ins Auge.

Zunächst haben überraschend viele Adoptierte (nicht etwa abgebende Mütter, die ja wirklich „etwas zu verbergen" hätten) die Angewohnheit, sich beim Erstkontakt unter einem falschen Namen zu melden. Nicht sehr phantasievoll nennen sich die meisten Meier - und manche stutzen schon, wenn ich sie frage, woher sie mich anrufen. Sie rufen mich an, weil sie wissen, wer ich bin und welches meine Tätigkeit ist. Ich bin ihnen zwar nicht persönlich, jedoch aufgrund meiner Publikationen bekannt. Dennoch meinen sie, sich verstecken zu müssen. Es werden auf meine Frage hin häufig Großstädte wie Düsseldorf oder Stuttgart genannt - und als ob „Meier - Düsseldorf" nicht schon anonym genug wäre, können sie oft auf meine konkreten Fragen nicht konkret antworten. Sie suchen - soweit sind die Anliegen klar - aber dann wird alles vor lauter Geheimnistuerei nebulös. Ich soll Ratschläge geben - sie alle rufen mich als Fachfrau für diese Fragen an, aber viele scheuen jede Präzisierung. Da ich die Arbeit ohnehin nicht telephonisch einleite oder erledige, bitte ich stets, mir ausführlich zu schreiben. Auch das stößt auf Bedenken. Erst wenn ich sage, daß ich absolut nichts tun kann, wenn ich nichts weiß, öffnen sich sehr, sehr vorsichtig die Türen zu spärlichen Informationen, die sich im übrigen später bei näherem Hinsehen manchmal noch als falsch erweisen.

Da ich dieses Verhalten von keiner anderen an Adoption beteiligten Gruppen kenne und auch sonst von keiner Klientengruppe aus der Sozialarbeit, habe ich mir lange überlegt, welche Mechanismen hinter dem vorläufigen Verschleiern verborgen sind. Gleichzeitig habe ich auch beobachtet, daß dieselben Adoptierten, wenn sie sich erst einmal geöffnet haben, wenn sie erste Erfolge durch mich verzeichnen können, geradezu euphorisch bis hin zur Abstandslosigkeit reagieren (letzteres betrifft nur Frauen, während Männer noch mehr als Frauen ihr „Geheimnis" betonen).

Beide Verhaltensweisen zusammengenommen lassen ahnen, als wie „geheimnisvoll", verboten, verletzend, stigmatisierend ... die eigene Adoption erlebt wurde. Sie ist nicht „normal", der Adoptierte muß sich mit diesem Wissen, diesem Makel (?) so lange verstecken, bis er sich des Gegenübers sicher sein kann. Dann jedoch – wenn er diese Sicherheit verspürt – bordet seine Zuwendung, seine Zuneigung oft so weit über, daß der normale Abstand zwischen erwachsenen Menschen weit unterschritten wird.

Mit Behörden habe ich sehr gute Erfahrungen gemacht, abgesehen von manchen Briefen in einem unerträglich autoritären Amtsstil, der mich wünschen ließ, dort nie Klientin werden zu müssen. Insgesamt war die Zusammenarbeit aber geprägt von großer Offenheit und Bemühtheit, nicht selten über das notwendige Maß hinaus. Sich-verweigernde Beamte habe ich in diesen Jahren nur zweimal angetroffen: selber fasziniert von ihrer Machtfülle und diese voll ausspielend. Insgesamt schien mir viel Verständnis und Empathie den Suchenden entgegengebracht zu werden. Die Adoptionsszene hat sich, seit ich sie vor zwölf Jahren als Wissenschaftlerin betreten habe, sehr zum Menschlichen hin verändert.

Kein Happy-End

Es gibt in der Adoption noch sehr viele offene Fragen, von denen nie jemand annahm, daß sie überhaupt existieren. Sie ergeben sich vor allem dann, wenn die Betroffenen ausführlich zu Worte kommen – und wenn glühende Adoptionsbefürworter trotz allem in der Lage sind, aufmerksam zuzuhören und zuzulassen, daß mit dem Adoptionsvertrag nicht alles erledigt ist.

Mehr und mehr fällt mir bei der Adoption der Vergleich zur Eheschließung ein: Ist ein Adoptionsvertrag geschlossen, so empfinden die Adoptiveltern meist ein großes Gefühl von Dankbarkeit und Erleichterung. Nun haben sie es geschafft, alle Strapazen sind überwunden – und nun kann ihr „richtiges Leben" mit Kind beginnen. Nun sind sie erstmals eine richtige Familie. Eheschließende haben oft das gleiche Gefühl: Das Happy-End erfolgt vor dem Traualtar!

In beiden Fällen von Verbindungen verschiedener Menschen miteinander kann man aber nur ernüchternd sagen: Das ist kein Happy-End, sondern der Beginn einer langen, oft schönen, oft schwierigen Phase des Miteinanderlebens. Fachleute nennen das auch gerne „Beziehungssarbeit".

Möglicherweise müssen alle diese Erkenntnisse aus der Adoptionsforschung der letzten zehn Jahre auf neue Regelungen hinauslaufen. Wenn man feststellt, daß aus einer derartigen sozialpolitischen und sozialpädagogischen Maßnahme mehr oder weniger geschädigte und verstörte Menschen hervorgehen, dann kann man dieses Instrument der sozialen Konfliktlösung nicht mehr in so großem Maßstab aufrecht erhalten. Es müßte sich also aus den neueren Forschungen die Frage erheben, welche Alternativen zur herkömmlichen Adoption erarbeitet werden müssen.

Zitierte und weiterführende Literatur

Auhagen-Stephanos, Ute: Wenn die Seele nein sagt. Reinbek 1991 (Rowohlt).

Bach, Rolf: Gekaufte Kinder. Babyhandel mit der Dritten Welt. Reinbek 1986 (Rowohlt).

Baer, Ingrid: Als deutsche Kinder ins Ausland adoptiert wurden. In: Wacker, Bernd (siehe dort).

Ebertz, Beate: Adoption als Indentitätsproblem. Zur Bewältigung der Trennung von biologischer Herkunft und sozialer Zugehörigkeit. Freiburg 1987 (Lambertus).

Engel, Ji Yuhn: Warum muß ich ausgerechnet in der Schweiz sein, wo jeder mir ansieht, daß ich nicht von hier bin? In: Schärer, Roland (siehe dort).

Goffman, Erving: Stigma. Über Techniken der Bewältigung beschädigter Identität. Frankfurt 1974 (Suhrkamp).

Herzog, Marianne: Suche. Darmstadt 1988 (Luchterhand).

Keller-Thoma, Priska: Adoption aus der Sicht des Adoptivkindes. Diplom-Arbeit am Institut für Angewandte Psychologie der Universität Zürich. 1987.

Kjendsli, Veslemøy: Kinder der Schande. Berlin 1988 (Dirk Nishen).

Klinkhammer, Monika: Grenzbereich Auslandadoption. Zur Problematik von Auslandadoptionen unter besonderer Berücksichtigung abgebender peruanischer Mütter. Idstein 1990 (Schulz-Kirchner).

Knoll, Klaus-Dieter – Rehn, Marie-Luise: Adoption. Studie über den Adoptionserfolg und die psychosoziale Integration von Adoptierten. Nürnberg 1985 (Diakonisches Werk).

Lifton, Betty Jean: Reise durch das Labyrinth der Kindheit. Memoiren einer Adoptivtochter. Freiburg i. Br. 1992 (Herder).

Lifton, Betty Jean: Adoption. Stuttgart 1982 (Klett-Cotta).

A. M.: Die leibliche Mutter unseres Sohnes. In: Jahresbericht 1989 der Schweiz. Priv. Mütterberatung und Adoptivkindervermittlung (Rapperswil).

Mastel, Marisa: Wer bin ich? Bin ich überhaupt jemand? In: Schärer, Roland (siehe dort).

Oguntoye, Katharina, u. a.: Farbe bekennen. Berlin 1991 (Orlanda).

Pedersen, Martin: Es schmerzte zu sehr, verlassen zu werden. In: Schärer, Roland (siehe dort).

Schärer, Roland: Adoptiert. Lebensgeschichten ohne Anfang. Muri/Bern 1991 (Cosmos).

Studer, Martin: So verlief die Zeit, ohne daß meine Eltern sich je wieder über die Adoption äußerten. In: Schärer, Roland (siehe dort).

Sorosky, Arthur, u. a.: Adoption. Zueinander kommen – miteinander leben. Eltern und Kinder erzählen. Reinbek 1982 (Rowohlt).
Sutcliff, Rosemary: Das vertauschte Kind. Stuttgart 1983 (Urachhaus).
Swientek, Christine: „Ich habe mein Kind fortgegeben." Die dunkle Seite der Adoption. Reinbek ²1988 (Rowohlt).
Swientek, Christine: Die abgebende Mutter im Adoptionsverfahren. Bielefeld 1986 (B. Kleine).
Swientek, Christine: Was Adoptivkinder wissen sollten und wie man es ihnen sagen kann. Freiburg i. Br. 1993 (Herder).
Toynbee, Polly: Adoptivkinder suchen ihre Mutter. Frankfurt 1989 (Fischer).
van den Brouck, Jeanne: Handbuch für Kinder mit schwierigen Eltern. Stuttgart 1981 (Klett-Cotta).
Wacker, Bernd (Hrsg.): Die letzte Chance? Adoptionen aus der 3. Welt. Reinbek 1991 (Rowohlt).

Wichtige Adressen für die Suche

Internationale Suche

Internationaler Sozialdienst
Am Stockborn 5–7

6000 Frankfurt am Main 50

Suche in USA / USA–Deutschland

Operation Identity
c/o Leonie Boehmer

805 Alvarado, N. E.
Albuquerque, NM 87108
USA

Suche Schweiz

IGADO Schweiz
Postfach 8557

CH - 8050 Zürich

Deutschland

Redaktion „Das Adoptionsdreieck"
c/o Prof. Dr. Christine Swientek
Bismarckstr. 2 · Universität

3000 Hannover 1

Kinder verstehen

Verena Kast
Loslassen und sich selber finden
Die Ablösung von den Kindern
Band 4002

Sich loslassen und sich als Erwachsene neu begegnen. Phasen und Chancen im Ablösungsprozeß von den Kindern.

Waltraud von Tucher
Das Baby-Nest
Ein Kampf gegen Paragraphen und Lieblosigkeit
Band 4026

Von der Suche nach einem neuen Zuhause. Der Wirklichkeit gewordene Traum einer energischen Frau, die ihr Leben für Kinder lebt.

Roswitha Defersdorf
Drück mich mal ganz fest
Geschichte und Therapie eines wahrnehmungsgestörten Kindes
Band 4041

Daniel – ein scheinbar ganz normales Kind. Und doch ist er nicht in der Lage, Sinneseindrücke zu ordnen. Eine betroffene Mutter erzählt vom Weg der Therapie.

Werner Gross
Was erlebt ein Kind im Mutterleib?
Aktualisierte Neubearbeitung
Band 4051

Was man tun kann, um die seelische Entwicklung und die Erlebnisfähigkeit des Kindes bereits vor der Geburt positiv zu beeinflussen.

Rudolf Dreikurs/Loren Grey
Kinder lernen aus den Folgen
Wie man sich Schimpfen und Strafen sparen kann
Band 4055

Ein Erziehungsstil, der Kindern frühzeitig dazu verhilft, eigenständige Erfahrungen zu sammeln und mit Freiheit richtig umzugehen.

Walter Pacher
Ich will doch nur das Beste für mein Kind
Spielregeln und Übungen nach Gordons Familienkonferenz
Band 4119

Dieses jahrelang erprobte Modell bietet leicht nachvollziehbare Hilfen, die frischen Wind ins Familienklima bringen.

Emmi Pikler
Friedliche Babys – zufriedene Mütter
Pädagogische Ratschläge einer Kinderärztin
Band 4141

Emmi Pikler warnt vor frühen Überforderungen: Babys brauchen Zeit, um in Ruhe ins Leben zu wachsen. Ein Klassiker der Erziehungsliteratur.

Erziehen mit Musik und Bewegung
Praxisanleitung zur musikalisch-rhythmischen Erziehung
Herausgegeben von Catherine Krimm-von Fischer
Band 4171

Eine umfassende Einführung in die musikalisch-rhythmische Erziehung mit vielen praktischen Beispielen.

Anne C. Bernstein
Deine, meine und unsere Kinder
Die Patchworkfamilie als gelingendes Miteinander
Band 4178

Eine Ehe scheitert, eine neue Beziehung wächst – und die Kinder beider Partner? Konkrete Hilfen für ein entspanntes Familienklima.

Emil E. Kobi/Heidi Roth
Kinder von Aggressiv bis Zerstreut
Ein Ratgeber für den Erziehungsalltag
Band 4182

Damit aus einer Kinderzimmer-Mücke kein Elephant wird: überzeugende Vorschläge, die Probleme lösen und Fehlentwicklungen erkennen helfen.

Armin Krenz
Seht doch, was ich alles kann
Was uns Kinder sagen wollen
Band 4209

Die Innenwelt des Kindes. Ein Buch, das sensibel macht für die Vielfalt kindlicher Ausdrucksformen und hilft, Fähigkeiten besser zu entfalten.

Eva Rachor-Waldeck
Mama, sag bravo!
In der Familie offen miteinander umgehen
Band 4210

Friede, Freude, Eierkuchen – so sieht kein Familienalltag aus. Dennoch gibt es Wege, das Zusammenleben von Kindern und Eltern harmonisch zu gestalten.

Irene Johns
Zeit alleine heilt nicht
Was wir wissen müssen, um sexuell mißhandelten Kindern zu helfen
Band 4216

Das Kind darf mit seiner tiefen Verletzung nicht alleine bleiben. Irene Johns, Leiterin des Kinderschutzzentrums in Kiel, bietet mit ihrem sensiblen Buch allen Betroffenen kenntnisreiche Hilfestellung.

Ingeborg Becker-Textor
Unser Kind soll in den Kindergarten
Ein neuer Schritt für Eltern und Kinder
Band 4219

Damit kein Zögling heulend heimläuft: praktische Hilfen und Tips für das Miteinander von Eltern, Kindern und ErzieherInnen.

Judith S. Kestenberg/Janet Kestenberg Amighi
Kinder zeigen, was sie brauchen
Wie Eltern kindliche Signale richtig deuten
Band 4222

Darauf können Sie vertrauen: Ihr Baby weiß selbst am besten, was es braucht. Hilfreiche Hinweise für gestreßte und schlaflose Eltern.